高职高专新能源汽车专业“1+X”课证融通新形态教材

新能源汽车检测与故障诊断技术

（彩色版配实训工单）

主　编　吴海东　程　章　刘世斌

副主编　沈先飞　刘　成　吴美东

参　编　田　烽　唐　菲　董亚兵
林毅春　涂金林　林敏祥
马良永　陈美琴

机械工业出版社
CHINA MACHINE PRESS

本书是“岗课证赛”模式下的典型工作任务式教材，包括8个项目、22个学习任务。本书系统介绍了新能源汽车检查与维护，车辆无法进入、全车无电、高压互锁、车辆无法充电、车辆无法上电、车辆无法行驶、冷却风扇不工作故障诊断与排除；随书配送“实训工单”分册，每个工单附有指导学生规范操作的微课二维码引导学生完成实操训练。

本书配套课程资源包括：课程标准、教案、PPT课件、任务工单（25份）、习题答案、微课及视频资源（46个），相关资源详见网址：http://jxxt.qcgjgz.com。

本书可作为中高职新能源汽车专业及汽车“1+X”证书培训教材，也可供学习电动汽车保养、维修及诊断等知识和技能的汽车从业人员参考。

图书在版编目（CIP）数据

新能源汽车检测与故障诊断技术：彩色版配实训工单 / 吴海东，程章，刘世斌主编．— 北京：机械工业出版社，2022.5（2024.8重印）

高职高专新能源汽车专业“1+X”课证融通新形态教材

ISBN 978-7-111-71031-8

Ⅰ.①新… Ⅱ.①吴… ②程… ③刘… Ⅲ.①新能源-汽车-车辆修理-高等职业教育-教材 ②新能源-汽车-故障诊断-高等职业教育-教材 Ⅳ.①U469.707

中国版本图书馆CIP数据核字（2022）第108643号

机械工业出版社（北京市百万庄大街22号　邮政编码100037）

策划编辑：齐福江　　责任编辑：齐福江

责任校对：闫玥红　刘雅娜　　封面设计：张　静

责任印制：郜　敏

中煤（北京）印务有限公司印刷

2024年8月第1版第7次印刷

184mm×260mm · 14印张 · 316千字

标准书号：ISBN 978-7-111-71031-8

定价：69.00元

电话服务

客服电话：010-88361066

010-88379833

010-68326294

网络服务

机　工　官　网：www.cmpbook.com

机　工　官　博：weibo.com/cmp1952

金　书　网：www.golden-book.com

机工教育服务网：www.cmpedu.com

丛书编委会

前 言

党的二十大报告提出绿色发展理念，要求积极稳妥推进碳达峰碳中和。新能源汽车是我国实现绿色发展，达成双碳目标的战略性新兴产业。工业和信息化部、国家发展改革委、生态环境部印发《工业领域碳达峰实施方案》提出，大力推广节能与新能源汽车，强化整车集成技术创新，提高新能源汽车产业集中度。国务院办公厅印发的《新能源汽车产业发展规划（2021—2035 年）》指出，发展新能源汽车是我国从汽车大国迈向汽车强国的必由之路，是应对气候变化、推动绿色发展的战略举措。

在相关产业政策的推动下，我国新能源汽车产业快速发展，新能源汽车市场占有率屡创新高。为满足职业院校新能源汽车专业课程建设及教学实际需要，艾伦科技（广州）有限公司、广州市汽车服务业协会等组织编写了本系列教材及对应课程资源。教材以工作任务为引领，对接岗位能力的需求，形成可测可评的教学内容，以便实施课堂一体化教学；配套实训工单对应工作任务，按接受任务、收集信息、制订计划、任务实施、过程检查、反馈总结六个步骤展开，并设置考核标准量化技能考核点，以便学生掌握基本技能。

本书顺应“三教改革”要求，特别强调适岗性、自主性和新颖性，具体表现在：

1）融入“课程思政”元素。为落实“立德树人”的根本任务，在课程设计中有机融入思政元素、劳动教育等内容，强调培育学生自主学习的能力素养、精益求精的工匠精神和爱岗敬业的劳动态度。

2）突出“岗课赛证”相融合。为贴近新能源汽车技术服务岗位职业技能（新能源汽车保养、维修及诊断等），所有检测数据均来源于实车真实数据，而非模拟或仿真数据；并且参照教育部颁发的新能源汽车专业教学标准和智能新能源“1+X”证书相关要求，对接新能源汽车技术服务赛项赛点，力求做到“岗课赛证”相融合。

3）“微课”主导教学过程。为突出以学生为中心、以能力为本位的教育理念，所附实训工单都配有对应的微课二维码，分别链接每一个典型工作任务的规范操作视频，便于学生自主学习。

为了确保教材的编写质量，本书由具有一线工作经验的企业技术骨干和具备双师素质的“双高”校教师团队编写。广东轻工职业技术学院吴海东、安徽交通职业技术学院程章、河池市职业教育中心学校刘世斌担任主编，襄阳职业技术学院沈先飞、安徽职业技术学院刘成、艾伦教育科技（广州）有限公司吴美东担任副主编，参编人员有艾伦教育科技（广州）有限公司田烽、武汉船舶职业技术学院唐菲、喀什技师学院董亚兵、新疆鑫鹏达技工学校林毅春、湖北省民间工艺技师学院涂金林、漳州高新职业技术学校林敏祥、杭州技师学院马良永、闽西职业技术学院陈美琴。

本书配套课程资源包括课程标准、教案、PPT 课件、全套电子版实训工单、微课视频资源，可利用封底“天工讲堂”二维码注册后获取，也可登录网站 http：//jxxt.qcgjgz.com 获取。由于篇幅有限，配套的“实训工单”分册只对主要项目提供典型任务工单。“实训工单”配套视频及教材咨询请联系康先生，微信电话 18620062017。

本书可作为职业院校新能源汽车专业的教学用书，也可供新能源汽车技术学习及培训使用。

编 者

二维码目录

目 录

项目一 新能源汽车检查与维护

项目导入

一辆2018款吉利帝豪EV450电动汽车已经行驶了10000km，根据厂家保修规定需要对车辆进行维护与保养，在维护过程中需要对动力电池系统、驱动系统、充电系统等高压配电系统进行检查与维护保养，请你利用在本项目中所学的知识，根据现场作业规范，完成电动汽车高压配电系统的检查与维护。

教学目标

知识目标

1. 掌握电动汽车高压安全防护装备的类型和功用。
2. 掌握高压下电、上电的操作流程。
3. 掌握新能源汽车常规维护与保养作业项目。

能力目标

1. 能正确检查并穿戴高压安全防护装备。
2. 能正确进行高压作业场地准备和高压下电操作。
3. 能对电动汽车动力电池系统、驱动系统和充电系统进行维护与保养。

一 高压安全防护与高压上下电操作

（一）高压安全防护装备

在对新能源汽车高压系统中的高压组件进行维护与保养时，必须做好高压安全防护措施。

- 按规范使用高压防护装备。
- 严格遵守有关安装和高压操作的规程。
- 按规定使用装备（工具、车辆）。

新能源汽车高压安全防护装备主要包括绝缘手套、护目镜、安全帽、防护服、绝缘鞋、绝缘工具、绝缘杆、绝缘垫等。

1. 绝缘手套

绝缘手套是一种起电气绝缘作用的带电作业手套，可以使人的双手与带电体绝缘，防止人手触及同一电位带电体或同时触及不同电位带电体而触电。绝缘手套用绝缘性能良好的特种橡胶制成，要求薄、柔软，有足够的绝缘强度和机械强度。绝缘手套按所用的原料可分为天然橡胶绝缘手套和合成橡胶绝缘手套两大类，如图 1–1 所示。

根据国标规定，每只绝缘手套上必须有明显且持久的标记，内容包括标记符号、使用电压等级 / 类别、制造单位或商标、规格型号、周期试验日期栏、检验合格印章，并贴有经试验单位定期试验的合格证等信息，如图 1–2 所示。

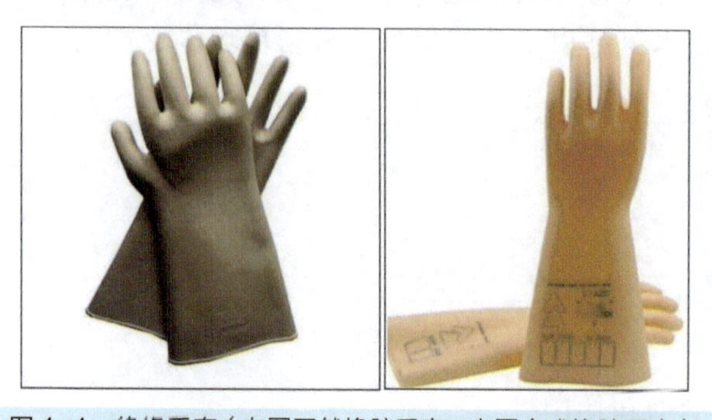

图 1–1　绝缘手套（左图天然橡胶手套，右图合成橡胶手套）

图 1–2　绝缘手套标记

按 IEC 60903:2020 标准，绝缘手套按不同电压等级可分为 6 个级别，见表 1–1。选用绝缘手套时，最大使用电压需大于作业范围，如作业范围为低压及 400V 以下场所，可选用 00 级别绝缘手套；作业范围电压大于 400V、小于 1000V，需选用 0 级别绝缘手套。

表 1–1　绝缘手套参数

级别	试验验证电压（AC/DC）/kV	最低耐受电压 /kV	最大泄漏电流 / mA	最大使用电压（AC/DC）/kV
00	2.5/10	5	≤ 14	0.5/0.75
0	5/20	10	≤ 16	1/1.5
1	10/40	20	≤ 18	7.5/11.25

（续）

级别	试验验证电压（AC/DC）/kV	最低耐受电压 /kV	最大泄漏电流 / mA	最大使用电压（AC/DC）/kV
2	20/50	30	≤ 20	17/25.5
3	30/60	40	≤ 22	26.5/39.75
4	40/70	50	≤ 24	36/54

绝缘手套的使用要求：

（1）使用经检验合格的绝缘手套且每 6 个月检验一次。检验标准：高压绝缘手套试验电压是 9kV，泄漏电流是 9mA；低压绝缘手套试验电压是 2.5kV，泄漏电流是 5mA。

（2）佩戴前还要对绝缘手套进行气密性检查。具体方法：将手套从口部向上卷，稍用力将空气压至手掌及指头部位，检查上述部位有无漏气，如有则不能使用。

（3）使用时注意防止尖锐物体刺破手套。

（4）使用后注意将绝缘手套存放在干燥处，并不得接触油类及腐蚀性物品等。

（5）使用绝缘手套前应进行外观检查，如发现有发黏、裂纹、破口（漏气）、气泡、发脆等损坏时，禁止使用。

（6）进行设备验电、放电操作，装拆接地线等工作时应戴绝缘手套。

（7）使用绝缘手套时应将上衣袖口套入手套筒口内。

2. 护目镜

护目镜是电动汽车维修工作中必不可少的一种防护工具。佩戴护目镜需注意以下事项：

（1）选择护目镜应根据脸形判断规格大小。

（2）护目镜可通过调节头带调整与面部的合适程度。

（3）护目镜要选用经产品检验机构检验合格的产品。

（4）镜片磨损粗糙、镜架损坏会影响操作人员的视力，应及时调换。

（5）护目镜要专人使用，防止传染眼疾。

（6）焊接护目镜的滤光片和保护片要按规定作业需要选用和更换。

（7）防止重摔重压，防止坚硬的物体摩擦镜片和面罩。

3. 安全帽

安全帽作为一种个人头部防护用品，能有效地防止和减轻操作人员在生产作业中遭受坠落物体或自己坠落时对头部的伤害。安全帽佩戴须规范，否则在受到冲击时起不到防护作用。

（1）戴安全帽前应将帽后调整带按自己头形调整到适合的位置，然后将帽内弹性带系牢。

（2）缓冲衬垫的松紧由带子调节，人的头顶和帽体内顶部空间的垂直距离一般在25～50mm之间，最小不小于32mm为好。

（3）不要把安全帽歪戴，也不要把帽檐戴在脑后方。

（4）安全帽的下领带必须扣在颌下，并系牢，松紧要适度。

（5）在现场作业中，不得将安全帽脱下搁置一旁，或当坐垫使用。

（6）平时使用安全帽时应保持整洁，不能接触火源，不要任意涂刷油漆。

4. 绝缘鞋

绝缘鞋的作用是使人体与地面绝缘，防止电流通过人体与大地之间构成通路，对人体造成电击伤害，把触电时的危险降低到最小程度；它还可防止试验电压范围内的跨步电压对人体造成的危害。根据耐压范围有20kV、6kV和5kV几种绝缘鞋，使用时须根据作业范围选择。绝缘鞋使用注意事项如下：

（1）主要技术参数：试验电压6kV、泄漏电流≤1.8mA时1min不击穿。

（2）6kV牛皮革面绝缘鞋，适用于工作环境电压1kV以下。

（3）穿绝缘鞋时应保持鞋面干燥。

（4）绝缘鞋严禁与锐器、高温、酸、碱类或其他腐蚀性物品接触，凡鞋帮鞋底有腐蚀、破损之处，均不能再以电绝缘鞋使用。

（5）绝缘鞋应存放在干燥通风的仓库内，防止霉变，堆放离开地面、墙壁0.2m以上。

（6）储存期超过24个月的绝缘鞋须进行预防性电性能检验。

（二）高压下电操作

步骤一：作业前现场环境检查（图1–3）。

（1）设立隔离柱，布置警戒线，隔离间距保持在1~1.5m。

（2）放置“高压危险”“有电危险”“禁止合闸”等警示牌，防止他人误碰。

（3）检查维修工位绝缘垫是否破损脏污，若破损或脏污严重，则停止维修作业。

图1–3　新能源汽车检修作业工位

步骤二：作业前防护装备检查。

（1）检查绝缘手套外观是否龟裂老化，气密性是否良好。

（2）检查护目镜镜面是否有划痕裂纹，佩戴是否松弛失效。

（3）检查安全帽外观有无破损，佩戴时必须紧固锁扣。

（4）检查绝缘鞋外观是否良好，是否有开胶断底等现象，如果有则更换。

高压安全下电操作流程

步骤三：作业前仪表工具检查。

（1）将维修工具车及工具放置在车辆左前方位置，检查三件套等防护套是否齐全。

（2）检查绝缘电阻表测试线束及表笔是否破损折断，功能按钮是否正常显示。

（3）检查绝缘工具绝缘层是否破损严重，工具数量是否有缺失。

（4）检查放电工装测试线束及表笔是否破损折断，功能是否正常。

（5）测试绝缘地垫绝缘电阻。绝缘垫五个方位的绝缘阻值应≥ 2.0 GΩ。

步骤四：关闭点火开关，将车钥匙锁入维修柜，或交实操人员保管，保证他人无法接触。

步骤五：断开蓄电池负极电缆并做绝缘处理，等待 5min 以上。

步骤六：拆卸检修开关（若有）并安全存放。

步骤七：断开动力电池输出高压插件，进行验电、放电操作后，对高压端进行绝缘处理。

（三）高压上电操作

步骤一：检查新能源汽车高压插件是否损坏。

步骤二：连接高压插件并确保连接到位、牢靠。

步骤三：连接低压蓄电池负极。

步骤四：打开点火开关，查看仪表是否能够正常上电。

高压安全上电操作流程

二　新能源汽车动力电池系统检查与维护

1. 高压下电

吉利帝豪 EV450 高压下电操作流程如下：

（1）关闭点火开关，拔下钥匙。

（2）拆下低压蓄电池负极电缆，并使用绝缘胶带包好。

（3）断开动力电池直流母线插接器 BV17（该车型无手动维修开关），如图 1-4 所示。

图 1-4　断开动力电池直流母线插接器 BV17

（4）用放电工装放电并验电，直流母线端电压应为 0V。

（5）用绝缘胶带包裹动力电池直流母线插接器 BV17，做绝缘防护。

注意：举升车辆到需要的高度时，应锁止举升机安全锁。

2. 检查动力电池箱外观

（1）用干布将动力电池箱表面清洁干净。

（2）按图 1-5 所示对动力电池箱外围进行检查与保养。要求动力电池高低压插接器无退针、插针弯曲等异常现象，插接器应插接到位，连接可靠，无变形、松脱、过热、损坏等情况。

图 1-5　动力电池箱外围检查与保养项目

若动力电池箱螺栓存在松动情况，按照维修手册要求力矩紧固螺栓，如图 1-6 所示。

3. 检查动力电池箱的密封性能

检查动力电池箱密封性能的目的是保证动力电池箱密封性能良好，防止进水，影响通信等。通过真空检漏法，检查密封条的密封情况。以沃尔沃混动轿车的动力电池为例，其密封性能检查步骤如下：

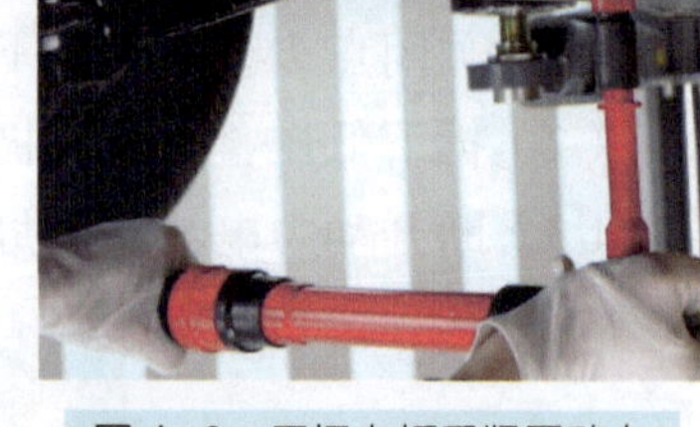

图 1-6　用扭力扳手紧固动力电池箱固定螺栓

（1）连接真空表组件及气泵管路。

（2）调节气压在 400kPa 左右。

（3）打开真空表组开关，抽真空 3~5min，如果真空度达不到 -40kPa，说明密封不严。

（4）如果真空度达到 -40kPa，应关闭真空表组开关，保持 10min 左右，检查真空度，应小于 -10kPa，说明密封性能良好。

（5）若无真空或真空度为 0，说明密封不严，需要检查动力电池箱螺栓是否紧固。

（6）如果动力电池箱螺栓紧固良好，则需要更换密封条。

动力电池绝缘测试

4. 检查动力电池母线绝缘性

吉利帝豪 EV450 动力电池高压插接器为 BV16（总正、总负）和 BV23（快充 +、快

充 -），如图 1-7 所示。拆下动力电池高压插接器并用绝缘电阻表分别检查总正、总负、快充 +、快充 - 与动力电池箱（搭铁）之间的绝缘电阻值，均应≥ 20MΩ。

图 1-7　帝豪 EV450 动力电池高压插接器

三 新能源汽车驱动系统检查与维护

新能源汽车能否正常工作，重要因素在于电机能否正常运转。驱动电机的工作取决于很多因素，需要按照厂家使用手册进行检查和维护。在对电动汽车驱动系统进行维护之前，一定要做好高压安全防护。

1. 检查驱动电机的外观

（1）检查驱动电机表面是否有油液污渍，是否存在漏液现象，如图 1-8 所示。

（2）检查驱动电机的上水管和下水管有无裂纹和泄漏，如果存在泄漏，要查找泄漏部位，如图 1-9 所示。一般泄漏的地方主要集中在管路接口处、橡胶管路和金属接合面等。

图 1-8　检查驱动电机有无漏液

图 1-9　检查驱动电机上、下水管

（3）目测车身底部防护层、驱动电机是否有磕碰、损坏等，如图 1-10 所示。

（4）使用压缩空气或干布对驱动电机的外观进行清洁，严禁使用水枪对驱动电机、电机控制器进行喷水清洗，如图 1-11 所示。

图 1-10　检查驱动电机有无磕碰、损坏

图 1-11　使用压缩空气清洁驱动电机

2. 检查电机控制器外观

（1）检查电机控制器表面是否有油污。

（2）检查电机控制器冷却水管、接头处有无裂纹、有无渗漏，如图 1-12 所示。

（3）检查电机控制器表面有无磕碰、变形或损坏，使用压缩空气或干布清洁其外表，如图 1-13 所示。

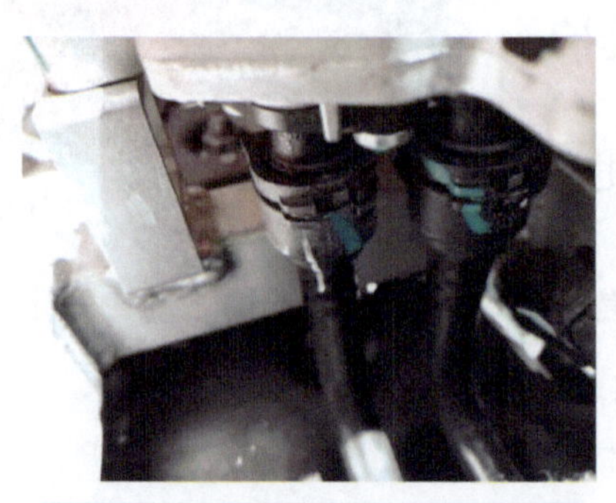

图 1-12　检查电机控制器冷却水管

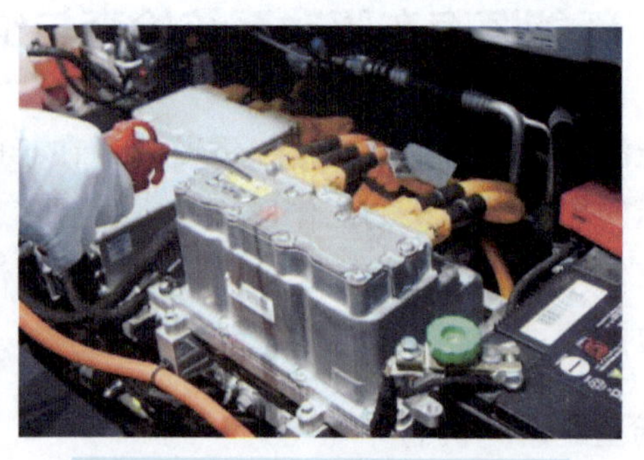

图 1-13　驱动电机控制器外观清洁

3. 检查驱动电机紧固螺栓

使用扭力扳手检查驱动电机固定螺栓力矩，如图 1-14 所示。电机前端盖与变速器壳体连接处的 M10 螺栓拧紧力矩应为 55N·m；电机后端盖与悬架支架连接处的 M10 螺栓拧紧力矩应为 55N·m；电机前、后端盖与支架连接的 M10 螺栓拧紧力矩应为 55N·m；M8 螺栓拧紧力矩应为 27N·m。

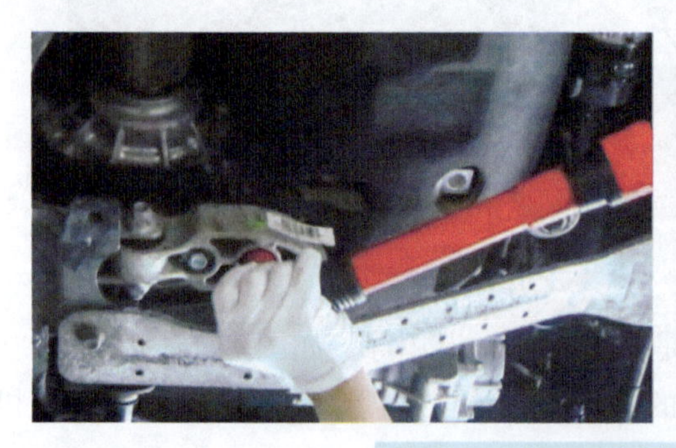

图 1-14　检查驱动电机固定螺栓力矩

4. 检查驱动电机与电机控制器插接器状态

吉利帝豪 EV450 驱动电机高压插接器（三相交流）为 BV19，低压插接器为 BV13（12 针）。电机控制器高压插接器为 BV18，如图 1-15 所示。电机控制器低压插接器为 BV11（28 针），如图 1-16 所示。

检查驱动电机及电机控制器高压插接器连接状态是否完好，是否存在松动、老化、损坏现象，如发现以上情况应及时予以修理或更换。检查驱动电机及电机控制器低压插接器连接状态是否完好，目测各个插接器是否存在退针、变形、松脱、过热和损坏情况，如发现以上情况应及时予以修理或更换。

图 1-15 电机控制器高压插接器 BV18

图 1-16 电机控制器低压插接器 BV11

5. 检查驱动电机绝缘性

驱动电机绝缘性检查是常规检查项目，绝缘性符合标准要求，驱动电机才能安全使用。驱动电机绝缘性检查操作步骤如下：

（1）查看驱动电机铭牌，根据电机的额定电压选择合适的绝缘电阻表档位，如图 1-17 所示。

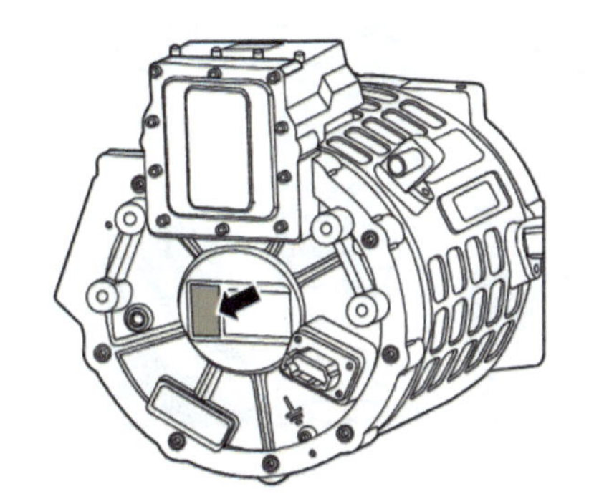

GEELY
TZ220
XS503
100802
06633663

精进电动科技股份有限公司			
额定功率	42kW	额定电压	336V
额定转矩	105N · m	峰值功率	120kW
峰值转速	12000r/min	峰值转矩	250N · m
绝缘等级	H	冷却方式	水冷
相数	3相	重量	55kg
防护等级	IP67	工作制	S9
出厂编号			
永磁同步电机			

图 1-17 吉利帝豪 EV450 驱动电机铭牌

电机控制器高压回路绝缘检测

（2）拆卸电机控制器盖 8 颗紧固螺栓，拆下三相线束 3 颗固定螺栓，拆下三相线束插接器 3 颗紧固螺栓，取下三相线束。

（3）选择合适的绝缘电阻表档位，黑色导线接绝缘电阻表“com”接线柱，红色导线接绝缘电阻表“V”或“绝缘”接线柱。

（4）将绝缘电阻表黑表笔搭铁，用红表笔逐个测量驱动电机三相交流电 U、V、W 端子与搭铁间绝缘电阻，电阻值应≥ 20MΩ，如图 1-18 所示。

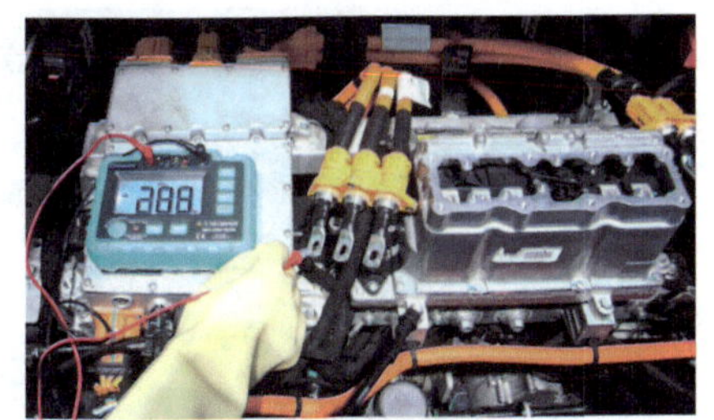

图 1-18 测量驱动电机三相线束绝缘电阻值

6. 检查电机控制器高压端子绝缘性

使用绝缘电阻表，选择 500V 档位，分别测量电机控制器 T+、T-、U、V、W 端子与电机控制器外壳间绝缘电阻值，电阻值应 >2.5MΩ，如图 1–19 所示。

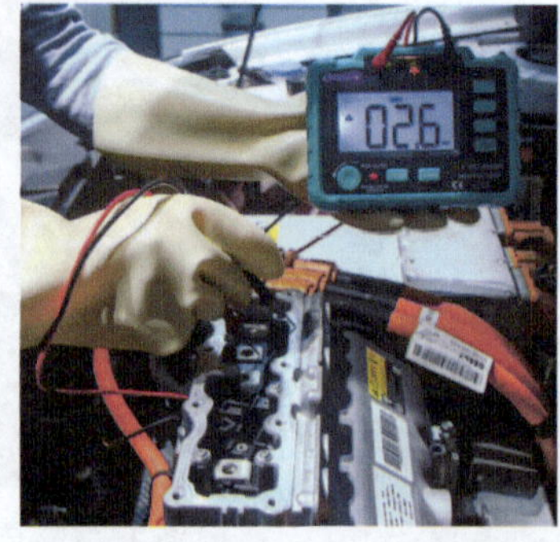
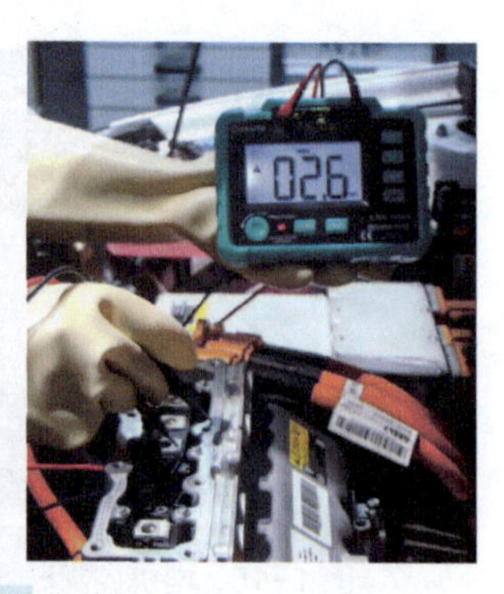

图 1–19　测量电机控制器高压插头绝缘电阻值

7. 检查驱动电机定子绕组

使用万用表测量驱动电机的定子绕组 U 和 V 之间、V 和 W 之间、W 和 U 之间的电阻值是否正常。正常情况下三相绕组电阻值应近似相等，20℃参考值为 11.78 ~ 13.03mΩ，如图 1–20 所示。

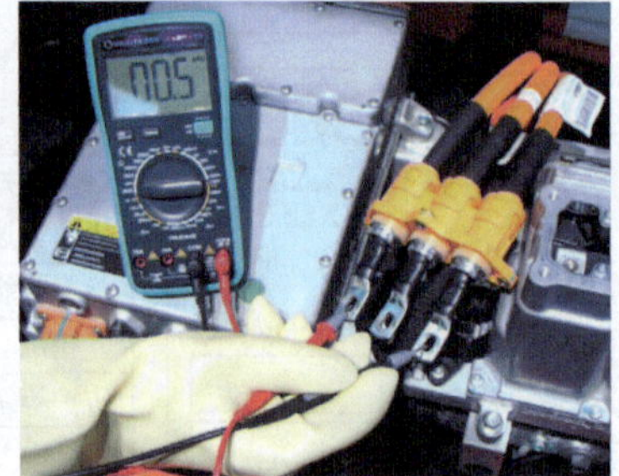
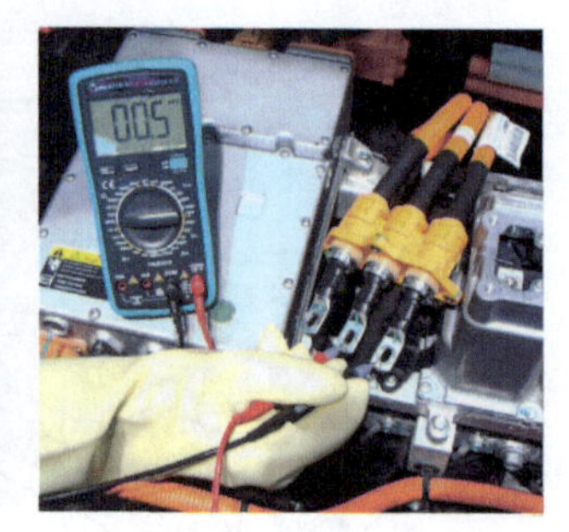

图 1–20　测量驱动电机定子绕组电阻值

8. 检测 DC/DC 输出电压

检测 DC/DC 输出电压应与蓄电池电压一致，如图 1–21 所示。若测量结果 DC/DC 输出端电压为 0V，与蓄电池电压不一致，可判定相关线路断路或熔丝熔断，DC/DC 不工作。

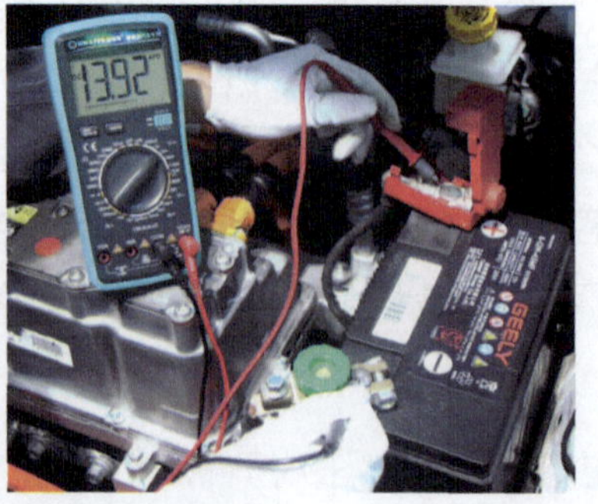

图 1–21　检测 DC/DC 输出电压

9. 减速器外观检查

检查减速器外部有无磕碰、变形，有无渗油、漏油，如图 1–22 所示。减速器渗漏油的主要原因如下：输入轴油封磨损或损坏、差速器油封磨损或损坏、油塞处漏油、箱体破裂、油量过多由通气塞冒出。

若减速器存在漏油情况，按如下措施进行处置：

图 1–22　检查减速器外观

① 输入轴油封磨损或损坏时，参照维修手册操作规范更换油封。

② 差速器油封磨损或损坏时，参照维修手册操作规范更换油封。

③ 油塞处漏油时，对油塞涂胶，按规定力矩拧紧。

④ 箱体破裂时，参考维修手册对减速器进行维修。

⑤ 油量过多由通气塞冒出时，检查油位，调整油量。

10. 检查和更换减速器润滑油

对于初期维护，减速器磨合后，建议行驶 3000km 或者 3 个月更换润滑油，以后进行定期维护。减速器保养周期见表 1–2。4 次保养后，每间隔 6 个月或 10000km（以先到者为限）进行定期保养。

表 1–2　减速器保养周期

序号	保养次数	保养期限（时间和里程以先到者为限）
1	首次保养	购车 3 个月或行驶里程 3000km 以内
2	第二次保养	购车 9 个月或行驶里程 13000km 以内
3	第三次保养	购车 15 个月或行驶里程 23000km 以内
4	第四次保养	购车 21 个月或行驶里程 33000km 以内

加注和更换减速器润滑油步骤如下：

（1）在换油前，必须停车断电，水平提升车辆。

（2）拆卸发动机舱底部护板总成。

（3）减速器润滑油加注和更换步骤（图 1–23）：

① 拆卸减速器加油螺塞 1。

② 拆卸减速器放油螺塞 2，用回收容器接收放出的减速器油。

③ 安装减速器放油螺塞 2。拧紧力矩：19~30N · m。

④ 添加专用的减速器油，直到油液开始流出。参考用量：（1.7 ± 0.1）L。

⑤ 重新安装并紧固加油螺塞 1。拧紧力矩：19~30N · m。

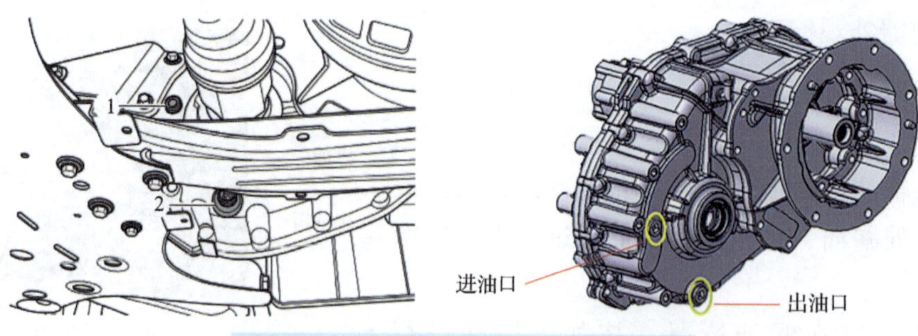

图 1-23　减速器润滑油加注和更换示意图

四　新能源汽车充电系统检查与维护

图 1-24　检查充电系统高压线束

1. 检查充电系统高压线束（图 1-24）

（1）检查交流、直流充电高压线束插接器插件之间是否松动，线束根部有无过热、变形、松脱现象。

（2）检查交流、直流充电高压线束过线孔、过线护套等防护是否完好，线束是否出现磨损，底盘高压线缆保护套有无进水、老化、破损，高压线束固定卡子有无损坏。

2. 检查充电高压线束的绝缘性

使用绝缘电阻表测量车辆充电插座端子（交流充电 N、L，直流充电 DC+、DC-）与搭铁间绝缘电阻，将红表笔与线束内芯接触，黑表笔与线束车身搭铁点有效连接，按测试键进行读数，测得绝缘电阻应≥ 20MΩ。

交流充电操作流程

3. 检查随车充电枪工作状态

检查随车充电枪工作状态需要对车辆进行充电，查看指示灯是否正常。图 1-25 所示为随车充电枪指示灯，其含义分别为：

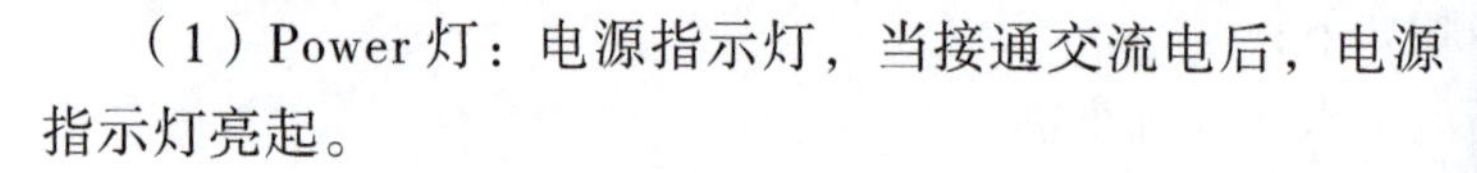

（1）Power 灯：电源指示灯，当接通交流电后，电源指示灯亮起。

（2）Charge 灯：当充电枪接通动力电池进入充电状态后，充电指示灯亮起。

（3）Error 灯：警告灯，当充电枪内部有故障时亮起。

检查随车充电枪工作状态是否正常的方法如下：

（1）当充电正常时，Power 灯和 Charge 灯点亮。

（2）当起动 30s 后仍只有 Power 灯点亮时，有可能为动力电池无充电请求或已充满。

（3）当 Error 灯点亮时，说明充电系统出现异常。

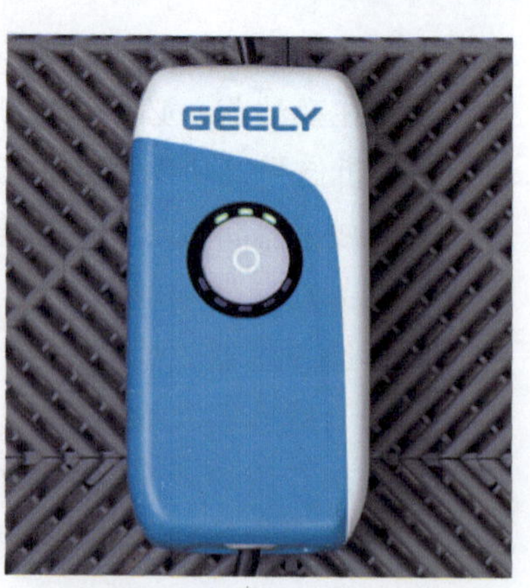

图 1-25　随车充电枪指示灯

（4）当充电灯都不亮时，检查充电桩、车载充电机以及充电线束及插接件。

五 项目实施

实施准备

安全防护：高压安全防护装备、绝缘垫、警示牌、隔离带、灭火器等。

工具设备：数字万用表、绝缘检测仪、故障诊断仪。

实训车辆：吉利 EV450。

辅助资料：汽车原厂维修手册、原厂电路图。

任务一　高压安全防护操作

（1）接受任务。你了解高压电对人体的危害吗？你能够识别高压电范围吗？请正确完成高压安全防护操作。

（2）收集信息。

① 触电时，让人体受伤的是______而不是______。

A. 电压　　　　B. 电流

② 根据 GB4943.1—2011（等效于 EN 60950 或 IEC 60950），安全电压范围：______。

A. < AC 42.4V 或 DC 60V　　B. < DC 42.4V 或 AC 60V

C. > AC 42.4V 或 DC 60V　　D. > DC 42.4V 或 AC 60V

③ 经过人体的电流达到大约______mA 时，被认为是“致命值”。

A. 10　　B. 50　　C. 80　　D. 200

④ 使用经检验合格的绝缘手套且每 6 个月检验一次。　□对　□错

⑤ 护目镜是电动汽车维修工作中必不可少的一种防护工具，可有效防止电弧产生的伤害。　□对　□错

（3）任务实施。

① 个人安全防护装备检查（绝缘手套、劳保手套、护目镜、安全帽、绝缘鞋）。

② 个人安全防护装备穿戴。

③ 设置警戒围挡。

④ 放置警示牌。

⑤ 检查灭火器。

⑥ 检查仪器设备（万用表、绝缘电阻表、放电工装、绝缘工具套装等）。

⑦ 高压安全下电操作。

⑧ 高压安全上电操作。

⑨ 整理恢复场地。

任务二 动力电池系统检查与维护

（1）接受任务。一辆 2018 款吉利帝豪 EV450 电动汽车行驶中磕到底盘，不知道动力电池是否受到影响，于是驱车到 4S 店咨询售后顾问。售后顾问查看车辆状态后，建议检查动力电池是否存在安全隐患。作为 4S 店的维修技师，在接到这个任务后应该如何做好动力电池总成外部检查与维护呢？

（2）收集信息。

① 按表 1-3 所列电池材料填写其标称电压。

表 1-3 电池材料对应标称电压

电池材料	标称电压 /V
镍氢电池	
磷酸铁锂电池	
三元锂电池	
钛酸锂电池	
锰酸锂电池	

② 查阅吉利 EV450 维修手册，填写表 1-4 所列动力电池性能参数。

表 1-4 吉利 EV450 动力电池性能参数

项目	性能参数
电池容量 /A · h	
额定电压 /V	
工作电压范围 /V	
电池电量 /kW · h	
成组方式	
重量 /kg	
单体标称电压 /V	
IP 防护等级	
能量密度 /（W · h/kg）	

（3）任务实施。

① 作业前准备（场地布置、防护装备检查穿戴、仪器设备检查、汽车防护三件套安装）。

② 登记车辆基本信息。

③ 进行高压下电操作。

④ 举升车辆到需要的高度时，锁止举升机安全锁。

⑤ 检查动力电池箱外观。

⑥ 检查动力电池箱的密封性能。

⑦ 检查动力电池母线绝缘性。

⑧ 进行高压上电操作。

⑨ 整理恢复场地。

任务三　驱动电机检查与维护

（1）接受任务。吴先生开着一辆 2018 款吉利帝豪 EV450 电动汽车去 4S 店检修，此时需要你作为维修人员协助技师按照规范流程，对车辆进行夏季常规检查活动中的驱动电机及其系统检查与维护项目。你能安全、规范地检查和维护驱动电机系统吗？

（2）收集信息。

① ______是电动汽车三大核心件之一，是动力系统的执行机构，是电能转化为机械能的载体。

② 电机没有怠速，即使车辆由静止到起步的临界状态，电机也可产生______，可保证提供给车辆较好的加速度。

③ 驱动电机不仅可以驱动车辆行驶，而且可以进行______。

④ 纯电动汽车常用的驱动电机主要有直流电机______、______、______与开关磁阻电机等。

⑤ 三相交流异步电机中的异步是指______与______的同步转速存在转速差。

⑥ 永磁同步电机中的同步是指______与______的同步转速相同。

⑦ 驱动电机三相交流电 U、V、W 端子的绝缘电阻值应为______。

⑧ 驱动电机的定子绕组之间的电阻值（20℃）参考值为______。

⑨ 查询维修手册和电路图，电机线束插接器的编号为______。

⑩ 填表 1-5，写出电机线束插接器端子的定义和含义。

表 1-5　电机线束插接器端子定义和含义

端子号	端子定义	含义	端子号	端子定义	含义
1			7		
2			8		
3			9		
4			10		
5			11		
6			12		

（3）任务实施。

① 作业前准备（场地布置、防护装备检查穿戴、仪器设备检查、汽车防护三件套安装）。

② 登记车辆基本信息。
③ 进行高压下电操作。
④ 举升车辆到需要的高度时，锁止举升机安全锁。
⑤ 检查驱动电机外观。
⑥ 检查驱动电机紧固螺栓。
⑦ 检查驱动电机与电机控制器插接器状态。
⑧ 检查驱动电机绝缘性。
⑨ 检查电机控制器高压端子绝缘性。
⑩ 检查驱动电机定子绕组。
⑪ 检查减速器外观。
⑫ 进行高压上电操作。
⑬ 整理恢复场地。

复习题

1. 判断题

（1）根据 GB4943.1—2011（等效于 EN60950 或 IEC60950）安全电压范围：<AC 42.4V 或 DC 60V。（　　）
（2）当电器设备电压超过 24V 时，必须采取防直接接触带电体的保护措施。（　　）
（3）使用经检验合格的绝缘手套且每 6 个月检验一次。（　　）
（4）护目镜是电动汽车维修工作中必不可少的一种防护工具，用于防止高压部件接触时产生的电弧光对眼睛的伤害。（　　）
（5）新能源汽车维修必须双人操作，一人操作，一人监督。应严格遵守操作规程。（　　）

2. 填空题

（1）帝豪 EV450 动力电池包内部共______个单体电池、______个模组串联，单体电池标称电压为______V，额定容量为______A·h，每个模组有______个温度传感器，每个单体电池都有______个电压采样。
（2）动力电池包由以下部件组成：______、结构系统、电气系统、______、______。
（3）将动力电池箱内部高压控制盒插头打开，用绝缘电阻表 DC 1000V 档测试总正、总负搭铁电阻值，若电阻值≥______Ω/V，则绝缘性能良好。
（4）预充电阻的电阻值为______Ω 左右。
（5）帝豪 EV450 电机控制器包括两方面的功能：一是______，二是______。

项目二　车辆无法进入故障诊断与排除

项目导入

吉利帝豪 EV450 配置有无钥匙进入起动系统（Passive Entry Passive Start，PEPS），在正常情况下，使用智能钥匙、触摸门把手或按下锁门键钮可以实现整车上锁或解锁。该车按下车门把手门锁键无法解锁车辆，导致车辆智能进入功能失效。

教学目标

知识目标

1. 掌握无钥匙进入起动系统各组成部件名称、结构和工作原理。
2. 熟悉无钥匙进入起动系统的功能。
3. 掌握无钥匙进入起动系统的控制策略和检修方法。

能力目标

1. 能正确查找并识读无钥匙进入起动系统的电路图。
2. 能正确找到无钥匙进入起动系统各组成部件安装位置。
3. 能对无钥匙进入起动系统的天线进行检修。
4. 能对无钥匙进入起动系统无法进入等故障进行检修。

一　智能钥匙介绍

随着科技的发展，汽车钥匙的智能化程度也在不断提高，目前汽车钥匙已经经历了三代的发展。第一代是机械钥匙，第二代是机械钥匙 + 遥控器，第三代是智能钥匙（开关按键），越来越多的汽车配置了第三代的智能钥匙系统。

智能钥匙系统（Intelligent Key system，I-Key）是一种采用先进的双向无线加密通信主动识别技术，实现车主身份识别、无钥匙进入及起动和遥控门锁等功能的系统。并且智能钥匙非原厂不可复制的特性，让车辆具备了更高的防盗性。I-Key 带给车主的不仅是方便和安全，人性化的设计也让车主用车时感受到温馨和体贴。智能钥匙系统可实现遥控、无钥匙进入、一键起动、智能迎宾灯等功能。

1. 遥控功能

智能钥匙系统通常保留了第二代钥匙系统的遥控功能，通过钥匙上的遥控按键，即可远程控制车门的开、闭锁，行李舱解锁等。防盗状态下，按下遥控闭锁键，车辆报警，实现寻车功能，如图 2-1 所示。智能钥匙指示灯在正常情况下，当用户按下遥控按键时，指示灯闪烁；部分车型在进行无钥匙进入、一键起动操作时，如果钥匙在探测范围内且接收到车辆发出的探测信号，钥匙指示灯也会闪烁。

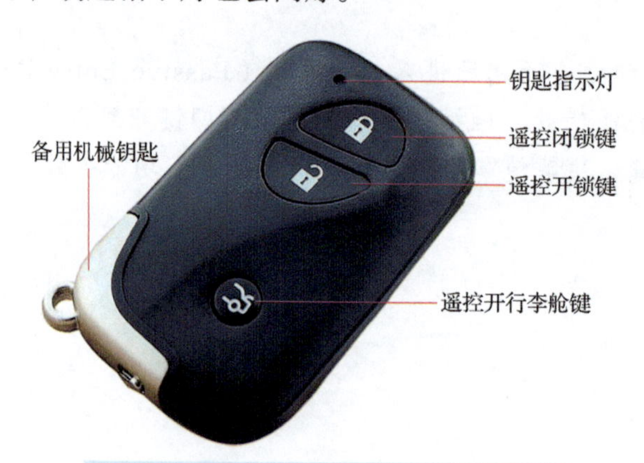

图 2-1　智能钥匙系统的感应钥匙主要组成

智能钥匙上面带有备用机械钥匙，当智能钥匙无电或失效的情况下，可以通过按下智能钥匙左侧的按钮，取出机械钥匙。将机械钥匙插入驾驶员侧门锁内，顺时针方向旋转，驾驶员侧车门解锁，逆时针方向旋转，四门闭锁，如图 2-2 所示。

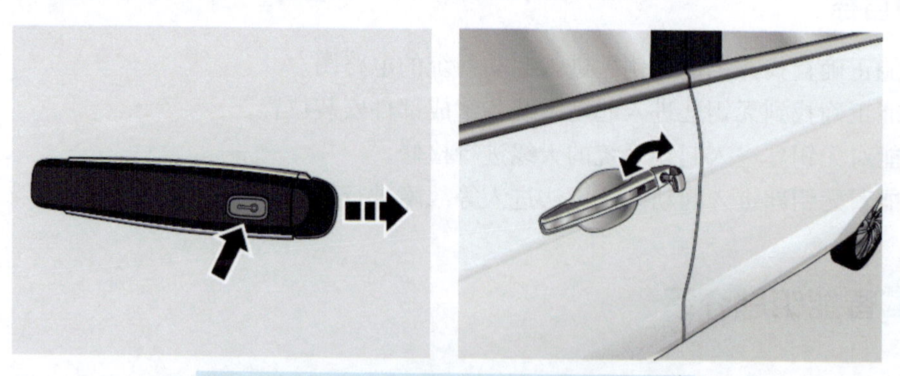

图 2-2　使用智能钥匙配备的机械钥匙解锁或闭锁

2. 无钥匙进入功能

无钥匙进入是智能钥匙的一项重要功能。无钥匙进入（Passive Keyless Enter，PKE）系统采用了先进的无线射频识别技术（RFID）和车辆身份编码识别系统，率先应用小型化、小功率射频天线的开发方案，并成功地融合了遥控系统和一键起动的功能。无钥匙进入系统沿用了传统的整车电路保护，真正实现双重射频系统、双重防盗保护，为车主最大限度地提供便利和安全。此时的汽车智能钥匙已不是传统的钥匙，而是一个智能卡。当车主踏进指定范围时（通常在 0.7~1m），该系统即可识别出授权驾驶者，此时通过按下车门拉手上的微动开关（或者触摸开关）即可实现车门的解锁，关闭车门后通过按下前门拉手微动开关（或者触摸开关）即可实现车门上锁，如图 2-3 所示。部分车型通过直接感应完成上述过程，携智能钥匙的驾驶员进入感应范围，直接拉动车门可开锁，驾驶员离开感应范围，车门在设定的时间内自动上锁。通常无钥匙进入系统还带有锁车后自动升窗功能，防止驾驶员忘记关窗导致的安全风险或下雨时车内被淋。

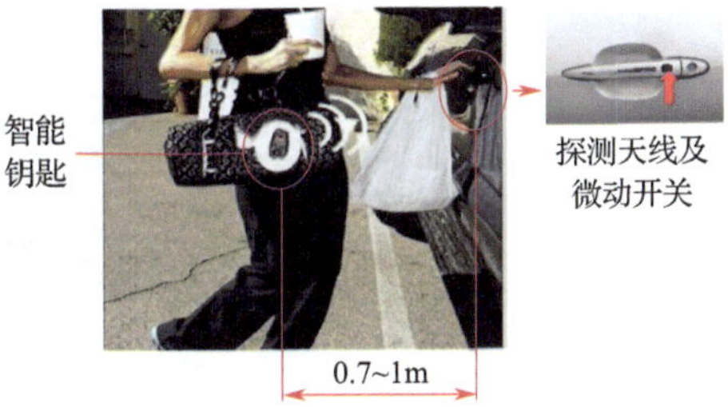

图 2-3　智能钥匙无钥匙进入功能

PKE 系统通常具有钥匙检测功能，当智能钥匙被检测到在车内，而驾驶员按下微动开关锁车时，车辆无法锁车并通过灯光或蜂鸣提醒驾驶员。大众车型配备的 PKE 系统在整车外部遥控闭锁（某个门未关）后把钥匙放回车内，关上车门后，整车会解锁，所有转向信号灯闪烁四次。如果不打开车门，30s 后整车会自动闭锁，钥匙将被锁在车内。此功能可以降低车辆被盗的风险。

3. 一键起动功能

智能钥匙的一键起动功能与无钥匙进入系统通常集成在一起。驾驶员进入车内后，无需拿出钥匙，只需踩住制动踏板或离合器踏板后，直接按下一键起动按钮，发动机即可起动或者完成电动汽车的上下电，如图 2-4 所示。

如果无法识别到智能钥匙（智能钥匙内的电池电量较少或已耗尽），可将智能钥匙靠近一键起动按钮或图 2-5 所示的位置（大众车型），同时按下一键起动按钮，可以应急起

图 2-4　智能钥匙一键起动按钮

图 2-5　应急起动感应位置

动发动机。如果发动机无法通过短促按下一键起动按钮关闭，则必须执行应急关闭，在 1s 内连按两下起动按钮，或按住起动按钮超过 1s。

4. 智能迎宾灯

智能迎宾灯是智能钥匙的人性化设计。车辆在防盗状态，合法钥匙进入探测区域后，后视镜下方的智能迎宾灯开启约 15s，在夜间上车时可有效帮助驾驶员看清车门周围的环境，如图 2-6 所示。

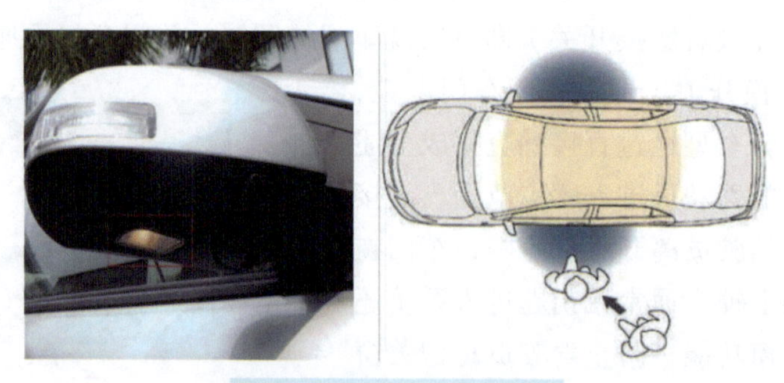

图 2-6　智能钥匙迎宾功能

二　智能钥匙系统的组成结构

以大众车型智能钥匙系统为例，智能钥匙相对于非智能钥匙（不带无钥匙进入及一键起动）的区别在于智能钥匙系统增加了“Keyless Access”控制器、电子转向柱锁、车载电网控制器、起动按钮、发射天线、车门外把手接触传感器及带“Keyless Access”功能的智能钥匙，如图 2-7 所示。车载电网控制器（车身控制模块）与非智能钥匙系统一样，包含用于中央门锁的带高频接收部件（无线电接收器）的电子模块。

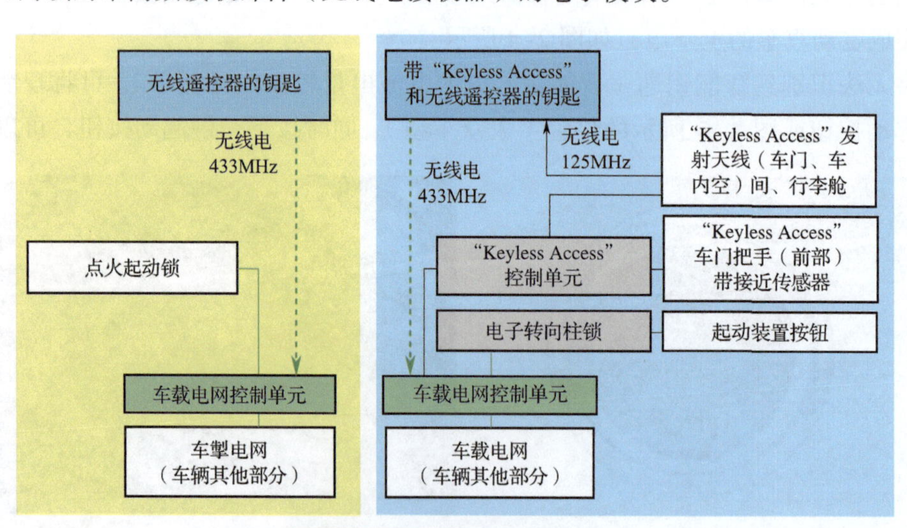

图 2-7　大众智能钥匙系统组成

高职高专新能源汽车专业“1+X”课证融通新形态教材

新能源汽车检测与故障诊断技术

实训工单

NEW ENERGY VEHICLE

吴海东　程章　刘世斌　主编

班　　级：________　学　　号：________

姓　　名：________　指导老师：________

机械工业出版社
CHINA MACHINE PRESS

目 录 Contents

实训工单一　新能源汽车检查与维护

一、接受任务

一辆 2018 款吉利帝豪 EV450 电动汽车已经行驶了 10000km，根据厂家保修规定需要对车辆进行维护，在维护过程中需要对高压配电系统进行定期检查与维护。请你利用本项目所学知识，根据现场作业规范，完成电动汽车高压配电系统的检查与维护工作。

二、收集信息

（1）查阅维修手册，在图 1–1 中填写相关部件的名称。

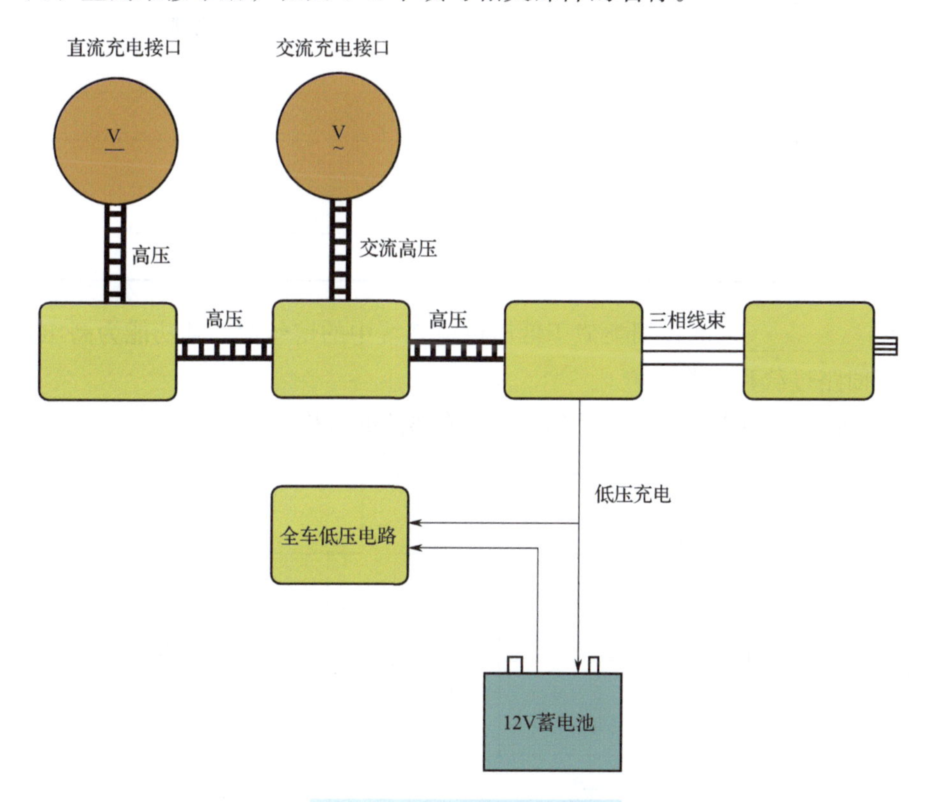

图 1–1　高压配电系统结构图

（2）高压配电系统主要由以下部件组成：__________、直流充电接口、交流充电接口、__________和电机三相线。

（3）查阅维修手册，根据图 1–2 填写表 1–1。

图 1-2　充电系统结构图

表 1-1　充电系统结构部件名称

序号	部件名称
①	
②	
③	
④	
⑤	

（4）____________的作用类似于低压供电系统中的熔丝盒，其功能为高压电能分配、高压回路过载和短路保护。

（5）查阅电路图，在图 1-3 中填写相关部件的名称。

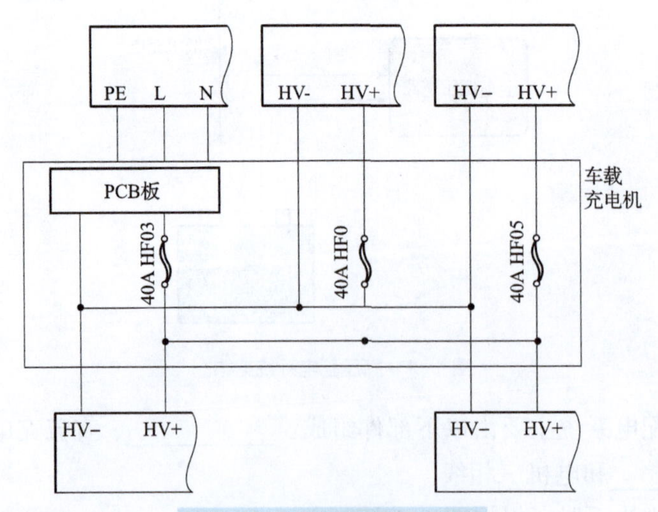

图 1-3　高压配电系统电路图

（6）根据图 1-4 按示例格式完善部件含义内容，填写在图框中。

（动力电池）接OBC分线盒线束插接器BV17

图 1-4　吉利 EV450 前舱部件位置图

图 1-4 中，（动力电池）接 OBC 分线盒线束插接器 BV17，这个线束插接器在 OBC 分线盒侧，是动力电池连接 OBC 分线盒的，线束插接器编号为 BV17。

（7）车辆行驶时，电流从动力电池依次经过直流母线、车载充电机内的分线盒、电机控制器高压线、电机控制器、______到达驱动电机，产生驱动力。

（8）车载充电机分线盒内对电动压缩机回路、PTC 加热器回路、交流慢充回路各设一个______A 的熔断器。当上述回路电流超过______A 时，熔断器会在______s 内熔断；当回路电流超过______A 时，熔断器会在______s 内熔断，以保护相关回路。

三、制订计划

1. 根据任务要求制订实训计划

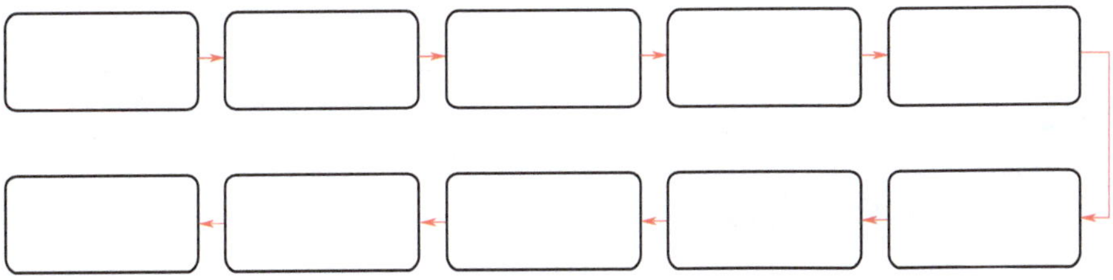

2. 根据实训计划，完成小组成员任务分工

主操作人		记录员	
监护人		展示员	

四、任务实施

1. 作业前准备

作业图例	作业内容	完成情况		
	作业前现场环境检查	□ 规范着装 □ 拉设安全围挡 □ 放置安全警示牌 □ 检查灭火器 □ 检查测量终端状态 □ 铺设防护四件套		
安全帽 护目镜 绝缘鞋 绝缘手套	防护用具检查	□ 检查绝缘手套 □ 检查护目镜 □ 检查安全帽 □ 检查绝缘鞋		
诊断仪 放电工装 万用表 绝缘测试仪	仪表工具检查	□ 检查万用表、绝缘检测仪是否正常 □ 检查故障诊断仪是否正常 □ 检查绝缘工具是否齐全、正常 □ 检查放电工装是否正常 □ 检查维修手册、电路图是否完备		
		测量值	标准值	判别
	测量绝缘垫绝缘电阻	____Ω	____Ω	□ 正常 □ 异常

2. 登记车辆基本信息

项目	内容	完成情况
品牌		□是　□否
VIN		□是　□否
生产日期		□是　□否
动力电池	型号：　　　额定容量：	□是　□否
驱动电机	型号：　　　额定功率：	□是　□否
行驶里程	km	□是　□否

3. 高压配电系统检查与维护前的准备工作

作业图例	作业内容	完成情况
	关闭点火开关，拔下钥匙	□是　□否
断开蓄电池负极	拆下低压蓄电池负极电缆，使用绝缘胶带包好，断开整车低压控制电源	□是　□否
	佩戴绝缘手套，断开动力电池高压维修开关	□是　□否
	当车辆举升到需要的高度时，举升机要锁止安全锁	□是　□否
	断开车载充电机处的直流母线	□是　□否

4. 检查车载充电机外观

作业图例	作业内容	完成情况
	检查车载充电机（分线盒）外观，检查外壳是否有明显碰撞痕迹，外壳有无变形及破损，必要时进行更换。检查车载充电机各连接线束有无破损、裂纹，高低压接线端子连接是否可靠，有无松动	□是 □否

5. 检查车载充电机（分线盒）紧固螺栓

作业图例	作业内容	完成情况
	检查车载充电机紧固螺栓有无锈蚀，紧固力矩是否足够。车载充电机紧固螺栓的紧固力矩为 22N·m	□是 □否

6. 检查车载充电机（分线盒）冷却管路

作业图例	作业内容	完成情况
	检查车载充电机冷却管路连接处是否出现液体泄漏及渗出，检查散热器总成左右侧水室密封处有无渗漏现象，如出现液体渗漏需立即进行维修	□是 □否

7. 更换直流母线总成

作业图例	作业内容	完成情况
	断开直流母线总成线束插接器（动力电池侧）	□是 □否

（续）

作业图例	作业内容	完成情况
	断开直流母线总成线束插接器（车载充电机侧）	□是　□否
	脱开直流母线总成固定卡扣，取下直流母线总成	□是　□否

8. 检查高压部件绝缘性

<table>
<tr><th>作业图例</th><th>作业内容</th><th colspan="3">完成情况</th></tr>
<tr><td rowspan="6"></td><td rowspan="6">用绝缘电阻表测量动力电池与车身搭铁之间的绝缘电阻</td><td colspan="3">□是 □否</td></tr>
<tr><td>测试端</td><td>测量值</td><td>标准值</td></tr>
<tr><td>总正与电池包壳体</td><td></td><td>≥ 20MΩ</td></tr>
<tr><td>总负与电池包壳体</td><td></td><td>≥ 20MΩ</td></tr>
<tr><td>快充正与电池包壳体</td><td></td><td>≥ 20MΩ</td></tr>
<tr><td>快充负与电池包壳体</td><td></td><td>≥ 20MΩ</td></tr>
<tr><td rowspan="4">接PEU　接压缩机、PTC　接动力电池
接交流插座</td><td rowspan="4">依次检测充电机侧接 PEU、接 PTC 和压缩机、接交流插座端的绝缘性。黑表笔接充电机壳体，红表笔逐个接上述充电机侧的正、负极</td><td colspan="3">□是　□否</td></tr>
<tr><td>测试端</td><td>测量值</td><td>标准值</td></tr>
<tr><td>充电机正极与壳体</td><td></td><td>≥ 10MΩ</td></tr>
<tr><td>充电机负极与壳体</td><td></td><td>≥ 10MΩ</td></tr>
</table>

（续）

<table>
<tr><th>作业图例</th><th>作业内容</th><th colspan="3">完成情况</th></tr>
<tr><td rowspan="5"> 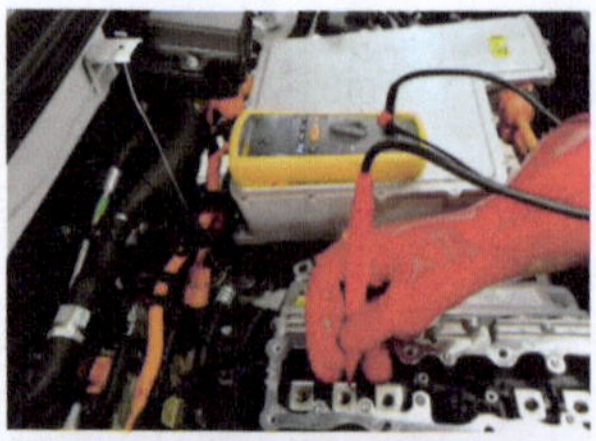 </td><td rowspan="5">PEU U 相、V 相、W 相绝缘性测检测。黑表笔接车身，红表笔逐个测量 U 相、V 相、W 相绝缘电阻值</td><td colspan="3">□是 □否</td></tr>
<tr><td>测试端</td><td>测量值</td><td>标准值</td></tr>
<tr><td>PEU U 相与壳体</td><td></td><td>≥ 2.5MΩ</td></tr>
<tr><td>PEU V 相与壳体</td><td></td><td>≥ 2.5MΩ</td></tr>
<tr><td>PEU W 相与壳体</td><td></td><td>≥ 2.5MΩ</td></tr>
<tr><td rowspan="5"> 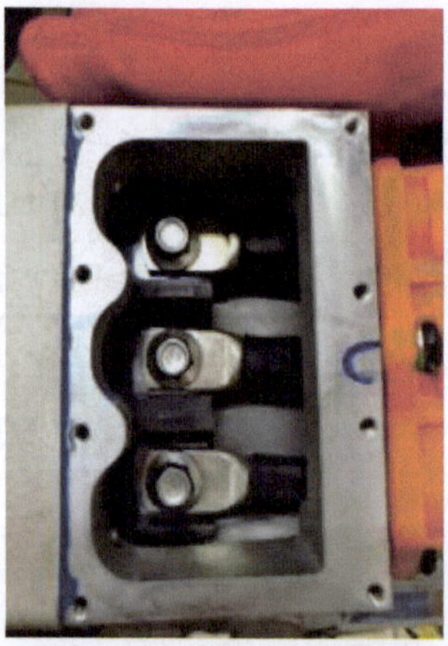 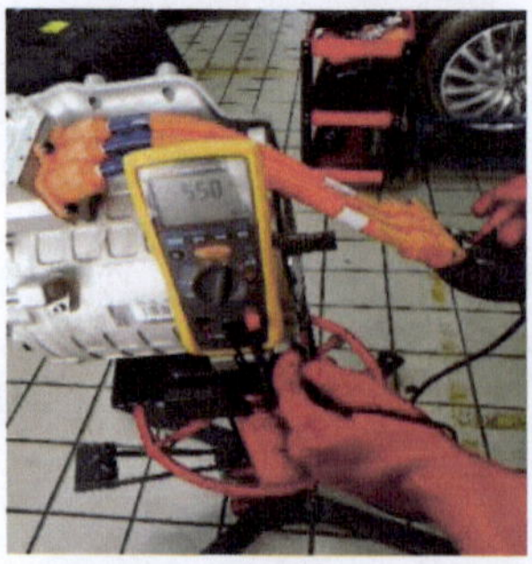</td><td rowspan="5">电机 U 相、V 相、W 相绝缘性检测。黑表笔接车身，红表笔逐个测量 U 相、V 相、W 相绝缘电阻值</td><td colspan="3">□是 □否</td></tr>
<tr><td>测试端</td><td>测量值</td><td>标准值</td></tr>
<tr><td>电机 U 相与壳体</td><td></td><td>≥ 20MΩ</td></tr>
<tr><td>电机 V 相与壳体</td><td></td><td>≥ 20MΩ</td></tr>
<tr><td>电机 W 相与壳体</td><td></td><td>≥ 20MΩ</td></tr>
</table>

（续）

<table>
<tr><th>作业图例</th><th>作业内容</th><th colspan="3">完成情况</th></tr>
<tr><td rowspan="6"></td><td rowspan="6">PTC 加热器、电动压缩机绝缘性测试。黑表笔接车身，红表笔逐个测量 PTC 加热器正极负极、电动压缩机正极负极绝缘值</td><td colspan="3">□是　□否</td></tr>
<tr><td>测试端</td><td>测量值</td><td>标准值</td></tr>
<tr><td>PTC 正极与壳体</td><td></td><td>≥ 20MΩ</td></tr>
<tr><td>PTC 负极与壳体</td><td></td><td>≥ 20MΩ</td></tr>
<tr><td>压缩机正极与壳体</td><td></td><td>≥ 10MΩ</td></tr>
<tr><td>压缩机负极与壳体</td><td></td><td>≥ 10MΩ</td></tr>
</table>

9. 恢复场地

作业图例	作业内容	完成情况
	关闭车辆起动开关	□是　□否
	收起并整理防护四件套	□是　□否
	关闭测量平台一体机	□是　□否
	关闭测量平台电源开关	□是　□否
	清洁并整理测量平台	□是　□否
	清洁防护用具并归位	□是　□否
	清洁整理仪器设备与工具	□是　□否
	清洁实训场地	□是　□否
	收起安全警示牌	□是　□否
	收起安全围挡	□是　□否

五、过程检查

1. 自我评价或小组评价

序号	检查项目	权重	自我评价
1	信息收集完成情况	20	
2	制订计划合理性	10	

（续）

序号	检查项目	权重	自我评价
3	实施过程完成的正确性	45	
4	学生在实施过程的参与程度	15	
5	安全防护与6S操作	10	
总成绩			

2. 自我反思或小组反思：根据自己在课堂上的实际表现进行自我反思

六、反馈总结

1. 实训过程评分

实训指导教师按下述评分标准检查本组作业结果。

项目	内容	评分标准	得分
知识点（30分）	1. 掌握吉利EV450高压配电系统的组成和工作原理（10分）	正确表述组成和工作原理	
	2. 了解高压配电系统端子定义（10分）	正确描述高压配电系统端子含义	
	3. 理解高压配电系统检查与保养的操作要点（10分）	正确表述（尤其是高压部件）绝缘检测的操作要领	
技能点（45分）	正确完成准备工作（5分）	视完成情况扣分	
	正确搜集车辆信息（5分）		
	正确检查车载充电机及分线盒外观（5分）		
	正确检查车载充电机（分线盒）紧固螺栓（5分）		
	正确检查车载充电机（分线盒）冷却管路（5分）		
	正确更换直流母线总成（5分）		
	正确检查高压部件绝缘性（15分）		
素质点（25分）	严格执行操作规范（10分）	视不规范情况扣分	
	任务完成的熟练程度（10分）	视完成情况扣分	
	6S管理（5分）	视完成情况扣分	
总分			

2. 改进与提升

实训指导教师检查本组作业结果，针对实训过程出现的问题提出改进措施与提升训练计划。

（1）改进措施：

（2）提升训练计划：

实训工单二　车辆无法进入故障诊断与排除

一、接受任务

一辆 2018 款吉利 EV450 纯电动汽车无钥匙进入功能失效，请你查阅无钥匙进入系统部件电路图，正确使用诊断仪器与检测工具进行无钥匙进入功能失效故障诊断与排除。

二、收集信息

1. 作业前准备

作业图例	作业内容	完成情况
	作业前现场环境检查	□ 规范着装 □ 拉设安全围挡 □ 放置安全警示牌 □ 检查灭火器 □ 检查测量终端状态 □ 铺设防护四件套
安全帽　护目镜 绝缘鞋　绝缘手套	防护用具检查	□ 检查绝缘手套 □ 检查护目镜 □ 检查安全帽 □ 检查绝缘鞋
诊断仪　放电工装 万用表　绝缘测试仪	仪表工具检查	□ 检查万用表、绝缘测试仪是否正常 □ 检查故障诊断仪是否正常 □ 检查绝缘工具是否齐全、正常 □ 检查放电工装是否正常 □ 检查维修手册、电路图是否完备

（续）

作业图例	作业内容	完成情况		
		测量值	标准值	判别
	测量绝缘垫绝缘电阻	____Ω	____Ω	□ 正常 □ 异常

2. 登记车辆基本信息

项目	内容	完成情况
品牌		□ 是 □ 否
VIN		□ 是 □ 否
生产日期		□ 是 □ 否
动力电池	型号：　　　额定容量：	□ 是 □ 否
驱动电机	型号：　　　额定功率：	□ 是 □ 否
行驶里程	km	□ 是 □ 否

3. 基本检查

作业图例	作业内容	完成情况		
		测量值	标准值	判断
	蓄电池电压	____V	____V	□ 正常 □ 异常
	高压部件及其插接器情况	□ 正常 □ 异常		
	低压部件及其插接器情况	□ 正常 □ 异常		

4. 故障现象确认

作业图例	作业内容	完成情况
	智能钥匙靠近车辆，按下驾驶人侧车门把手上的按钮，检查解锁与上锁功能	□正常 □异常
	按下钥匙解锁按键，四个车门与交流充电接口盖解锁，转向灯闪烁三次	□正常 □异常
	按下钥匙闭锁按键，四个车门与交流充电接口盖闭锁，转向灯闪烁一次，喇叭短促响一声	□正常 □异常
	按下右前侧车门把手上的按钮，检查解锁与闭锁功能	□正常 □异常

5. 读取故障码、数据流

作业图例	作业内容	完成情况
	关闭点火开关	□是 □否
	将 OBD Ⅱ 测量线连接至 VCI 设备	□是 □否
	连接车辆 OBD 诊断座，VCI 设备电源指示灯亮起	□是 □否
	打开点火开关	□是 □否

（续）

作业图例	作业内容	完成情况	
		故障码	含义
吉利>EV450>整车控制系统(VCU)>基本诊断 P1C1152 低速风扇继电器故障/历史码 P1C7C04 低速风扇使能开路/当前码	选择相应车型并读取故障码		

6. 故障范围分析

思维导图

7. 知识技能准备

（1）画出一键启动开关电路简图，在实车上找到相应的端子并写出含义。

一键启动开关电路图	端子	含义
	IP46a/1	
	IP46a/2	
	IP46a/3	
	IP46a/4	
	IP46a/5	
	IP46a/6	
	IP46a/7	

（2）画出感应天线电路简图，在实车上找到相应的端子并写出含义。

感应天线电路图	端子	含义
	IP51a/1	
	IP51a/2	
	IP52a/1	

（续）

感应天线电路图	端子	含义
	IP52a/2	
	SO28/1	
	SO28/2	

（3）画出驾驶人侧门把手传感器电路简图，在实车上找到相应的端子并写出含义。

驾驶人侧门把手传感器电路图	端子	含义
	DR10a/1	
	DR10a/2	
	DR10a/3	
	DR10a/4	

三、制订计划

1. 根据任务要求制订实训计划

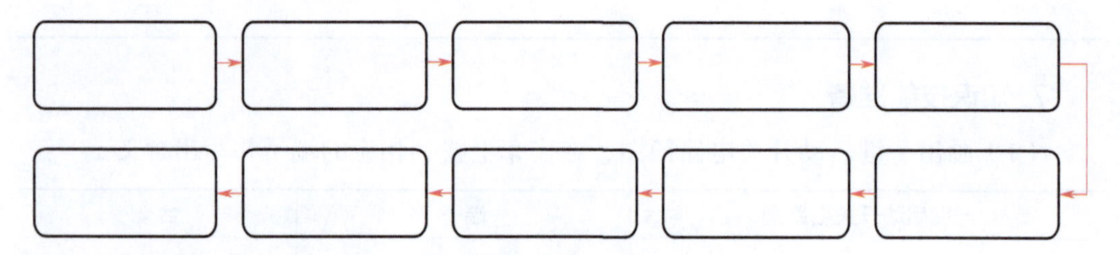

2. 根据操作计划，完成小组成员任务分工

主操作人		记录员	
监护人		展示员	

四、任务实施

1. 检测驾驶人侧门把手传感器工作电压

作业图例	作业内容	完成情况
	关闭点火开关	□是 □否

（续）

作业图例	作业内容	完成情况		
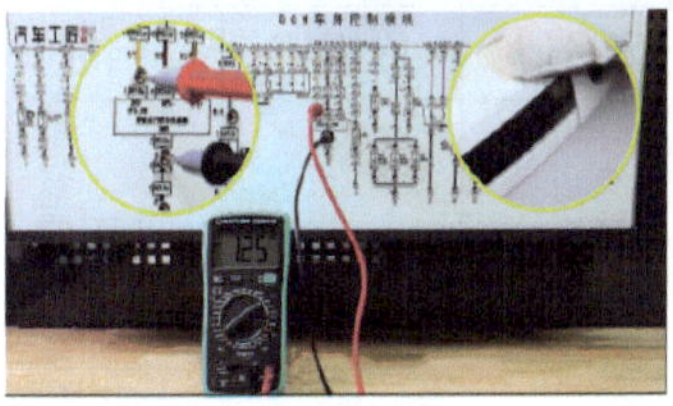	测量驾驶人侧车门把手传感器 DR10a/1 号与 DR10a/2 号线路之间的电压值，未按下车门把手按键	测量值	标准值	判断
		____V	____V	□ 正常 □ 异常
	测量驾驶人侧车门把手传感器 DR10a/1 号与 DR10a/2 号线路之间的电压值，按下车门把手按键	测量值	标准值	判断
		____V	____V	□ 正常 □ 异常

检测分析：

2. 检测驾驶人侧车门把手传感器信号线路对地短路故障

作业图例	作业内容	完成情况
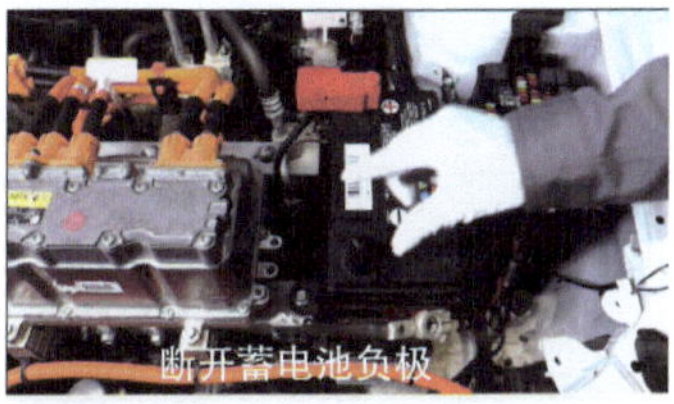	断开蓄电池负极接线柱	□ 是　□ 否
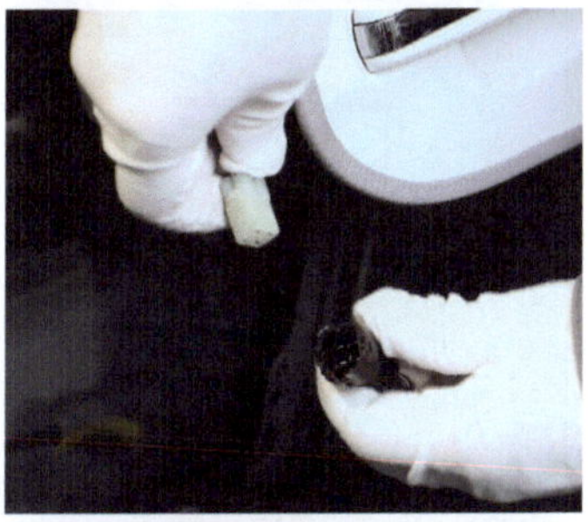	断开车门把手传感器 DR10a 线束插头	□ 是　□ 否
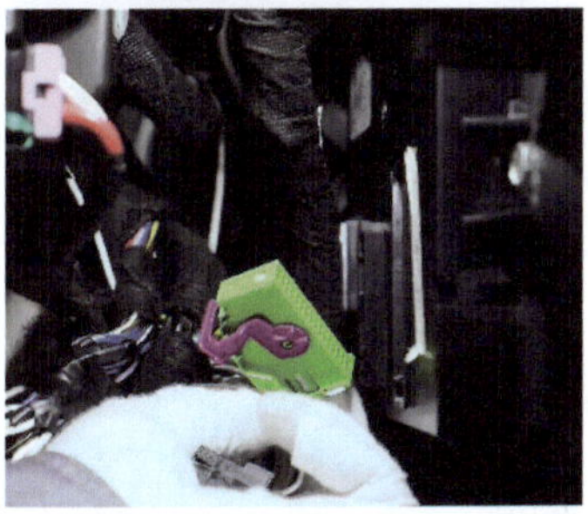	断开 BCM IP23 插头	□ 是　□ 否

（续）

<table>
<tr><th>作业图例</th><th>作业内容</th><th colspan="3">完成情况</th></tr>
<tr><td rowspan="2"></td><td rowspan="2">测量驾驶人侧车门把手传感器 DR10a/3 号与接地之间电阻</td><td>测量值</td><td>标准值</td><td>判断</td></tr>
<tr><td>____Ω</td><td>____Ω</td><td>□ 正常
□ 异常</td></tr>
<tr><td rowspan="2"></td><td rowspan="2">测量驾驶人侧车门把手传感器 DR10a/4 号与接地之间电阻</td><td>测量值</td><td>标准值</td><td>判断</td></tr>
<tr><td>____Ω</td><td>____Ω</td><td>□ 正常
□ 异常</td></tr>
<tr><td colspan="5">检测分析：</td></tr>
</table>

3. 检测驾驶人侧门把手传感器信号线路断路故障

作业图例	作业内容	完成情况
断开蓄电池负极	断开蓄电池负极接线柱	□是　□否
	断开车门把手传感器 DR10a 线束插头	□是　□否
	断开 BCM IP23 插头	□是　□否

（续）

作业图例	作业内容	完成情况		
	测量驾驶人侧车门把手传感器 DR10a/3 号与车身控制系统 IP23/24 号之间的线路电阻值	测量值	标准值	判断
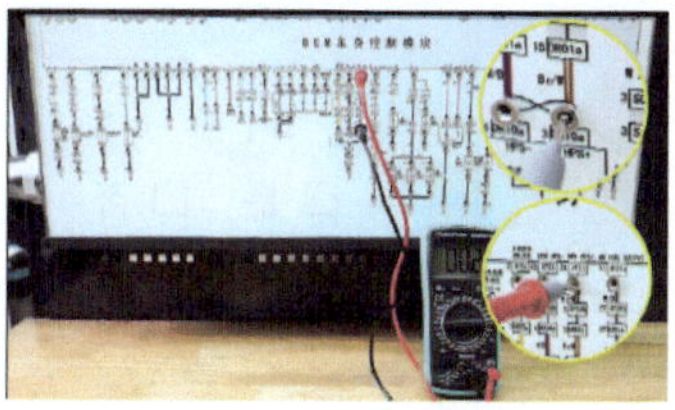		____Ω	____Ω	□ 正常 □ 异常
	测量驾驶人侧车门把手传感器 DR10a/4 号与车身控制系统 IP23/25 号之间的线路电阻值	测量值	标准值	判断
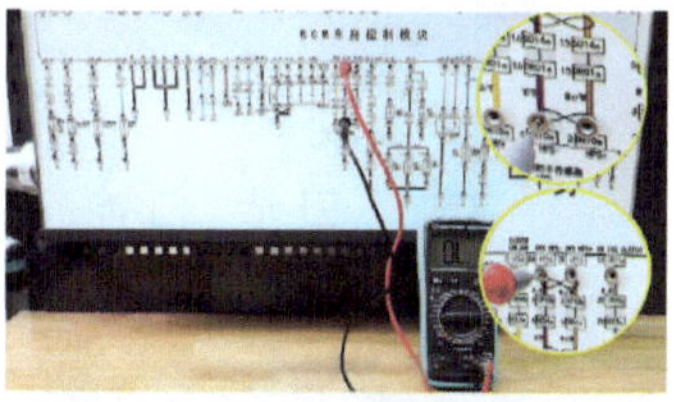		____Ω	____Ω	□ 正常 □ 异常
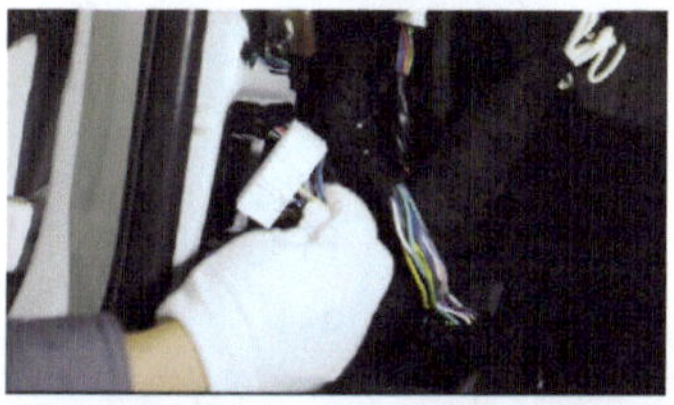	拆下 SO04a 插接器	□ 是　□ 否		
	测量线束插头 IP10b/6 号与车身控制系 IP23/25 号之间的线路电阻值	测量值	标准值	判断
		____Ω	____Ω	□ 正常 □ 异常

检测分析：

4. 故障恢复验证

作业图例	作业内容	完成情况
	连接 SO04a 插接器	□ 是　□ 否

（续）

作业图例	作业内容	完成情况
	断开车门把手传感器 DR10a 线束插头	□是 □否
	断开 BCM IP23 插头	□是 □否
	连接蓄电池负极接线柱	□是 □否
	将智能钥匙靠近车辆，按下车门按键，车辆能够正常闭锁与解锁	□正常 □异常
	点火开关调整至 ON 档	□是 □否
读取故障码	通过诊断仪清除故障码，验证系统是否有故障码存在	□正常 □异常

验证结果：□正常 □异常

5. 整理恢复场地

作业图例	作业内容	完成情况
	关闭车辆起动开关	□是　□否
	收起并整理防护四件套	□是　□否
	关闭测量平台一体机	□是　□否
	关闭测量平台电源开关	□是　□否
	清洁并整理测量平台	□是　□否
	清洁防护用具并归位	□是　□否
	清洁整理仪器设备与工具	□是　□否
	清洁实训场地	□是　□否
	收起安全警示牌	□是　□否
	收起安全围挡	□是　□否

五、过程检查

1. 自我评价或小组评价

序号	检查项目	权重	自我评价
1	信息收集完成情况	20	
2	制订计划合理性	10	
3	实施过程完成的正确性	45	
4	学生在实施过程的参与程度	15	
5	安全防护与 6S 操作	10	
总成绩			

2. 自我反思或小组反思：根据自己在课堂上的实际表现进行自我反思

六、反馈总结

1. 实训过程评分

实训指导教师按下述评分标准检查本组作业结果。

项目	内容	评分标准	得分
知识点（30分）	1. 掌握无钥匙进入系统的组成结构（10分）	视操作情况扣分	
	2. 掌握无钥匙进入系统工作原理（10分）	视操作情况扣分	
	3. 熟悉无钥匙进入系统电路及各端子含义（10分）	端子错误每项扣3分	
技能点（45分）	正确找出无钥匙进入系统部件位置（5分）	视完成情况扣分	
	正确完成基本检查确认（5分）	视完成情况扣分	
	正确完成无钥匙进入功能失效故障诊断（35分）	测量点每错误一项扣5分	
素质点（25分）	严格执行操作规范（10分）	视不规范情况扣分	
	任务完成的熟练程度（10分）	视完成情况扣分	
	6S管理（5分）	视完成情况扣分	
总分			

2. 改进与提升

实训指导教师检查本组作业结果，针对实训过程出现的问题提出改进措施与提升训练计划。

（1）改进措施：

（2）提升训练计划：

实训工单三 全车无电故障诊断与排除

一、接受任务

纯电动汽车吉利帝豪 EV450 出现全车无电，你的主管安排你对低压供电进行检查，你能够识别低压供电部件位置及进行供电电压检测吗？

二、收集信息

1. 查找 BCM 供电线路

（1）查找 BCM 供电线路，所在页码为________。

（2）在表 3-1 中画出 BCM 供电线路电路图，并且查找各端子含义。

表 3-1 BCM 供电线路电路图及端子含义

画出 BCM 供电线路电路图	BCM 供电线路端子含义

2. 查找无钥匙进入及起动系统供电线路

（1）查找无钥匙进入及起动系统供电线路，所在页码为________。

（2）在表 3-2 中画出无钥匙进入及起动系统线路电路图，并且查找各端子含义。

表 3-2 无钥匙进入及起动系统线路电路图及端子含义

画出无钥匙进入及起动系统线路电路图	无钥匙进入及起动系统线路端子含义

3. 查找电子转向柱锁供电线路

（1）查找电子转向柱锁供电线路，所在页码为________。

（2）在表 3-3 中画出电子转向柱锁线路电路图，并且查找各端子含义。

表 3-3 电子转向柱锁线路电路图及端子含义

画出电子转向柱锁线路电路图	电子转向柱锁线路端子含义

4. 查找组合仪表供电线路

（1）查找组合仪表供电线路，所在页码为______。

（2）在表 3-4 中画出组合仪表供电线路电路图，并且查找各端子含义。

表 3-4 组合仪表供电线路电路图及端子含义

画出组合仪表供电线路电路图	组合仪表供电线路端子含义

三、制订计划

1. 根据任务要求制订实训计划

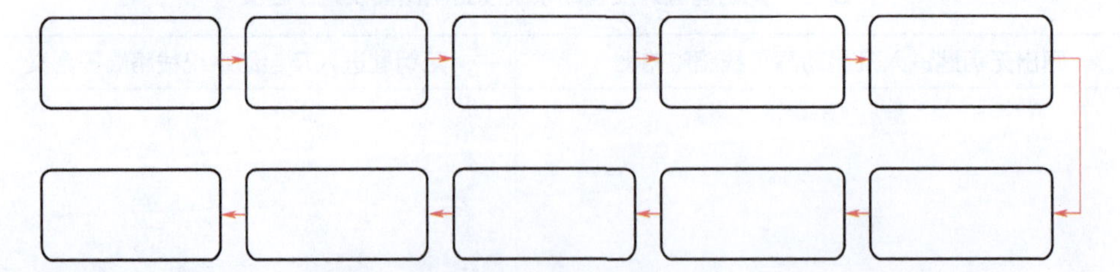

2. 根据操作计划，完成小组成员任务分工

主操作人		记录员	
监护人		展示员	

四、任务实施

1. 作业前准备

作业图例	作业内容	完成情况
	作业前现场环境检查	□ 规范着装 □ 设置隔离栏 □ 放置安全警示牌 □ 检查灭火器 □ 检查测量终端状态 □ 铺设防护四件套
安全帽　护目镜 绝缘鞋　绝缘手套	防护用具检查	□ 检查绝缘手套 □ 检查护目镜 □ 检查安全帽 □ 检查绝缘鞋
诊断仪　放电工装 万用表　绝缘测试仪	仪表工具检查	□ 检查万用表、绝缘测试仪是否正常 □ 检查故障诊断仪是否正常 □ 检查绝缘工具是否齐全、正常 □ 检查放电工装是否正常 □ 检查维修手册、电路图是否完备
	测量绝缘地垫绝缘电阻	测量值：____Ω　标准值：____Ω　判别：□ 正常 □ 异常

2. 登记车辆基本信息

项目	内容	完成情况
品牌		□ 是　□ 否

（续）

项目	内容		完成情况
VIN			□是 □否
生产日期			□是 □否
动力电池	型号：	额定容量：	□是 □否
驱动电机	型号：	额定功率：	□是 □否
行驶里程		km	□是 □否

3. 读取故障码、数据流

<table>
<tr><th>作业图例</th><th>作业内容</th><th colspan="2">完成情况</th></tr>
<tr><td rowspan="3"></td><td>关闭点火开关</td><td colspan="2">□是 □否</td></tr>
<tr><td>将 OBD Ⅱ测量线连接至 VCI 设备</td><td colspan="2">□是 □否</td></tr>
<tr><td>连接车辆 OBD 诊断座，VCI 设备电源指示灯亮起</td><td colspan="2">□是 □否</td></tr>
<tr><td></td><td>打开点火开关</td><td colspan="2">□是 □否</td></tr>
<tr><td rowspan="7"></td><td rowspan="7">选择相应车型并读取故障码</td><td>故障码</td><td>含义</td></tr>
<tr><td></td><td></td></tr>
<tr><td></td><td></td></tr>
<tr><td></td><td></td></tr>
<tr><td></td><td></td></tr>
<tr><td></td><td></td></tr>
<tr><td></td><td></td></tr>
<tr><td rowspan="7"></td><td rowspan="7">读取与故障相关数据流</td><td>数据流名称</td><td>数据值</td></tr>
<tr><td></td><td></td></tr>
<tr><td></td><td></td></tr>
<tr><td></td><td></td></tr>
<tr><td></td><td></td></tr>
<tr><td></td><td></td></tr>
<tr><td></td><td></td></tr>
</table>

4. 检查蓄电池电压

<table>
<tr><th>作业图例</th><th>作业内容</th><th colspan="3">完成情况</th></tr>
<tr><td rowspan="4"></td><td>关闭点火开关，钥匙安全存放</td><td colspan="3">□是□否</td></tr>
<tr><td>断开蓄电池负极</td><td colspan="3">□是□否</td></tr>
<tr><td rowspan="2">测量蓄电池电压</td><td>测量值</td><td>标准值</td><td>判断</td></tr>
<tr><td>____V</td><td>____V</td><td>□正常
□异常</td></tr>
</table>

5. 检查 BCM 供电电压

<table>
<tr><th>作业图例</th><th>作业内容</th><th colspan="3">完成情况</th></tr>
<tr><td></td><td>点火开关在 OFF 档位</td><td colspan="3">□是□否</td></tr>
<tr><td rowspan="2"></td><td rowspan="2">测量线束插接器 IP22a/14 与搭铁之间的电压</td><td>测量值</td><td>标准值</td><td>判断</td></tr>
<tr><td>____V</td><td>____V</td><td>□正常
□异常</td></tr>
<tr><td></td><td>按一下点火开关 ACC 继电器工作</td><td colspan="3">□是　□否</td></tr>
<tr><td rowspan="2"></td><td rowspan="2">测量线束插接器 IP20a/7 与搭铁之间的电压</td><td>测量值</td><td>标准值</td><td>判断</td></tr>
<tr><td>____V</td><td>____V</td><td>□正常
□异常</td></tr>
</table>

（续）

<table>
<tr><th>作业图例</th><th>作业内容</th><th colspan="3">完成情况</th></tr>
<tr><td></td><td>再次按下点火开关，ON 档开启</td><td colspan="3">□ 是 □ 否</td></tr>
<tr><td rowspan="2"></td><td rowspan="2">测量线束插接器 IP20a/8 与搭铁之间的电压</td><td>测量值</td><td>标准值</td><td>判断</td></tr>
<tr><td>____V</td><td>____V</td><td>□ 正常
□ 异常</td></tr>
<tr><td rowspan="2"></td><td rowspan="2">测量线束插接器 IP23/1 与搭铁之间的电压</td><td>测量值</td><td>标准值</td><td>判断</td></tr>
<tr><td>____V</td><td>____V</td><td>□ 正常
□ 异常</td></tr>
<tr><td></td><td>踩住制动踏板，按下点火开关，车辆上电</td><td colspan="3">□ 是 □ 否</td></tr>
<tr><td rowspan="4"></td><td rowspan="2">测量线束插接器 IP20a/8 与搭铁之间的电压</td><td>测量值</td><td>标准值</td><td>判断</td></tr>
<tr><td>____V</td><td>____V</td><td>□ 正常
□ 异常</td></tr>
<tr><td rowspan="2">测量线束插接器 IP20a/7 与搭铁之间的电压</td><td>测量值</td><td>标准值</td><td>判断</td></tr>
<tr><td>____V</td><td>____V</td><td>□ 正常
□ 异常</td></tr>
<tr><td colspan="5">检测分析：</td></tr>
</table>

6. 检查组合仪表控制单元供电电压

作业图例	作业内容	完成情况
	点火开关在关闭状态	□ 是 □ 否

（续）

作业图例	作业内容	完成情况		
	测量组合仪表IP01/32与搭铁之间的电压	测量值	标准值	判断
		____V	____V	□正常 □异常
	点火开关在ON档状态	□是 □否		
	测量组合仪表IP01/13与搭铁之间的电压	测量值	标准值	判断
		____V	____V	□正常 □异常
	测量组合仪表IP01/24与搭铁之间的电压	测量值	标准值	判断
		____V	____V	□正常 □异常

检测分析：

7. 检查电子转向柱锁控制单元供电电压

作业图例	作业内容	完成情况		
	点火开关在关闭状态	□是　□否		
	测量电子转向柱锁IP34/1与搭铁之间的电压	测量值	标准值	判断
		____V	____V	□正常 □异常
	点火开关在ON档状态	□是　□否		

（续）

作业图例	作业内容	完成情况		
	测量电子转向柱锁 IP34/5 与搭铁之间的电压	测量值	标准值	判断
		____V	____V	□ 正常 □ 异常
		____V	____V	□ 正常 □ 异常
检测分析：				

8. 整理恢复场地

作业图例	作业内容	完成情况
	关闭车辆起动开关	□ 是 □ 否
	收起并整理防护四件套	□ 是 □ 否
	关闭测量平台一体机	□ 是 □ 否
	关闭测量平台电源开关	□ 是 □ 否
	清洁并整理测量平台	□ 是 □ 否
	清洁防护用具并归位	□ 是 □ 否
	清洁整理仪器设备与工具	□ 是 □ 否
	清洁实训场地	□ 是 □ 否
	收起安全警示牌	□ 是 □ 否
	收起安全围挡	□ 是 □ 否

五、过程检查

1. 自我评价或小组评价

序号	检查项目	权重	自我评价
1	信息收集完成情况	20	
2	制订计划合理性	10	
3	实施过程完成的正确性	45	
4	学生在实施过程的参与程度	15	
5	安全防护与 6S 操作	10	
总成绩			

2. 自我反思或小组反思：根据自己在课堂上的实际表现进行自我反思

六、反馈总结

1. 实训过程评分

实训指导教师按下述评分标准检查本组作业结果。

项目	内容	评分标准	得分
知识点（30 分）	1. 认知低压供电控制单元电路图（10 分）	视操作情况扣分	
	2. 掌握低压供电控制单元位置（10 分）	视操作情况扣分	
	3. 熟悉低压供电控制单元部件电路及各端子含义（10 分）	端子错误每项扣 3 分	
技能点（45 分）	正确找出低压供电控制单元部件位置（20 分）	视完成情况扣分	
	正确进行基本检查确认（5 分）	视完成情况扣分	
	正确完成低压供电控制单元检测（20 分）	测量点每错误一项扣 5 分	
素质点（25 分）	严格执行操作规范（10 分）	视不规范情况扣分	
	任务完成的熟练程度（10 分）	视完成情况扣分	
	6S 管理（5 分）	视完成情况扣分	
总分			

2. 改进与提升

实训指导教师检查本组作业结果，针对实训过程出现的问题提出改进措施与提升训练计划。

（1）改进措施：

（2）提升训练计划：

实训工单四　车辆无法充电故障诊断与排除

一、接受任务

一辆 2018 款吉利帝豪 EV450 电动汽车出现交流慢充无法充电故障。车间主管接受任务后请你对该故障进行诊断与排除。你知道吉利 EV450 交流慢充系统的组成与工作原理吗？请你查阅 EV450 交流慢充系统电路图、制订任务计划并完成该故障的诊断与排除。

二、收集信息

1. 作业前准备

作业图例	作业内容	完成情况
	作业前现场环境检查	□ 规范着装 □ 拉设安全围挡 □ 放置安全警示牌 □ 检查灭火器 □ 检查测量终端状态 □ 铺设防护四件套
安全帽　护目镜 绝缘鞋　绝缘手套	防护用具检查	□ 检查绝缘手套 □ 检查护目镜 □ 检查安全帽 □ 检查绝缘鞋
诊断仪　放电工装 万用表　绝缘测试仪	仪表工具检查	□ 检查万用表、绝缘测试仪是否正常 □ 检查故障诊断仪是否正常 □ 检查绝缘工具是否齐全、正常 □ 检查放电工装是否正常 □ 检查维修手册、电路图是否完备

（续）

作业图例	作业内容	完成情况		
		测量值	标准值	判别
	测量绝缘地垫绝缘电阻	____Ω	____Ω	□ 正常 □ 异常

2. 登记车辆基本信息

项目	内容	完成情况
品牌		□ 是 □ 否
VIN		□ 是 □ 否
生产日期		□ 是 □ 否
动力电池	型号： 额定容量：	□ 是 □ 否
驱动电机	型号： 额定功率：	□ 是 □ 否
行驶里程	km	□ 是 □ 否

3. 基本检查

作业图例	作业内容	完成情况		
		测量值	标准值	判断
	蓄电池电压	____V	____V	□ 正常 □ 异常
	高压部件及其插接器情况	□ 正常 □ 异常		
	低压部件及其插接器情况	□ 正常 □ 异常		

4. 故障现象确认

<table>
<tr><th>作业图例</th><th>作业内容</th><th colspan="2">完成情况</th></tr>
<tr><td></td><td>关闭点火开关</td><td colspan="2">□是　□否</td></tr>
<tr><td rowspan="2"></td><td>连接便携式充电线缆电源</td><td colspan="2">□是　□否</td></tr>
<tr><td>插入慢充充电枪</td><td colspan="2">□是　□否</td></tr>
<tr><td rowspan="4"></td><td rowspan="4">观察仪表现象</td><td>显示</td><td>判断</td></tr>
<tr><td>充电连接指示灯</td><td>□正常
□异常</td></tr>
<tr><td>充电指示灯</td><td>□正常
□异常</td></tr>
<tr><td>充电电量显示</td><td>□正常
□异常</td></tr>
</table>

5. 读取故障码、数据流

作业图例	作业内容	完成情况
	将 OBD Ⅱ测量线连接至 VCI 设备连接车辆 OBD 诊断座，VCI 设备电源指示灯亮起	□是　□否
	打开点火开关	□是　□否

（续）

作业图例	作业内容	完成情况	
	选择相应车型并读取OBC故障码	故障码	含义
	读取OBC交流慢充数据流	数据流名称	数据值
		充电枪连接检测	
		充电功率检测	
		电子锁电机状态	
		电网输入电流	
		电网输入电压	
		充电机输出电流	
		充电机输出电压	

6. 故障范围分析

思维导图

7. 知识与技能准备

（1）吉利EV450充电接口指示灯由__________控制，请完成表4-1中的状态说明。

表4-1　吉利EV450充电接口指示灯状态说明

颜色	状态	状态说明
白色	常亮2min	
黄色	常亮2min	
绿色	闪烁2min	

（续）

颜色	状态	状态说明
绿色	常亮 2min	
蓝色	常亮 2min	
蓝色	闪烁 2min	
红色	常亮 2min	

（2）完善图 4-1 所示的充电指示灯状态说明。

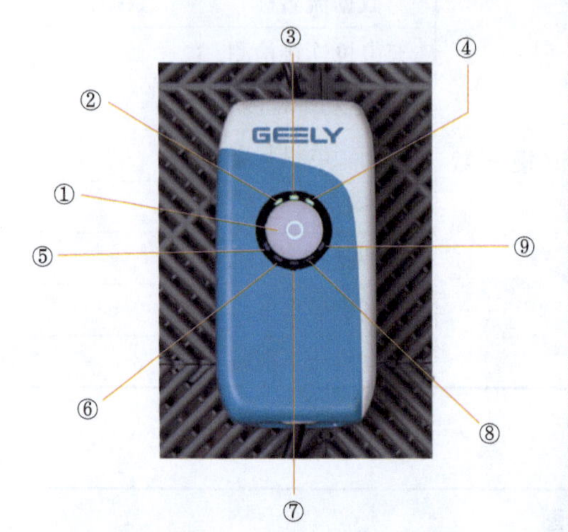

显示区域	显示状态	状态说明
1	蓝色常量	
2-4	绿色循环闪烁	
2-4	全部绿色常亮	
2-4	全部绿色闪烁	
5	红色闪烁	
6	红色闪烁	
7	红色闪烁	
8	红色闪烁	
9	红色常亮	
5-9	红色常亮	

图 4-1　便携式充电线缆控制盒充电指示灯状态说明

（3）查阅电路图，吉利 EV450 车载充电机电路页码为______，车载充电机的低压插接器编号为______，车载充电机低压供电端子为______，供电端子熔丝为______。

（4）吉利 EV450 车载充电机通过 CAN 总线与______相连，其中车载充电机侧 CAN-H 端子为______，CAN-L 端子为______；BMS 侧 CAN-H 端子为______，CAN-L 端子为______。

（5）画出吉利 EV450 车载充电机电源及通信线路简图。

三、制订计划

1. 根据任务要求制订实训计划

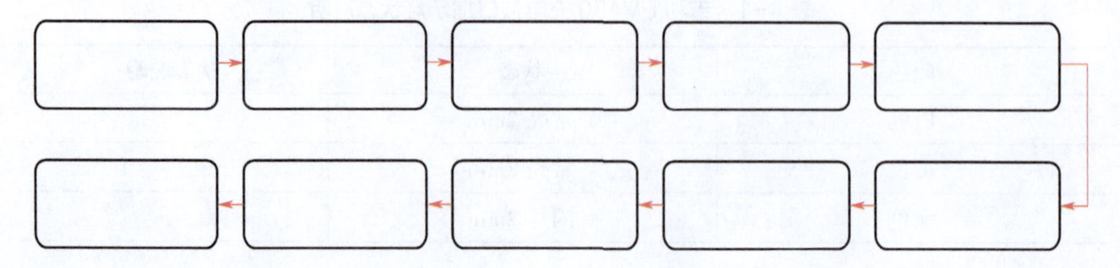

2. 根据操作计划，完成小组成员任务分工

主操作人		记录员	
监护人		展示员	

四、任务实施

1. 检查车载充电机低压供电熔丝 EF27

作业图例	作业内容	完成情况		
		测量值	标准值	判断
	用万用表测量熔丝 EF27 输入端与搭铁之间的电压	____V	11~14V	□ 正常 □ 异常
		测量值	标准值	判断
	用万用表测量熔丝 EF27 输出端与搭铁之间的电压	____V	11~14V	□ 正常 □ 异常
		测量值	标准值	判断
	用万用表测量熔丝 EF27 电阻	____Ω	<1Ω	□ 正常 □ 异常
检测分析：				

2. 检查熔丝 EF27 线路

作业图例	作业内容	完成情况
	将起动开关打至 OFF 档，断开蓄电池负极	□是　□否

（续）

<table>
<tr><th>作业图例</th><th>作业内容</th><th colspan="3">完成情况</th></tr>
<tr><td rowspan="2"></td><td rowspan="2">用万用表测量熔丝 EF27 输出端与搭铁之间的电阻</td><td>测量值</td><td>标准值</td><td>判断</td></tr>
<tr><td>____Ω</td><td>∞</td><td>□ 正常
□ 异常</td></tr>
<tr><td></td><td>更换熔丝 EF27</td><td colspan="3">□ 是　□ 否</td></tr>
<tr><td></td><td>连接蓄电池负极</td><td colspan="3">□ 是　□ 否</td></tr>
<tr><td></td><td>插入充电枪，检查充电是否正常</td><td colspan="3">□ 是　□ 否</td></tr>
<tr><td colspan="5">检测分析：</td></tr>
</table>

3. 检查车载充电机低压供电电压

作业图例	作业内容	完成情况
	将起动开关打至 OFF 档，断开蓄电池负极	□ 是　□ 否

（续）

<table>
<tr><th>作业图例</th><th>作业内容</th><th colspan="3">完成情况</th></tr>
<tr><td>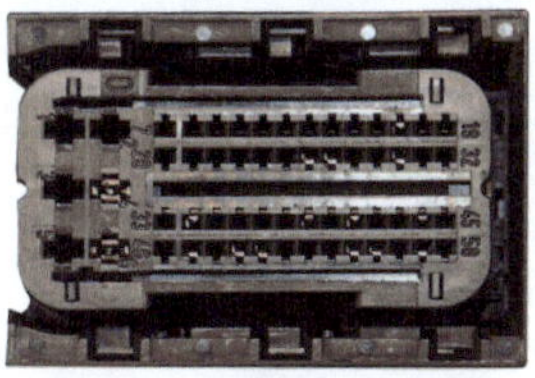</td><td>断开车载充电机线束插接器 BV10</td><td colspan="3">□ 是 □ 否</td></tr>
<tr><td></td><td>连接蓄电池负极</td><td colspan="3">□ 是 □ 否</td></tr>
<tr><td rowspan="2">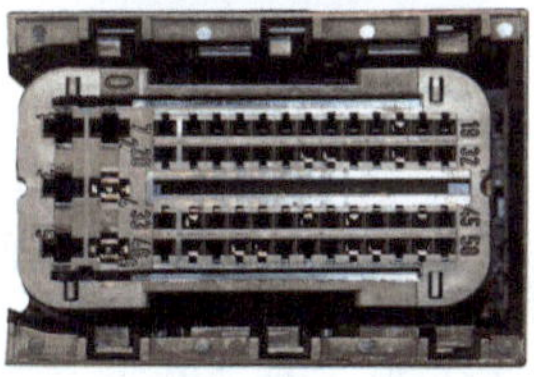</td><td rowspan="2">用万用表测量 BV10/4 与搭铁之间的电压</td><td>测量值</td><td>标准值</td><td>判断</td></tr>
<tr><td>____V</td><td>11~14V</td><td>□ 正常
□ 异常</td></tr>
<tr><td colspan="5">检测分析：</td></tr>
</table>

4. 检查车载充电机搭铁端子是否导通

<table>
<tr><th>作业图例</th><th>作业内容</th><th colspan="3">完成情况</th></tr>
<tr><td rowspan="2">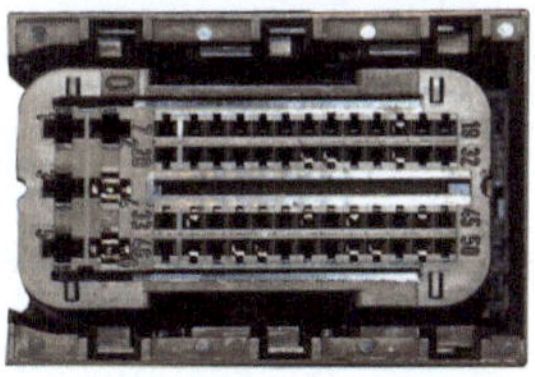</td><td rowspan="2">用万用表测量 BV10/6 与搭铁之间的电阻</td><td>测量值</td><td>标准值</td><td>判断</td></tr>
<tr><td>____Ω</td><td><1Ω</td><td>□ 正常
□ 异常</td></tr>
<tr><td colspan="5">检测分析：</td></tr>
</table>

5. 检查车载充电机与 BMS 数据通信线

作业图例	作业内容	完成情况
	将起动开关打至 OFF 档，断开蓄电池负极	□ 是 □ 否

（续）

作业图例	作业内容	完成情况		
	断开车载充电机线束插接器 BV10	□是 □否		
	断开 BMS 线束插接器 CA69	□是 □否		
	用万用表测量 BV10/54 与 CA69/4 之间的电阻	测量值	标准值	判断
		____Ω	<1Ω	□正常 □异常
	用万用表测量 BV10/55 与 CA69/3 之间的电阻	测量值	标准值	判断
		____Ω	<1Ω	□正常 □异常
检测分析：				

6. 故障恢复验证

作业图例	作业内容	完成情况
	连接蓄电池负极	□是 □否
	连接便携式充电线缆电源	□是 □否

（续）

作业图例	作业内容	完成情况
	插入慢充充电枪，检查交流慢充是否正常	□ 正常　□ 异常
	连接故障诊断仪，读取并清除故障码	□ 是　□ 否
验证分析：		

7. 恢复场地

作业图例	作业内容	完成情况
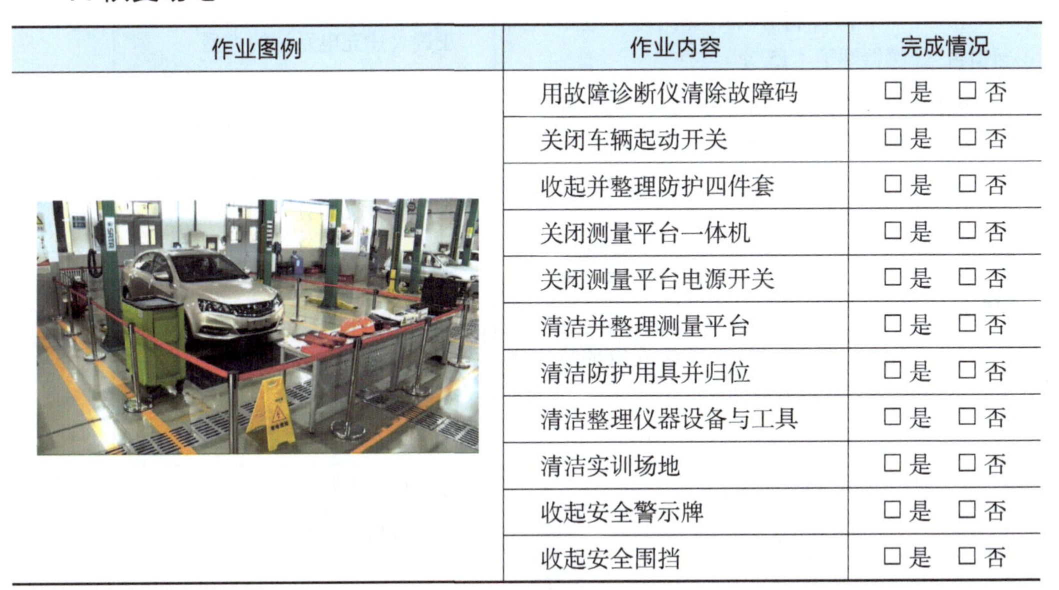	用故障诊断仪清除故障码	□ 是　□ 否
	关闭车辆起动开关	□ 是　□ 否
	收起并整理防护四件套	□ 是　□ 否
	关闭测量平台一体机	□ 是　□ 否
	关闭测量平台电源开关	□ 是　□ 否
	清洁并整理测量平台	□ 是　□ 否
	清洁防护用具并归位	□ 是　□ 否
	清洁整理仪器设备与工具	□ 是　□ 否
	清洁实训场地	□ 是　□ 否
	收起安全警示牌	□ 是　□ 否
	收起安全围挡	□ 是　□ 否

五、过程检查

1. 自我评价或小组评价

序号	检查项目	权重	自我评价
1	信息收集完成情况	20	
2	制订计划合理性	10	
3	实施过程完成的正确性	45	

（续）

序号	检查项目	权重	自我评价
4	学生在实施过程的参与程度	15	
5	安全防护与 6S 操作	10	
总成绩			

2. 自我反思或小组反思：根据自己在课堂上的实际表现进行自我反思

六、反馈总结

1. 实训过程评分

实训指导教师按下述评分标准检查本组作业结果。

项目	内容	评分标准	得分
知识点（30 分）	掌握吉利 EV450 交流慢充电路及插接器端子（15 分）	正确表述充电系统的类型	
	能对交流慢充系统无法充电故障原因进行分析（15 分）	视对交流慢充系统熟悉程度扣分	
技能点（45 分）	能正确认知交流慢充各部件及端子（10 分）	视完成情况扣分	
	能正确画出 EV450 交流慢充电路简图（15 分）	端子错误每项扣 3 分	
	能正确对 EV450 无法充电的故障进行诊断与排除（20 分）	视操作情况扣分	
素质点（25 分）	严格执行操作规范（10 分）	视不规范情况扣分	
	任务完成的熟练程度（10 分）	视完成情况扣分	
	6S 管理（5 分）	视完成情况扣分	
总分			

2. 改进与提升

实训指导教师检查本组作业结果，针对实训过程出现的问题提出改进措施与提升训练计划。

（1）改进措施：

（2）提升训练计划：

实训工单五　车辆无法上电故障诊断与排除

一、接受任务

一辆2018款吉利帝豪EV450电动汽车出现无法上电故障。请你查阅维修手册和电路图，熟悉吉利EV450的上电控制策略，并对该车无法上电的故障进行诊断与排除。

二、收集信息

1. 作业前准备

作业图例	作业内容	完成情况
	作业前现场环境检查	□ 规范着装 □ 拉设安全围挡 □ 放置安全警示牌 □ 检查灭火器 □ 检查测量终端状态 □ 铺设防护四件套
安全帽　护目镜 绝缘鞋　绝缘手套	防护用具检查	□ 检查绝缘手套 □ 检查护目镜 □ 检查安全帽 □ 检查绝缘鞋
诊断仪　放电工装 万用表　绝缘测试仪	仪表工具检查	□ 检查万用表、绝缘测试仪是否正常 □ 检查故障诊断仪是否正常 □ 检查绝缘工具是否齐全、正常 □ 检查放电工装是否正常 □ 检查维修手册、电路图是否完备

（续）

作业图例	作业内容	完成情况		
		测量值	标准值	判别
	测量绝缘地垫绝缘电阻	____Ω	____Ω	□正常 □异常

2. 登记车辆基本信息

项目	内容	完成情况
品牌		□是　□否
VIN		□是　□否
生产日期		□是　□否
动力电池	型号：　　额定容量：	□是　□否
驱动电机	型号：　　额定功率：	□是　□否
行驶里程	km	□是　□否

3. 基本检查

作业图例	作业内容	完成情况		
		测量值	标准值	判断
	蓄电池电压	____V	____V	□正常 □异常
	高压部件及其插接器情况	□正常　□异常		
	低压部件及其插接器情况	□正常　□异常		

4. 故障现象确认

<table>
<tr><th>作业图例</th><th>作业内容</th><th colspan="2">完成情况</th></tr>
<tr><td rowspan="7"></td><td>踩下制动踏板，打开点火开关</td><td colspan="2">□是　□否</td></tr>
<tr><td rowspan="6">观察仪表显示</td><td>显示</td><td>判断</td></tr>
<tr><td></td><td>□正常　□异常</td></tr>
<tr><td></td><td>□正常　□异常</td></tr>
<tr><td></td><td>□正常　□异常</td></tr>
<tr><td></td><td>□正常　□异常</td></tr>
<tr><td></td><td>□正常　□异常</td></tr>
<tr><td></td><td>整车能否上电</td><td colspan="2">□能　□不能</td></tr>
</table>

5. 读取故障码、数据流

<table>
<tr><th>作业图例</th><th>作业内容</th><th>完成情况</th></tr>
<tr><td rowspan="2"></td><td>将 OBD Ⅱ 测量线连接至 VCI 设备</td><td>□是　□否</td></tr>
<tr><td>连接车辆 OBD 诊断座，VCI 设备电源指示灯亮起</td><td>□是　□否</td></tr>
<tr><td></td><td>打开点火开关</td><td>□是　□否</td></tr>
</table>

（续）

作业图例	作业内容	完成情况	
吉利>EV450 360全景 故障码读取失败 整车控制系统 U011287 与BMS通讯丢失/当前码 P1C5104 IPU执行关闭命令超时/当前码 电源管理系统 故障码读取失败 电子换档器控制器 VCI 10.9V	选择相应车型并扫描整车故障码	故障码	含义
		U111587	与 OBC 失去通信故障
吉利>EV450>电源管理系统(BMS)>电源管理系统 电池包标称容量 150.0 Ah 电池包标称能量 51.9 KWh 标称电压 346 V 电池总数 95 电池包单次放电容量 0.0 Ah 电池包单次充电容量 0.0 Ah 电池包累计放电容量 77343 Ah 电池包累计充电容量 78360 Ah 数据捕捉 数据比较 数据选择 VCI 13.2V	读取相关数据流	数据流名称	数据值
		BMS 数据流	
		VCU 数据流（测试后列出相关内容）	

6. 故障范围分析

思维导图

7. 知识与技能准备

（1）查阅资料完善图 5-1 所示部件名称，简述 EV450 上电控制过程。

（2）将起动开关打到 ON 档，______控制______、______继电器闭合，给______、______、______等电控单元供电。

（3）EV450 上电条件包括______、______、______、______、______、______、______、______、______等。

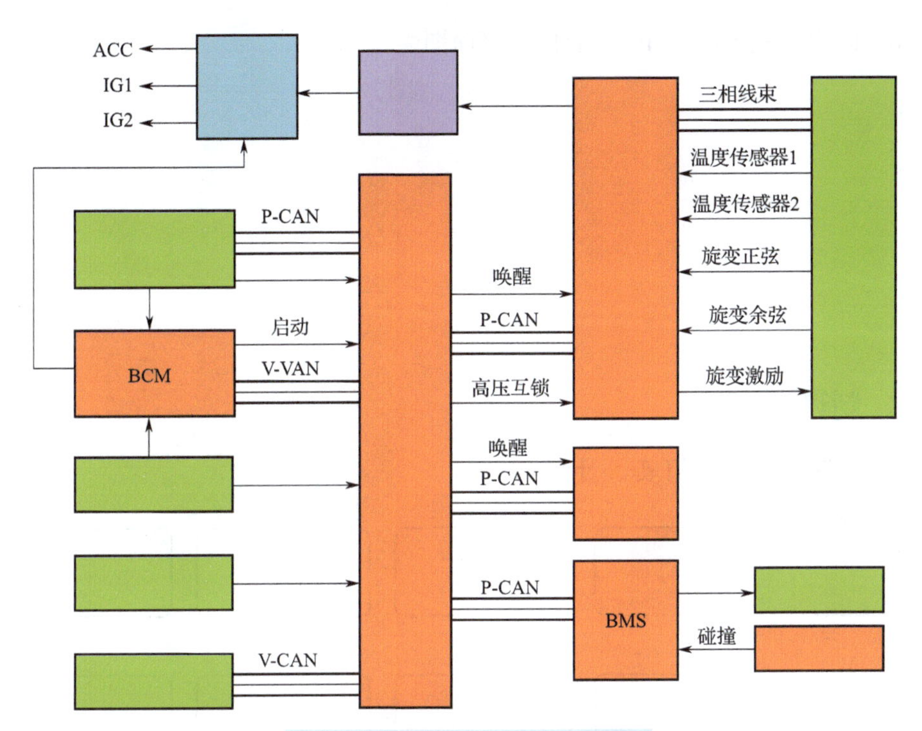

图 5-1　EV450 上电控制原理框图

（4）根据吉利 EV450 上电控制策略，完成图 5-2。

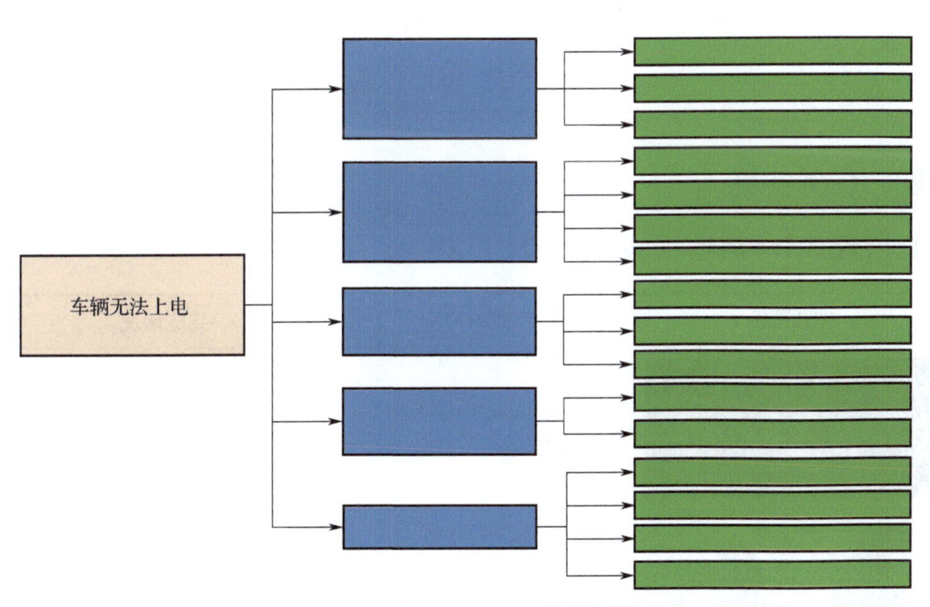

图 5-2　车辆无法上电故障原因分析图

（5）查阅电路图，吉利 EV450 BCM 电路页码为______，BCM 有______个线束插接器，线束插接器编号分别为________________，BCM 的 CAN-H 端子为______，BCM 的 CAN-L 端子为______，BCM 的供电端子为________________。

（6）画出吉利 EV450 BCM 通信线路简图。

三、制订计划

1. 根据任务要求制订实训计划

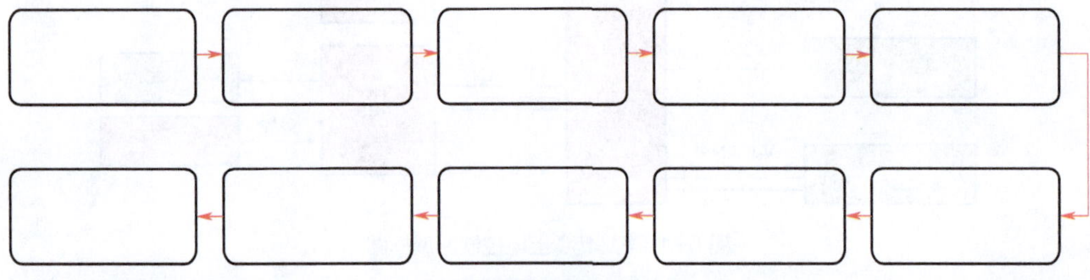

2. 请根据操作计划，完成小组成员任务分工

主操作人		记录员	
监护人		展示员	

四、任务实施

1. 检查 BCM 熔丝 IF19、IF20、IF28

<table>
<tr><th>作业图例</th><th>作业内容</th><th colspan="3">完成情况</th></tr>
<tr><td></td><td>将起动开关打至 ON 档</td><td colspan="3">□是　□否</td></tr>
<tr><td rowspan="2"></td><td rowspan="2">用万用表测量熔丝 IF19 输出端与搭铁之间的电压</td><td>测量值</td><td>标准值</td><td>判断</td></tr>
<tr><td>____V</td><td>11~14V</td><td>□正常
□异常</td></tr>
</table>

（续）

作业图例	作业内容	完成情况		
		测量值	标准值	判断
	用万用表测量熔丝IF20输出端与搭铁之间的电压	____V	11~14V	□ 正常 □ 异常
		测量值	标准值	判断
	用万用表测量熔丝IF28输出端与搭铁之间的电压	____V	11~14V	□ 正常 □ 异常
	将起动开关打至OFF档，拔下熔丝IF19、IF20、IF28	□ 是 □ 否		
		测量值	标准值	判断
	用万用表测量熔丝IF19电阻	____Ω	<1Ω	□ 正常 □ 异常
		测量值	标准值	判断
	用万用表测量熔丝IF20电阻	____Ω	<1Ω	□ 正常 □ 异常
		测量值	标准值	判断
	用万用表测量熔丝IF28电阻	____Ω	<1Ω	□ 正常 □ 异常

检测分析：

2. 检查 BCM 熔丝 IF19、IF20、IF28 线路

作业图例	作业内容	完成情况		
	断开 BCM 线束插接器 IP20a、IP23	□是 □否		
	用万用表测量熔丝 IF19 输出端与搭铁之间的电阻	测量值	标准值	判断
		____Ω	>10kΩ	□正常 □异常
	用万用表测量熔丝 IF20 输出端与搭铁之间的电阻	测量值	标准值	判断
		____Ω	>10kΩ	□正常 □异常
	用万用表测量熔丝 IF28 输出端与搭铁之间的电阻	测量值	标准值	判断
		____Ω	>10kΩ	□正常 □异常

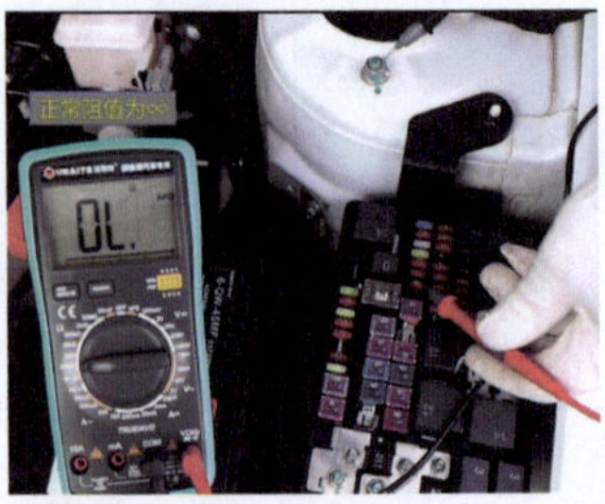

检测分析：

3. 检查 BCM 供电电压

作业图例	作业内容	完成情况
	断开 BCM 线束插接器 IP20a 和 IP23	□是 □否

（续）

作业图例	作业内容	完成情况		
	将起动开关打至 ON 档	□是　□否		
	用万用表测量 IP20a/7 与搭铁之间的电压	测量值	标准值	判断
		____V	11~14V	□正常 □异常
	用万用表测量 IP20a/8 与搭铁之间的电压	测量值	标准值	判断
		____V	11~14V	□正常 □异常
	用万用表测量 IP23/1 与搭铁之间的电压	测量值	标准值	判断
		____V	11~14V	□正常 □异常

检测分析：

4. 检查 BCM 搭铁端子是否导通

作业图例	作业内容	完成情况		
	将起动开关打至 OFF 档	□是　□否		
	断开 BCM 线束插接器 IP22a	□是　□否		
	用万用表测量 IP22a/7 与搭铁之间的电阻	测量值	标准值	判断
		____Ω	<1Ω	□正常 □异常
	用万用表测量 IP22a/9 与搭铁之间的电阻	测量值	标准值	判断
		____Ω	<1Ω	□正常 □异常

检测分析：

5. 检查 VCU 供电电压

<table>
<tr><th>作业图例</th><th>作业内容</th><th colspan="3">完成情况</th></tr>
<tr><td></td><td>将起动开关打至 OFF 档</td><td colspan="3">□是 □否</td></tr>
<tr><td></td><td>断开 VCU 线束插接器 CA66</td><td colspan="3">□是 □否</td></tr>
<tr><td></td><td>将起动开关打至 ON 档</td><td colspan="3">□是 □否</td></tr>
<tr><td rowspan="4"></td><td rowspan="2">用万用表测量 CA66/12 与搭铁之间的电压</td><td>测量值</td><td>标准值</td><td>判断</td></tr>
<tr><td>____V</td><td>11~14V</td><td>□正常
□异常</td></tr>
<tr><td rowspan="2">用万用表测量 CA66/50 与搭铁之间的电压</td><td>测量值</td><td>标准值</td><td>判断</td></tr>
<tr><td>____V</td><td>11~14V</td><td>□正常
□异常</td></tr>
</table>

检测分析:

6. 检查 VCU 搭铁端子的导通性

作业图例	作业内容	完成情况
	将起动开关打至 OFF 档	□是 □否

（续）

作业图例	作业内容	完成情况		
	用万用表测量CA66/1与搭铁之间的电阻	测量值	标准值	判断
		____Ω	<1Ω	□ 正常 □ 异常
	用万用表测量CA66/2与搭铁之间的电阻	测量值	标准值	判断
		____Ω	<1Ω	□ 正常 □ 异常
	用万用表测量CA66/26与搭铁之间的电阻	测量值	标准值	判断
		____Ω	<1Ω	□ 正常 □ 异常
	用万用表测量CA66/54与搭铁之间的电阻	测量值	标准值	判断
		____Ω	<1Ω	□ 正常 □ 异常

检测分析：

7. 检查BCM与VCU的通信CAN总线是否完整

作业图例	作业内容	完成情况		
	将起动开关打至OFF档	□是　□否		
	连接BCM与VCU各线束插接器	□是　□否		
	用万用表测量故障诊断接口6号端子与14号端子的电阻	测量值	标准值	判断
		____Ω	55~63Ω	□ 正常 □ 异常

检测分析：

8. 恢复场地

作业图例	作业内容	完成情况
	用故障诊断仪清除故障码	□是 □否
	关闭车辆起动开关	□是 □否
	收起并整理防护四件套	□是 □否
	关闭测量平台一体机	□是 □否
	关闭测量平台电源开关	□是 □否
	清洁并整理测量平台	□是 □否
	清洁防护用具并归位	□是 □否
	清洁整理仪器设备与工具	□是 □否
	清洁实训场地	□是 □否
	收起安全警示牌	□是 □否
	收起安全围挡	□是 □否

五、过程检查

1. 自我评价或小组评价

序号	检查项目	权重	自我评价
1	信息收集完成情况	20	
2	制订计划合理性	10	
3	实施过程完成的正确性	45	
4	学生在实施过程的参与程度	15	
5	安全防护与6S操作	10	
总成绩			

2. 自我反思或小组反思：根据自己在课堂上的实际表现进行自我反思

六、反馈总结

1. 实训过程评分

实训指导教师按下述评分标准检查本组作业结果。

项目	内容	评分标准	得分
知识点（30 分）	掌握 EV450 上下电控制系统及上下电控制过程（15 分）	正确表述上电控制过程	
	掌握 EV450 无法上电的故障原因分析（15 分）	视分析的准确度扣分	
技能点（45 分）	能正确识读 EV450 上电控制系统相关电路图（10 分）	视完成情况扣分	
	能准确找到 EV450 上下电控制系统插接器及端子（15 分）	端子错误每项扣 3 分	
	能对 BCM 通信故障导致无法上电故障进行排除（20 分）	视操作情况扣分	
素质点（25 分）	严格执行操作规范（10 分）	视不规范情况扣分	
	任务完成的熟练程度（10 分）	视完成情况扣分	
	6S 管理（5 分）	视完成情况扣分	
总分			

2. 改进与提升

实训指导教师检查本组作业结果，针对实训过程出现的问题提出改进措施与提升训练计划。

（1）改进措施：

（2）提升训练计划：

策划编辑电话：010-88379160

ISBN 978-7-111-71031-8
策划编辑◎**齐福江**／封面设计◎**张静**

1. 智能钥匙

智能钥匙接收低频天线发出的 125kHz 信号，发送 433MHz 的应答信号，与车载网络控制器认证。认证通过后，实现无钥匙进入、起动功能。

与正常的车钥匙相比，无钥匙进入系统的车钥匙还包含一个低频接收器，通过这个接收器，钥匙能够分析天线发出的信号。每把钥匙都有独有的低频波形图（呼叫名称）。这就意味着可分别响应每把匹配好的钥匙。车钥匙中的电子装置发出高频（433MHz）响应信号。车钥匙上的 LED 用于表示相应信号的传输。智能钥匙的高频信号通过集成在 J519 中的天线 R47 接收，并传递给 J519，如图 2-8 所示。

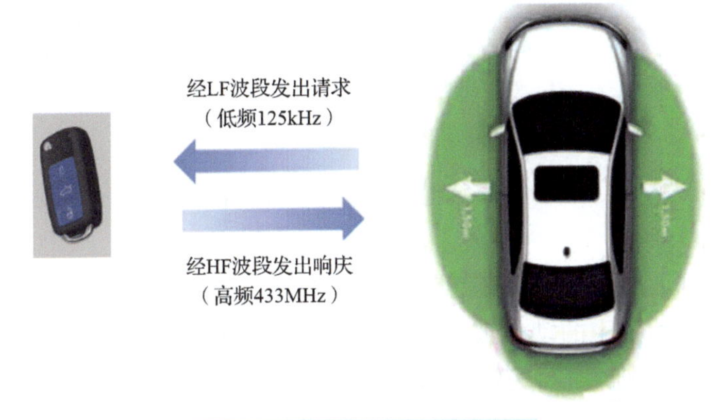

图 2-8 智能钥匙收发信号过程

2. “Keyless Access”控制器

“Keyless Access”控制器即进入和起动授权系统控制器，是智能钥匙系统的核心元件，控制整个智能钥匙系统的工作，该控制器与舒适 CAN 数据总线相连，并带有连接至车载电源控制器的唤醒导线。它的功能是：分析“Keyless Access”车门把手和低频天线的信号，当钥匙被识别为已授权，并且位于车辆附近时，“Keyless Access”系统将发出车辆解锁的指令；与汽车防盗锁进行通信；通过低频天线将“Keyless Access”通信信号发送到钥匙中。

3. 电子转向柱锁

电子转向锁安装在转向管柱上，是防盗系统的一部分，它通过 CAN 总线与 BCM、ECM、ECU 通信，使内部电机动作，实现对转向管柱进行解锁与闭锁。

4. 天线

无钥匙进入系统共有 6 根天线，分别是左前门把手天线、右前门把手天线、后保险杠支架处天线、衣帽架天线、变速杆前天线、后排坐垫下天线，各天线的作用是搜索合法信号。车外天线的探测范围在各个操作位置（车门和尾门）周围约 1.5m 内，探测高度在

0.1~1.8m，如图 2-9 所示。

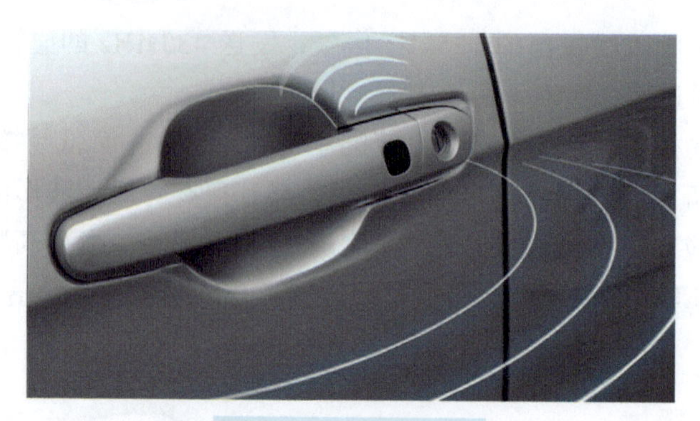

图 2-9 天线探测范围

5. “Keyless Access” 车门把手触摸传感器

“Keyless Access” 车门把手触摸传感器和天线电子装置安装在驾驶员和前排乘客车门把手内部。

当驾驶员将手靠近门把手时，传感器中的电容随之增加。门把手中的电子装置会侦测到这一动作，手抓住门把手的动作被分析为开门指令，但是若手靠近门把手上范围较小的传感器区域，这一动作则被解析为锁止指令，如图 2-10 所示。

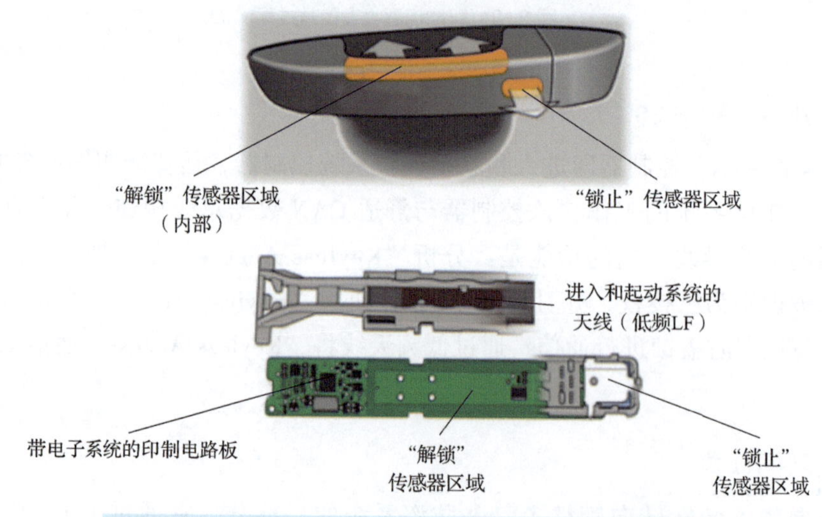

图 2-10 “Keyless Access” 车门把手触摸传感器组成结构

6. 起动按钮

起停开关代替传统的点火开关，安装在副仪表板点烟器左侧，方便驾驶员按下起停开关。驾驶员可以通过按下起停开关接通 ACC、IG、START 继电器，进行车辆电源的 ACC、ON、START、OFF 之间的转换，如图 2-11 所示。

图 2-11 “Keyless Access”一键起动按钮

三 智能钥匙系统的工作原理

1. 无钥匙进入系统的工作原理

无钥匙进入系统的工作原理如图 2-12 所示。

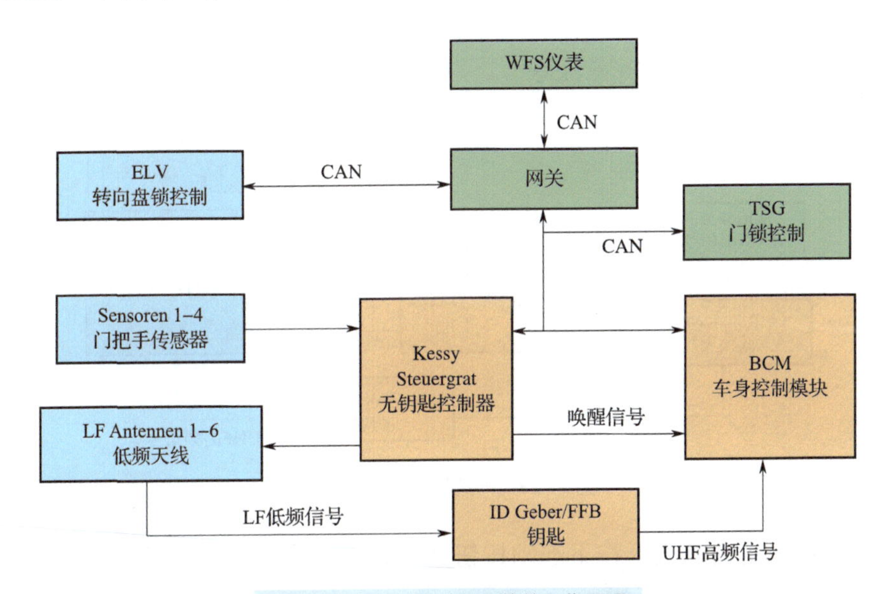

图 2-12 无钥匙进入系统的工作原理

① Keyless Access 控制器读取门把手发出的唤醒信号。当驾驶员手部靠近前车门外把手时，其内部传感器的电容将发生改变，此信号通过硬线连接传送给无钥匙控制器，无钥匙控制器认为有上车的意愿。

② Keyless Access 控制器通过其所控制的低频天线发送低频信号给钥匙，同时唤醒车身控制器（BCM）。

③ 钥匙被低频信号激活后，发送高频信号通过带有高频接收天线的 BCM 给 Keyless Access 控制器。

④ Keyless Access 控制器确认该钥匙是此车辆的，发给 BCM 此钥匙的授权，Keyless Access 控制器通过低频发送给钥匙开门指令，钥匙通过高频发送开门指令给 BCM。

⑤ BCM 把对钥匙的确认结果反馈给 Keyless Access 控制器，并通过 CAN 总线通知门锁控制器 TSG 解锁开门，同时所有转向信号灯闪烁两次指示汽车解锁。

通过转向灯提示可以获知门锁的状态：闪 1 下，锁止；闪 2 下，解锁；闪 4 下，钥匙忘在车里，30s 内不锁止；若 30s 内不开门，再自动上锁。

2. 一键起动系统的工作原理

一键起动的工作原理如图 2-13 所示。起动时，已授权的点火钥匙不必插入进入和起动授权系统开关，但其必须位于车内，当按下进入和起动授权按钮时，就可以通过车内天线开始感应式查询。点火钥匙发出一个加密的反馈信息给进入和起动授权系统控制器，如果点火钥匙被识别为已授权，按下进入和起动授权按钮时，电动机械式转向柱联锁装置将被打开，点火开关将被接通。

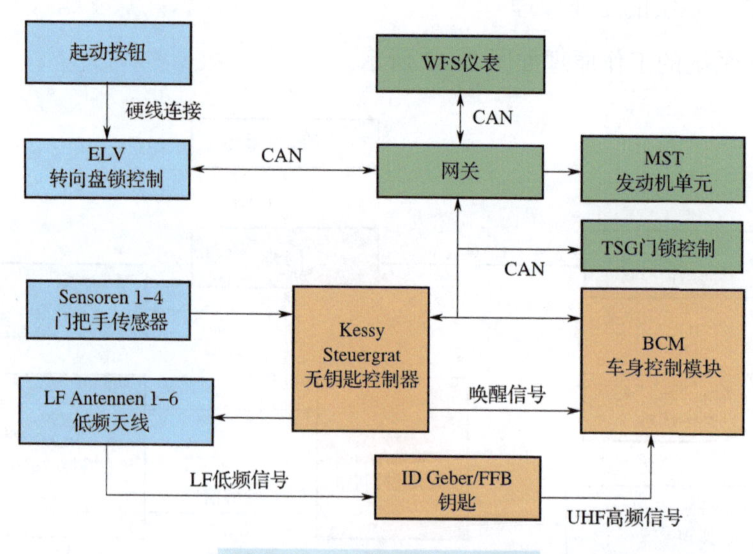

图 2-13　一键起动的工作原理

① 驾驶员踩住制动踏板，按下起动按钮 ZAT，转向盘锁控制 ELV 将需要起动的请求发送给仪表（内含防盗控制器）。

② 仪表控制器 WFS 发出验证请求给 Keyless Access 控制器。

③ Keyless Access 控制器通过其所控制的低频天线发送低频信号给钥匙，同时唤醒 BCM。

④ 钥匙被低频信号激活后，发送高频信号给 BCM。

⑤ BCM 将钥匙的防盗信息发送给仪表控制器。

⑥ 仪表控制器 WFS 和转向盘锁控制 ELV 验证防盗信息，通过后 ELV 解锁。仪表 WFS 和发动机控制单元验证防盗信息，通过后允许发动机起动。着车后，为了安全，

Keyless Access 停止工作，即如果着车后拿着钥匙离开，车辆不会熄火，门锁不会自动上锁。

四 吉利 EV450 无钥匙进入及起动系统控制策略

（一）吉利 EV450 无钥匙进入及起动系统（PEPS）组成

吉利帝豪 EV450 电动汽车 PEPS 由 PEPS 控制器、2 个前门把手总成、电子转向柱锁、车身控制器（BCM）、点火开关、3 个室内天线、整车控制器及智能钥匙等组成。

1. 智能钥匙

智能钥匙是无钥匙进入车辆的重要元件，其内部具有授权识别代码和密码的功能，可实现车辆上锁和解锁，能够实现双向传输，既可接收也可发送。通过智能钥匙发出的高频信号激活 PEPS 控制器，使 PEPS 控制器接收来自智能钥匙传递的密码并进行验证。

2. PEPS 控制器

PEPS 控制器是无钥匙进入的主控单元，也是钥匙授权识别代码的解码器。PEPS 控制器的主要功能有：用于控制和监测无钥匙进入系统；使用外部天线和内部天线来与遥控器进行通信；检查遥控钥匙的标识，并传输信号给 BCM 控制车门上锁 / 解锁。

3. BCM

BCM 控制车门解锁 / 上锁。在无钥匙进入系统中，BCM 用于解锁 / 上锁车门，通过 PEPS 控制器的 CAN 信号完成快速开启的功能。

4. 前门把手总成

前门把手总成通过 LIN 信号（电流信号）直接传输到 PEPS 控制器上来实现车辆上锁。前门把手总成由外部天线和锁门键组成。

5. 天线

无钥匙进入系统总共有 5 个天线，2 个前门把手总成中有 2 个外部天线，室内有 3 个天线。天线的主要作用是激发智能钥匙，使智能钥匙发送密码给 PEPS 控制器进行验证。

6. 电子转向柱锁

汽车起动时，PEPS 控制器识别合法钥匙，钥匙合法之后 PEPS 控制器传输信号给转向柱锁，通过转向柱锁中的小型电机来实现转向柱的上锁 / 解锁功能。

（二）吉利 EV450 无钥匙进入及起动系统（PEPS）控制策略

吉利 EV450 无钥匙进入及起动系统（PEPS）控制策略如图 2-14 所示。

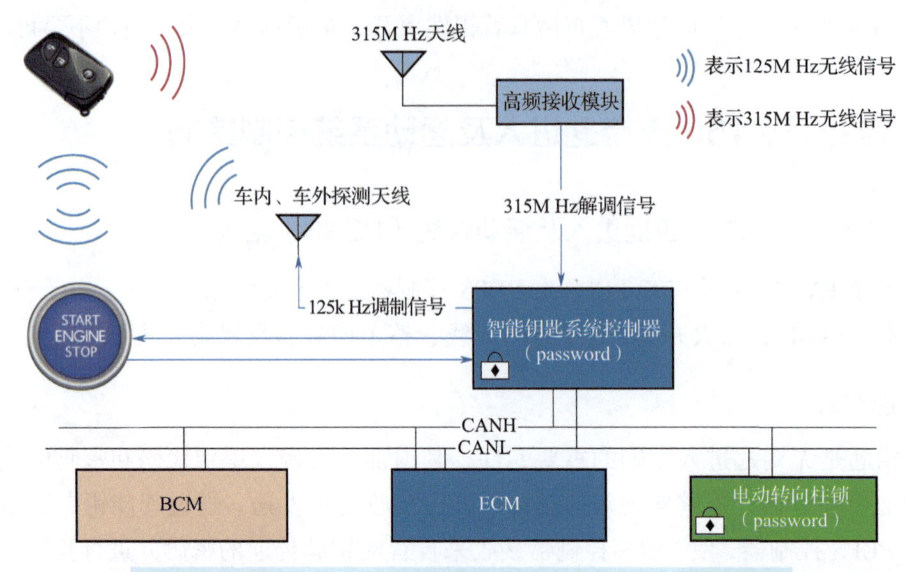

图 2-14　吉利 EV450 无钥匙进入及起动系统（PEPS）控制策略

1. 无钥匙解锁控制方式

距离车门 1.5m 范围内有一把授权的智能钥匙并激活车门把手锁门按键时，信号发送给 PEPS 控制器，PEPS 控制器激活车辆外部天线发送低频信号给智能钥匙，智能钥匙接收到低频信号，被激活后发送带密码的高频信号给 PEPS 控制器，PEPS 控制器接收并与自身的密码进行确认，确认是合法钥匙后将信号传给 BCM，BCM 接收信号控制车门电机进行解锁功能。如果不是合法钥匙，PEPS 控制器将发送信号给 BCM，BCM 将起动防盗指示灯和防盗喇叭。一旦某一车门被打开，该车门的接触开关闭合，并向 BCM 传递搭铁信号，BCM 根据此信号通过 CAN 总线向仪表发送“车门解锁”信号。

2. 无钥匙上锁控制方式

距离车门 1.5m 范围内有一把授权的智能钥匙并激活锁门键钮时，信号发送给 PEPS 控制器，PEPS 控制器激活车辆外部天线发送低频信号给智能钥匙，智能钥匙接收到低频信号被激活后发送带密码的高频信号给 PEPS 控制器，PEPS 控制器接收并与自身的密码进行确认，确认是合法钥匙后将信号传给 BCM，BCM 接收信号控制车门电机进行上锁功能，车内有 3 根天线用来监测车内是否有智能钥匙，以此来实现起动车辆或者是上锁功能。

3. 无钥匙起动控制方式

无钥匙进入和起动功能可以使驾驶员拉门把手即可进入车辆，并使用一键式起动按钮起动车辆。当驾驶员拉动门把手时，无钥匙进入检测周围遥控器（FOB）的有效性，遥控器发出信号回应车辆，并使车身控制模块（BCM）解锁所有车门。当驾驶员按下起动开关，车身控制模块（BCM）检测周围遥控器（UID）的有效性，遥控器发出信号回应车辆，以解锁转向柱电子锁（ESCL），此时，车身控制模块（BCM）通过 CAN 网络系统与动力系统进行信息认证，若所有信息有效，车身控制模块（BCM）将控制起动机继电器以起动车辆。

五 项目实施

实施准备

安全防护：做好车辆安全防护与隔离（车辆挡块、警示隔离带、高压危险警示牌）。

工具设备：数字万用表、绝缘检测仪、故障诊断仪。

实训车辆：吉利 EV450。

辅助资料：汽车原厂维修手册、原厂电路图。

任务一 无钥匙进入与起动系统检查

（1）接受任务。纯电动汽车吉利帝豪 EV450 配置有无钥匙进入及起动系统（PEPS），按下车门把手门锁键无法解锁车辆，你的主管安排你演示讲解无钥匙进入及起动功能。

（2）收集信息。

① 查阅维修手册，写出无钥匙进入与起动系统各部件的名称，并在实车上找出。

无钥匙进入与起动系统部件	部件名称
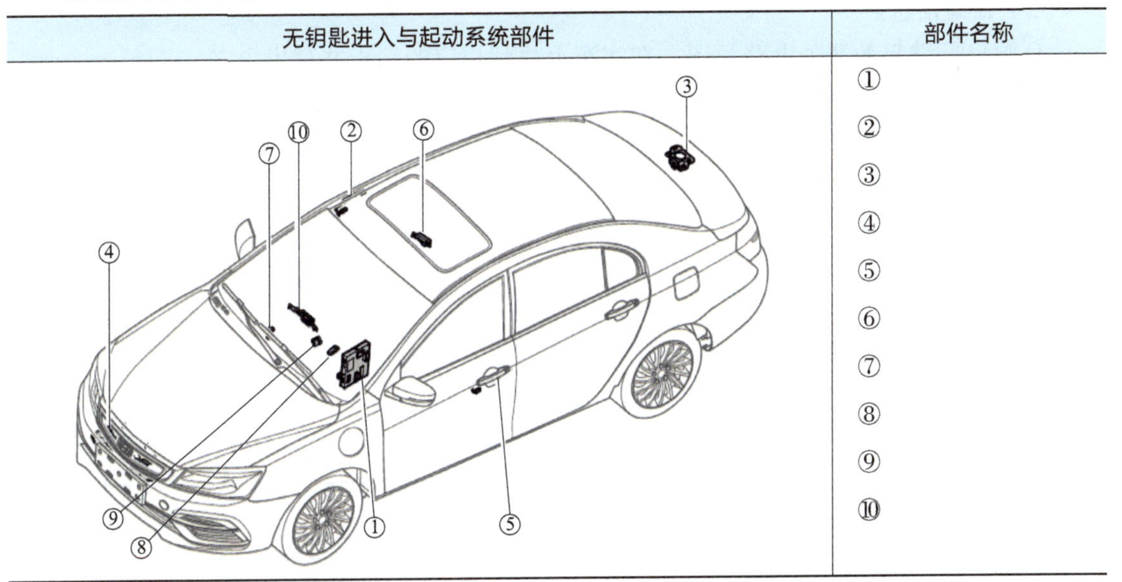	① ② ③ ④ ⑤ ⑥ ⑦ ⑧ ⑨ ⑩

② 查阅电路图，无钥匙进入与起动系统（PEPS）电路图所在页码为______。

③ 画出 PEPS 电源、接地和通信线路简图，在实车上找到相应的端子并写出含义。

PEPS 电源、接地和通信电路图	端子	含义
	IP22a/14	
	IP22a/7	
	IP20a/41	
	IP20a/42	

（3）任务实施。

① 作业前准备（场地布置、防护装备检查穿戴、仪器设备检查、汽车防护三件套安装）。

② 登记车辆基本信息。

③ 读取故障码与数据流。

④ 检查蓄电池电压。

⑤ 演示无钥匙进入及起动系统功能。

⑥ 检测无钥匙进入及起动系统供电电压。

⑦ 检测点火开关供电电压。

⑧ 整理恢复场地。

智能进入功能失效故障诊断

任务二 无钥匙进入功能失效故障诊断

（1）接受任务。一辆 2018 款吉利 EV450 纯电动汽车无钥匙进入功能失效，请你查阅无钥匙进入系统部件电路图，正确使用诊断仪器与检测工具进行无钥匙进入功能失效故障诊断与排除。

（2）收集信息。

① 画出一键起动开关电路简图，在实车上找到相应的端子并写出含义。

一键起动开关电路图	端子	含义
	IP46a/1	
	IP46a/2	
	IP46a/3	
	IP46a/4	
	IP46a/5	
	IP46a/6	
	IP46a/7	

② 画出感应天线电路简图，在实车上找到相应的端子并写出含义。

感应天线电路图	端子	含义
	IP51a/1	
	IP51a/2	
	IP52a/1	
	IP52a/2	
	SO28/1	
	SO28/2	

③ 画出驾驶员侧门把手传感器电路简图，在实车上找到相应的端子并写出含义。

驾驶员侧门把手传感器电路图	端子	含义
	DR10a/1	
	DR10a/2	
	DR10a/3	
	DR10a/4	

（3）任务实施。

① 作业前准备（场地布置、防护装备检查穿戴、仪器设备检查、汽车防护三件套安装）。

② 登记车辆基本信息。

③ 基本检查。

④ 故障现象确认。

⑤ 读取故障码与数据流。

⑥ 故障范围分析。

⑦ 检测驾驶员侧车门把手传感器工作电压。

⑧ 检测驾驶员侧车门把手天线线路对地短路故障。

⑨ 检测驾驶员侧车门把手天线线路断路故障。

⑩ 故障恢复验证。

⑪ 整理恢复场地。

复习题

1. 判断题

（1）车门把手天线与智能遥控器通过 125kHz 低频信号通信。（　　）

（2）PEPS 中智能钥匙高频信号传递给 BCM 进行接收。（　　）

（3）智能钥匙信号不受磁场干扰。（　　）

（4）吉利 EV450 车身控制器集成高频接收模块、无钥匙进入及起动系统、门锁控制器。（　　）

2. 选择题

（1）进入及起动系统天线的作用是（　　）。

A. 通过发送低频信号搜索钥匙　　B. 通过发送高频信号搜索钥匙

C. 通过发送蓝牙信号搜索钥匙　　D. 通过发送遥控信号搜索钥匙

（2）以下符合吉利 EV450 进入及起动系统天线搜索范围的有（　　）。

A. 1m 内　　B. 2m 内　　C. 1.5m 内　　D. 60m 内

（3）请说出吉利帝豪 EV450 与进入及起动系统天线直接相连接的控制器是（　　）。

A. 整车控制器 VCU　　B. 发动机起动控制系统控制器

C. 进入及起动许可控制器　　D. 车身制单元 BCM

（4）无钥匙进入及起动系统的主要控制器有（　　）。

A. 发动机控制器　　B. 整车控制器

C. 车身控制器　　D. 舒适控制器

（5）请说出吉利 EV450 EPSP 系统车辆内外共有几处天线？（　　）

A. 车外 3 处，车内 3 处　　B. 车外 2 处，车内 3 处

C. 车外 4 处，车内 3 处　　D. 车外 5 处，车内 2 处

项目三 全车无电故障诊断与排除

项目导入

一辆2018款吉利帝豪EV450电动汽车出现全车无电故障。你知道电动汽车低压系统是如何供电的吗？请你对该车全车无电的故障进行诊断与排除。

教学目标

知识目标

1. 掌握电动汽车低压电源工作过程。
2. 掌握EV450低压充电控制过程。
3. 掌握EV450全车无电的故障原因分析方法。

能力目标

1. 能正确认知电动汽车低压充电系统各部件。
2. 能正确识读电路图并画出EV450低压充电相关电路图。
3. 能进行EV450全车无电的故障诊断与排除。

一 电动汽车低压电源系统

1. 低压电源系统部件

新能源纯电动汽车12V低压电源系统主要包括12V辅助蓄电池、DC/DC变换器以及低压配电设备等。低压电源系统的供电电源来自12V辅助蓄电池和DC/DC变换器。

DC/DC 变换器的功用类似于传统内燃机汽车中的发电机，将内燃机产生的机械能转换为14V 直流电供给电气设备，同时给 12V 辅助蓄电池充电。由于纯电动汽车没有内燃机，不存在发电机，解决低压电气设备供电的重任就落到 DC/DC 变换器身上。DC/DC 变换器负责将动力电池高压直流电转换为 14V 低压直流电供给低压电气设备，同时给蓄电池充电，如图 3–1 所示。

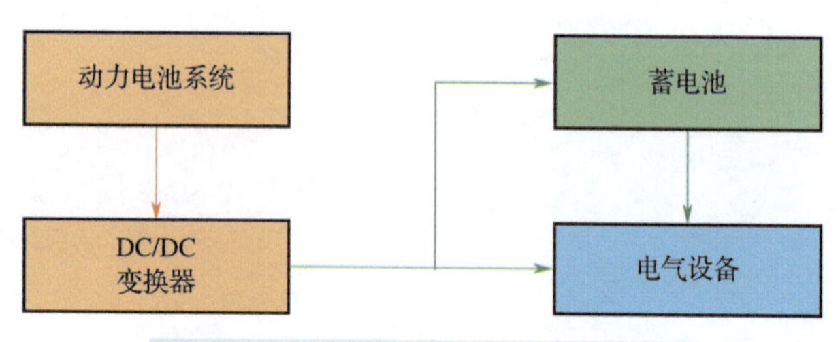

图 3–1　纯电动汽车 12V 直流供电系统

当纯电动汽车没有上电时（READY OFF），车内的低压电气系统靠 12V 辅助蓄电池供电。当电动汽车上电后 (READY ON)，动力电池给 DC/DC 变换器提供高压电，DC–DC 变换器开始工作，将动力电池的高压直流电转换成 14V 低压直流电，给汽车低压电气设备供电。需要注意的是，在车辆上电的过程中，首先需要 12V 辅助蓄电池有充足的电量，否则将导致车辆无法上电，DC/DC 变换器也就无法工作。长期停放的车辆容易造成 12V 辅助畜电池亏电，当 12V 辅助蓄电池电量不足时将会导致车辆无法上电，为了避免出现这种情况，部分车型具有智能充电功能。以吉利 EV450 智能充电功能为例，在车辆停放过程中 VCU 将定期持续对 12V 辅助蓄电池进行电压监控，当电压低于设定值时，VCU 将唤醒 BMS、DC/DC 变换器（集成于电机控制器）、完成车辆高压上电后，DC/DC 变换器将动力电池高压直流电转换为 14V 低压直流电对 12V 辅助蓄电池进行充电，VCU 监测充电电压达到规定值后停止充电，同时发送指令给 BMS 完成车辆高压下电，使能充电过程完成。

另外要注意的是，部分车型的 12V 辅助蓄电池采用吸附式玻璃纤维隔板 (AGM) 电池，需要特殊的充电程序，更换该 12V 辅助蓄电池时，需用同型号的电池，否则导致控制系统不认或 12V 辅助蓄电池寿命明显变短。

2. 北汽电动汽车低压充电系统

北汽 EV160 车型的低压充电系统由 12V 蓄电池和 DC/DC 变换器组成，DC/DC 变换器如图 3–2 所示。

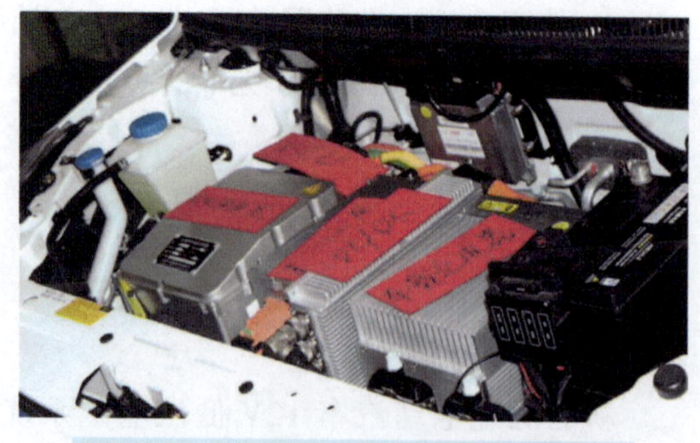

图 3–2　北汽 EV160 车型 DC/DC 变换器

12V 辅助蓄电池采用普通的铅酸蓄电池，正极与 DC/DC 正极相连，负极与 DC/DC 负极相连，12V 辅助蓄电池与 DC/DC 串联形成电源对汽车控制电路和低压用电设备供电，如图 3–3 所示。

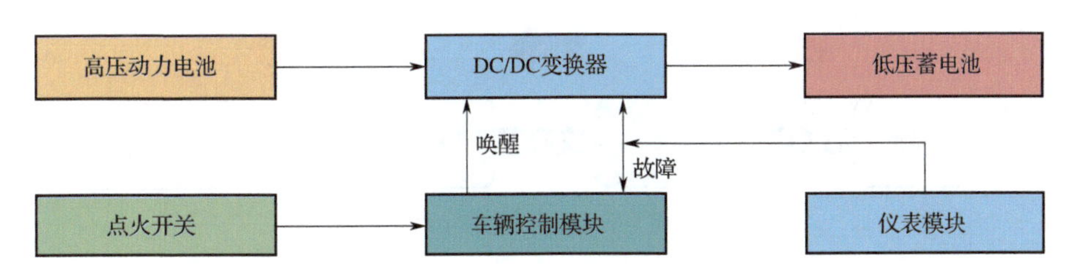

图 3-3　北汽 DC/DC 工作原理示意图

3. 比亚迪 e5 电动汽车低压充电系统

比亚迪 e5 车型 12V 辅助蓄电池采用比亚迪自制的铁电池，并且内部集成有电池管理系统（也称低压电池管理系统，LBMS），其通过通信口和整车模块交互信息，安装在机舱左侧，如图 3-4 所示。

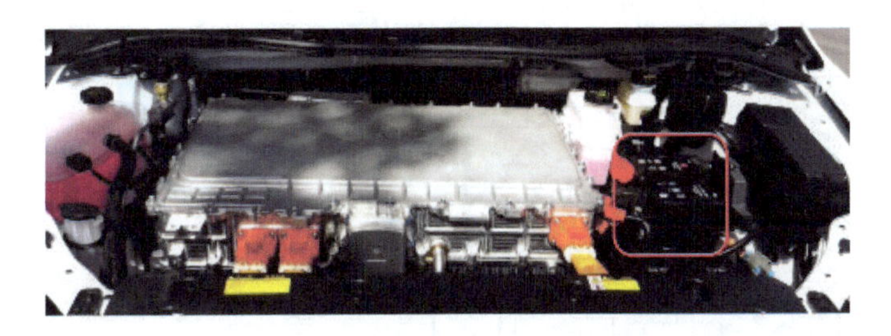

图 3-4　比亚迪 e5 车型 12V 辅助蓄电池

e5 车型的 12V 辅助蓄电池与 DC/DC 变换器低压输出端并联，通过正极熔丝盒为整车低压电器提供 13.8V 电源。正极熔丝盒外挂在低压铁电池侧面，DC/DC 变换器低压输出正极在正极熔丝盒里通过螺栓连接，熔丝盒内还有 3 个熔丝，分别是 100A（至前舱配电盒）、125A（至前舱配电盒）、100A（至 REPS 电机），如图 3-5 所示。

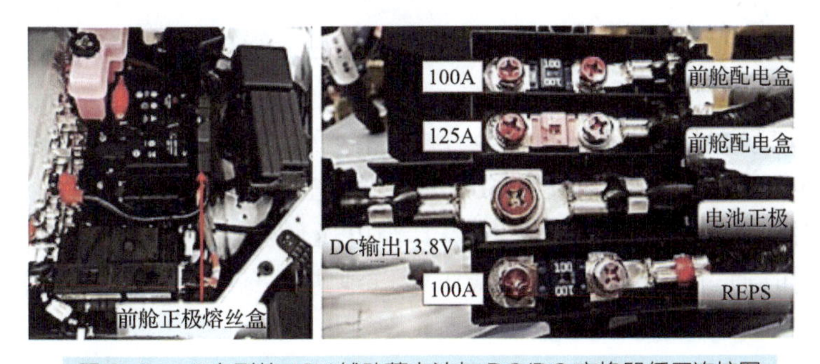

图 3-5　e5 车型的 12V 辅助蓄电池与 DC/DC 变换器低压连接图

4. 吉利 EV450 车型低压充电系统

吉利 EV450 车型低压充电系统由 12V 辅助蓄电池和 DC/DC 变转换器组成（集成在电机控制器中），在车辆上电后，将动力电池高压电转换成 14V 低压直流电，对蓄电池进行充电，如图 3-6 所示。

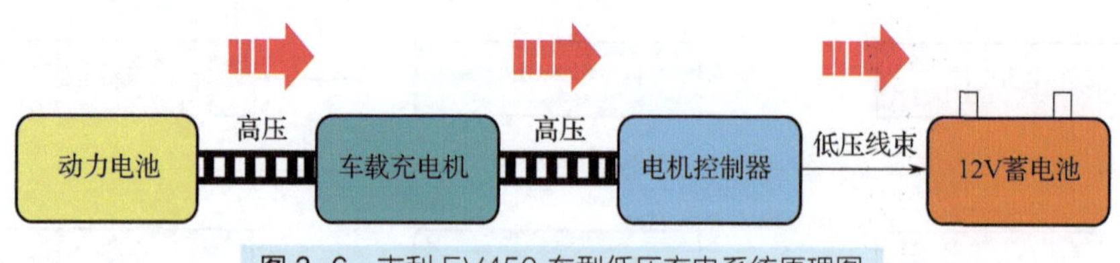

图 3-6 吉利 EV450 车型低压充电系统原理图

如图 3-7 所示，DC/DC 集成在电机控制器（PEU）中，功能是将电池的高压电转换成低压电（14V），为整车低压系统供电。

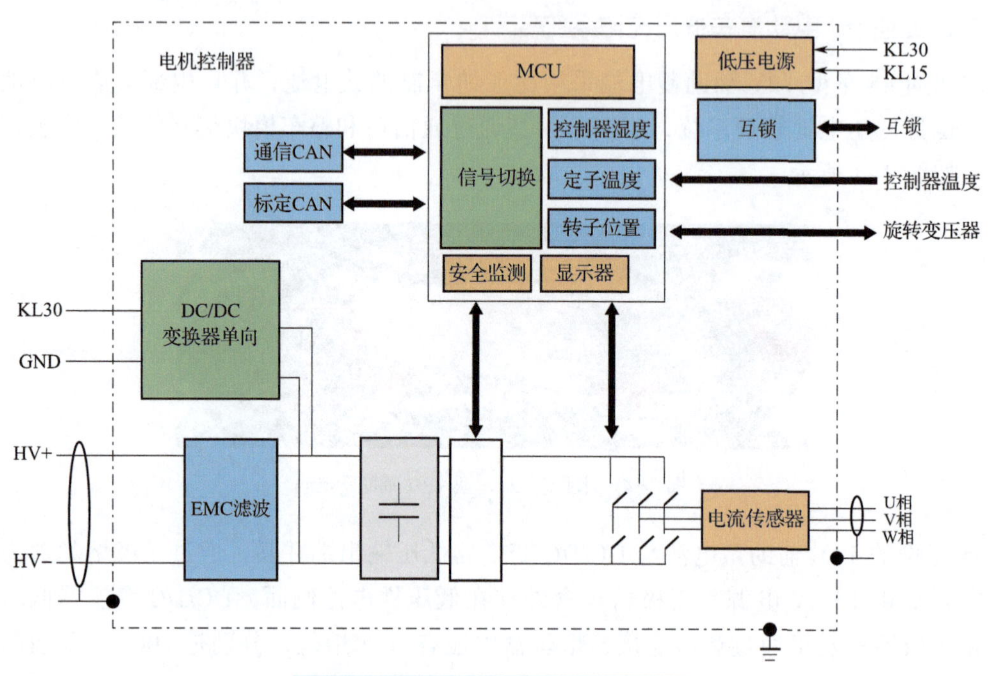

图 3-7 吉利 EV450 电机控制结构图

5. 吉利 EV450 智能充电系统

长期停放的车辆容易造成低压蓄电池亏电，低压蓄电池严重亏电，将会导致车辆无法起动上电。为避免这一问题，吉利 EV450 具有智能充电功能。车辆停放过程中整车控制器（VCU）将持续对低压蓄电池电压进行监控，当电压低于设定值时，整车控制器（VCU）将唤醒 BMS，同时通过电机控制器给低压蓄电池进行充电，防止低压蓄电池亏电，如图 3-8 所示。

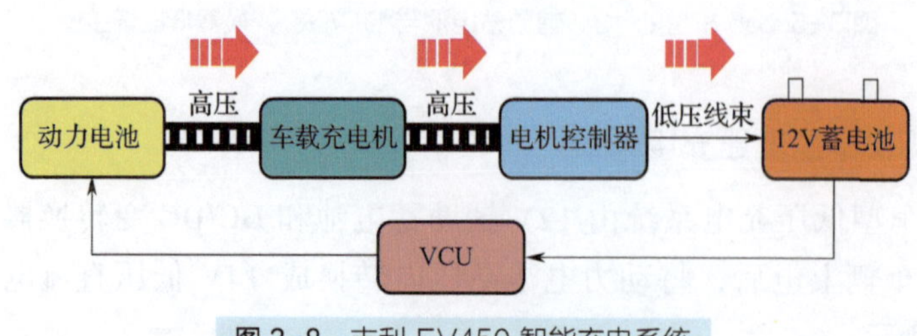

图 3-8 吉利 EV450 智能充电系统

智能充电控制策略：

① 起动条件：OFF 档，蓄电池电压 10~12V，四门两盖关闭，动力电池 SOC 大于 10%。

② 在 OFF 档位下，只要 VCU 处于被唤醒的工作状态，就实时监测蓄电池电压，检测到蓄电池电压低于 12V 大于 10V 时立即硬线唤醒 BMS 并通过 CAN 发送智能充电请求命令。当监测电压大于 12.5V 开始计时，2h 后结束，如发起智能充电请求 60s 内检测到电压大于 12.5V 则停止智能充电请求。

③ OFF 档下如果 VCU 检测到蓄电池电压低于 12V 自唤醒时，接收不到 PEPS 和 BCM 报文则认为四门两盖处于关闭状态，智能充电过程中检测到四门两盖打开时，退出智能充电，发送智能充电结束“四门两盖的状态”。VCU 第一次上电时默认“四门两盖为打开状态”。

④ 车辆处于 OFF 档时，VCU 每隔 5h 检测一次蓄电池电压；进入休眠后第 1 个 5h 计时会第一次启动监测。智能充电结束后则直接计时 5h 而不进行实时检测。如果车辆起动后再退电，VCU 按照正常情况对智能充电流程进行计时（每次 VCU 被唤醒后进入休眠会重置监测时间，即 5h 计时重置）。

二　吉利 EV450 低压无电故障分析

根据吉利 EV450 电动汽车上下电控制策略，对吉利 EV450 无法上电的主要故障原因进行分析，如图 3-9 所示。

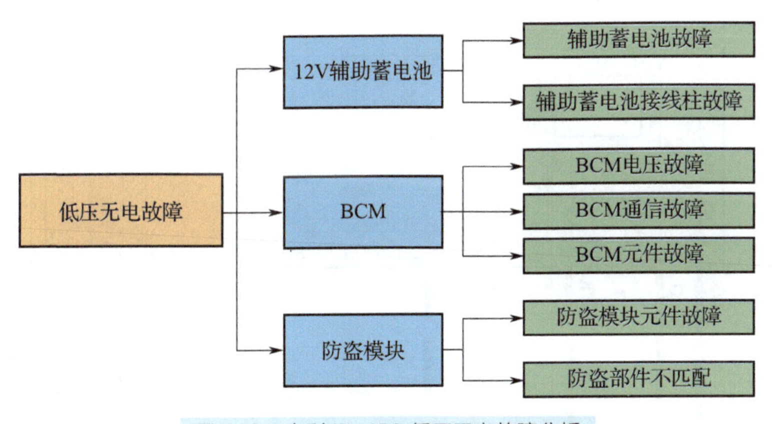

图 3-9　吉利 EV450 低压无电故障分析

（一）12V 辅助蓄电池故障

1. 检查 12V 辅助蓄电池供电电压

吉利 EV450 低压供电由一个 12V 铅酸蓄电池提供。蓄电池电压过低（低于 9V），将导致低压系统无法供电。正常蓄电池电压应为 11~14V。

2. 检查正负极线束连接情况

检查 12V 辅助蓄电池正负极线束连接情况，如有松脱，应按照维修手册要求进行预紧

（10N·m），如蓄电池正负极柱有锈蚀，应对锈蚀部位进行处理，重新连接并紧固，如图 3-10 所示。

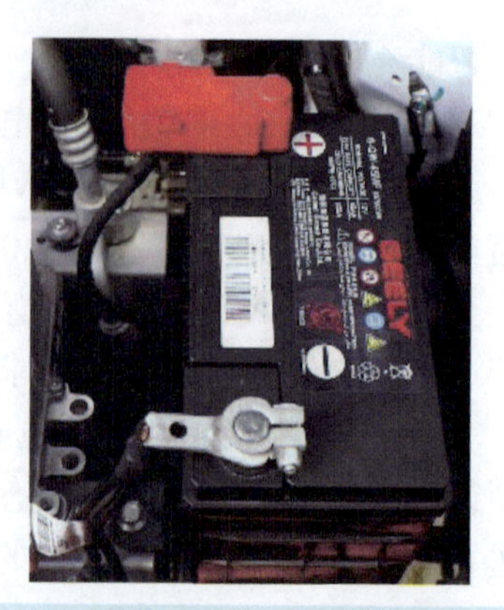

图 3-10 吉利 EV450 12V 辅助蓄电池故障

（二）BCM 故障

根据 EV450 电路图可以得知，BCM 需要给车身上的许多用电设备供电。当 BCM 工作不正常时，低压系统将无法供电。

1. 检查 BCM 供电情况

插上插接器 IP22a，将起动开关打至 ON 档，测量 IP20a/8 与搭铁、IP23/1 与搭铁之间的电压，应为 11~14V，否则检查熔丝 F28、F19 是否熔断，熔丝 F28、F19 正常时，检查熔丝 F28、F19 和 IP23/1、IP23/15 控制线路电阻应小于 1Ω。

2. 检查 IG1、IG2 继电器

检查 IG1、IG2 继电器 IR02、IR05 是否工作正常，如图 3-11 所示。

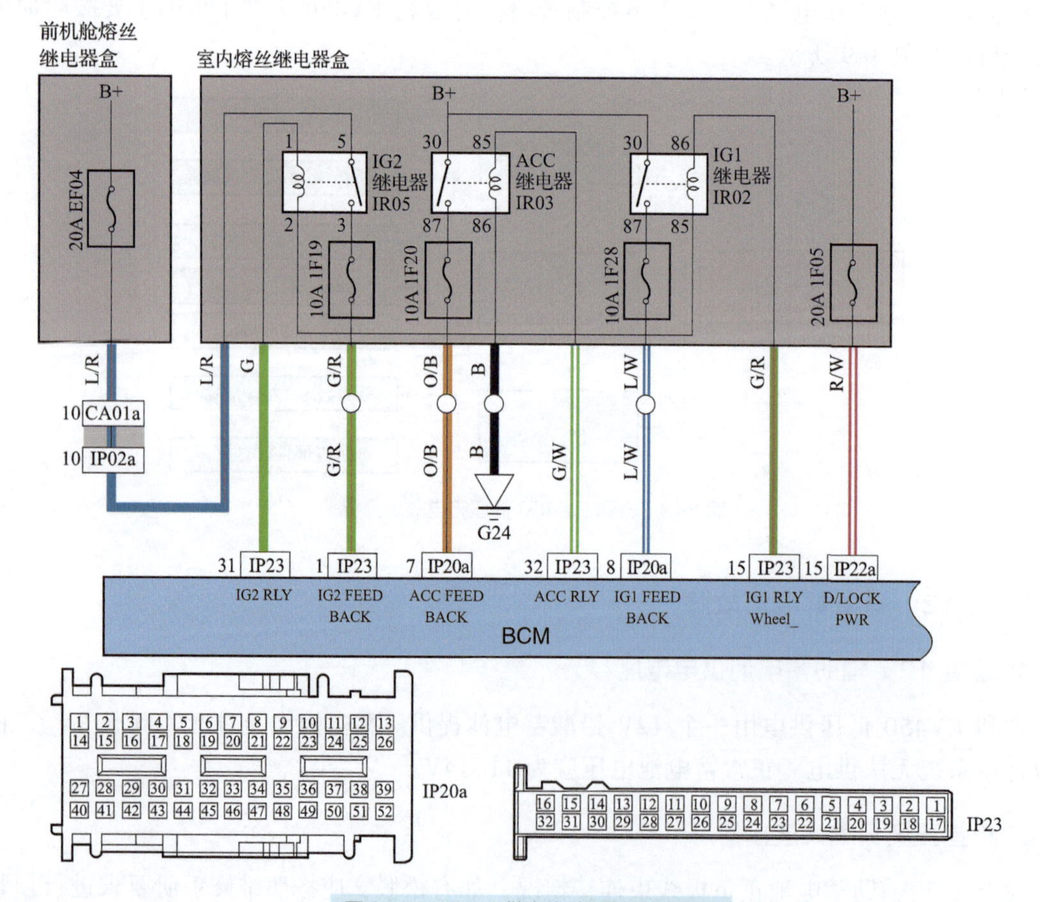

图 3-11 BCM 供电电路及插接器端子

3. 检查 BCM 搭铁线路

关闭点火开关，拔下 BCM IP22a、IP21a、IP20a、IP23 插接器，使用万用表分别测试 IP22a 插接器 7、9 和 21 脚、IP21a 插接器 8 脚、IP20a 插接器 4 脚、IP23 插接器 7 脚对蓄电池负极的电阻，正常阻值应小于 1Ω，如图 3-12 所示。

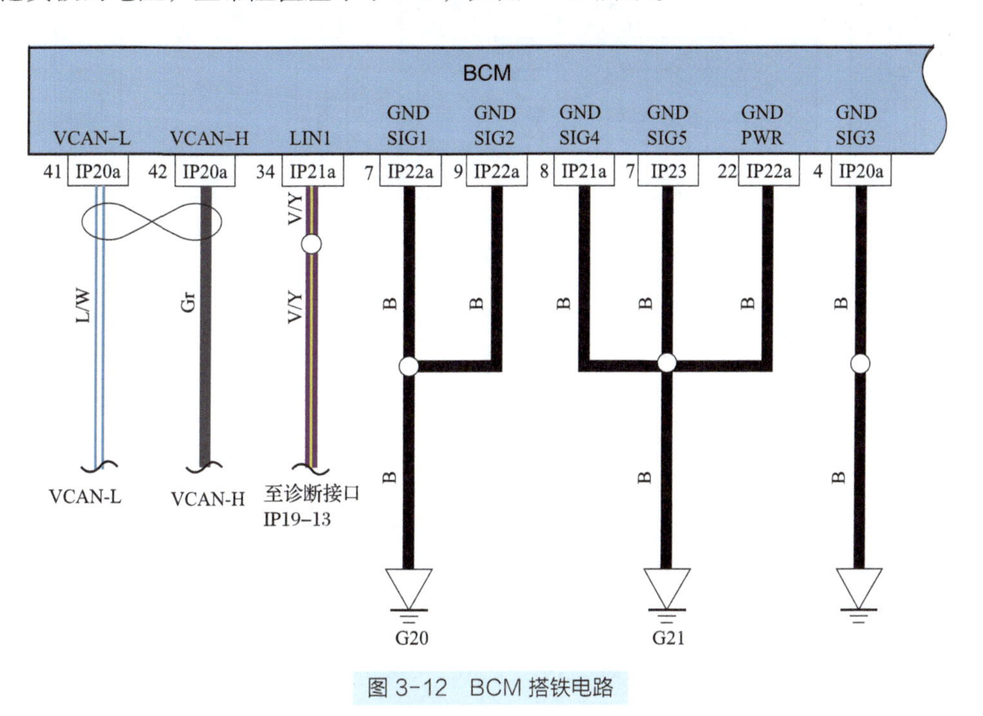

图 3-12　BCM 搭铁电路

（三）防盗模块

如图 3-13 和图 3-14 所示，吉利 EV450 车型通过智能钥匙与 PEPS（集成在 BCM 中）进行钥匙认证，PEPS 与 IPU 进行防盗认证，IPU 将认证信号发送至 VCU，VCU 经过认证判定是否通过认证。

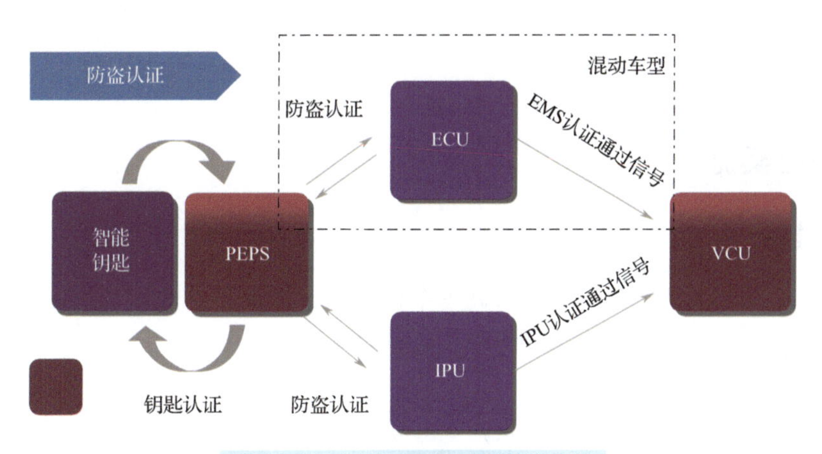

图 3-13　吉利 EV450 车型防盗系统

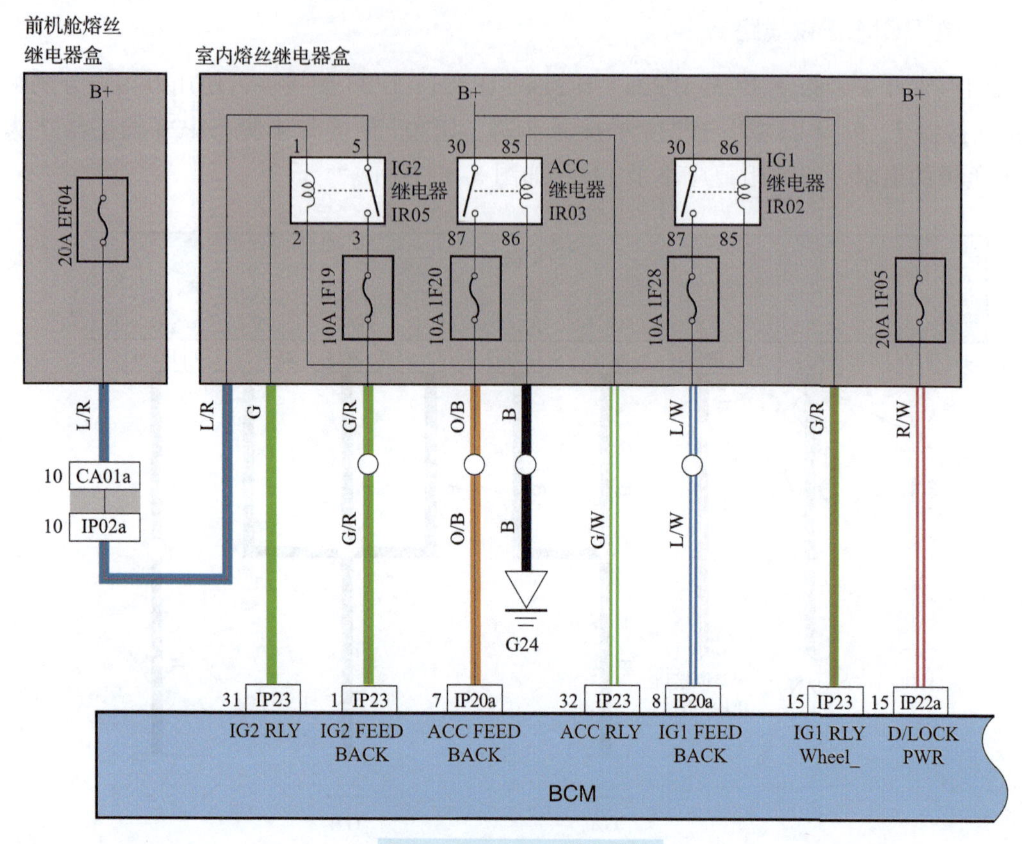

图 3-14　PEPS 供电线路

（四）DC/DC

车辆未上电时，使用万用表检测 DC/DC 输出电压，正常值应为蓄电池电压。如电压不正常，应检查蓄电池电压或者 DC/DC 与蓄电池间的连接导线。DC/DC 与蓄电池间连接导线正常阻值应小于 1Ω。

车辆正常上电，使用万用表检测 DC/DC 输出电压，正常应为 14V 左右。如测试电压不正常，则说明 DC/DC 工作不正常。

三 项目实施

实施准备

安全防护：做好车辆安全防护与隔离（车辆挡块、警示隔离带、高压危险警示牌）。

工具设备：数字万用表、绝缘检测仪、故障诊断仪。

实训车辆：吉利 EV450。

辅助资料：汽车原厂维修手册、原厂电路图。

任务一　低压充电系统检查

（1）接受任务。纯电动汽车吉利帝豪 EV450 出现全车无电故障，你的主管安排你对低压充电系统进行检查，你能够识别低压供电系统部件位置及对工作状态进行检查吗？

（2）收集信息。

① 填写图 3-15 所示吉利 EV450 低压充电系统部件名称，并且在实车上找到各部件位置。

图 3-15　吉利 EV450 低压充电系统流程图

② 查找 DC/DC 电路图，所在页码为______。

③ 画出 DC/DC 电路图，并且查找各端子含义，完善表 3-1 信息。

表 3-1　DC/DC 电路图及端子含义

DC/DC 电路图	DC/DC 端子含义

（3）任务实施。

① 作业前准备（场地布置、防护装备检查穿戴、仪器设备检查、汽车防护三件套安装）。

② 记录车辆信息。

③ 读取故障码、数据流。

④ 检查蓄电池电压。

⑤ 检查 DC/DC 工作电压。

⑥ 检查 DC/DC 控制器供电电压。

⑦ 整理恢复场地。

任务二　低压供电不正常检测

（1）接受任务。纯电动汽车吉利帝豪 EV450 出现全车无电故障，你的主管安排你对低压供电进行检查，你能够识别低压供电部件位置及对供电电压进行检测吗？

（2）收集信息。

① 查找 BCM 供电线路，所在页码为______。

② 画出 BCM 供电线路电路图，并且指出各端子含义。

③ 查找无钥匙进入及起动系统供电线路，所在页码为______。

④ 画出无钥匙进入及起动系统线路电路图，并且指出各端子含义。

⑤ 查找组合仪表供电线路，所在页码为______。

⑥ 画出组合仪表供电线路电路图，并且指出各端子含义。

（3）任务实施。

① 作业前准备（场地布置、防护装备检查穿戴、仪器设备检查、汽车防护三件套安装）。

② 记录车辆信息。

③ 读取故障码、数据流。

④ 检查蓄电池电压。

⑤ 检查组合仪表控制器供电电压。

⑥ 检查电子转向柱锁控制器供电电压。

⑦ 整理恢复场地。

任务三 全车无电故障诊断与排除

（1）接受任务。纯电动汽车吉利帝豪 EV450 出现全车无电故障，你的主管安排你完成这项任务，请你对上述故障进行诊断与排除。

（2）收集信息。

① 查阅吉利 EV450 电路图，DC/DC 所在页码为______。

② 画出 EV450 DC/DC 简图，并完善表 3-2 信息。

表 3-2 DC/DC 电路图端子含义

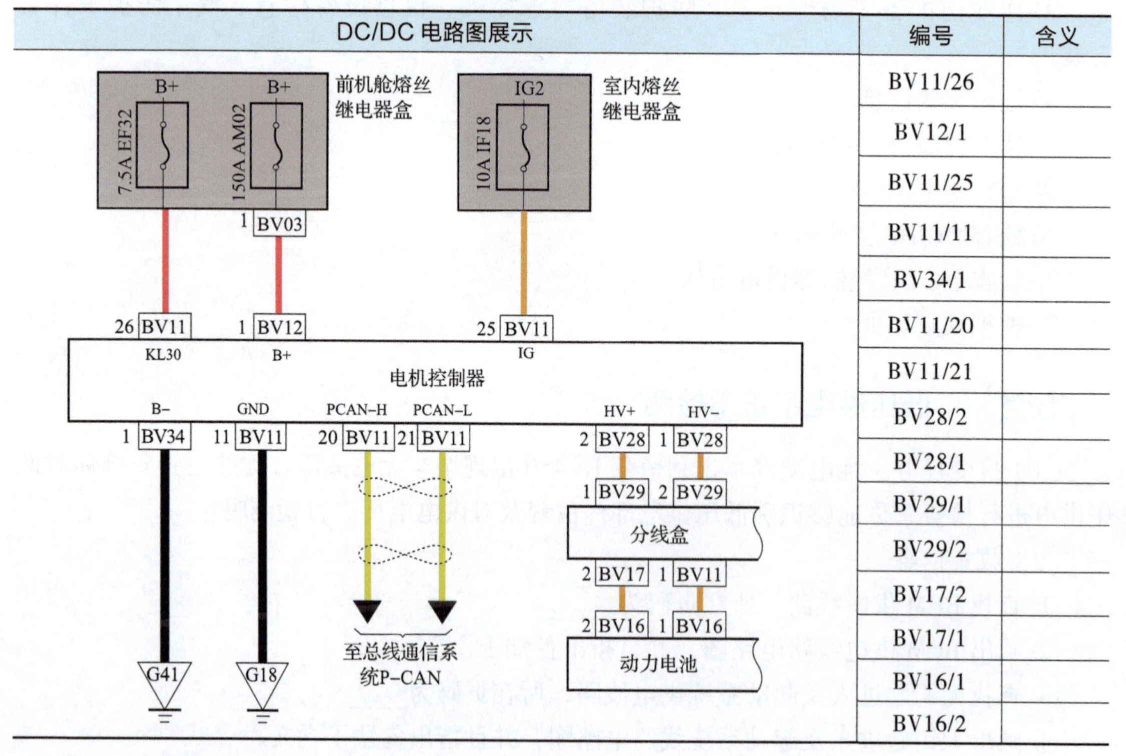

编号	含义
BV11/26	
BV12/1	
BV11/25	
BV11/11	
BV34/1	
BV11/20	
BV11/21	
BV28/2	
BV28/1	
BV29/1	
BV29/2	
BV17/2	
BV17/1	
BV16/1	
BV16/2	

③ 标识图 3-16 中 IF18、EF32、AM02 的位置。

图 3-16　前舱熔丝盒

（3）任务实施。

① 作业前准备（场地布置、防护装备检查穿戴、仪器设备检查、汽车防护三件套安装）。

② 记录车辆信息。

③ 基本检查。

④ 故障现象确认。

⑤ 读取故障码、数据流。

⑥ 故障范围分析。

⑦ 检测驱动电机控制器熔丝 EF23 供电电压。

⑧ 检测驱动电机控制器熔丝 IF18 供电电压。

⑨ 检测驱动电机控制器熔丝 AM02 供电电压。

⑩ 检查驱动电机控制器电源供电电压。

⑪ 检查 DC/DC 电源供电线路。

⑫ 故障恢复验证。

⑬ 整理恢复场地。

复习题

1. 选择题

（1）下列新能源汽车中有低压电池智能充电功能，防止低压电池亏电的车型是（　　）。

A. 北汽 EV160　　B. 吉利帝豪 EV450

C. 比亚迪 e5　　D. 以上都有

（2）吉利 EV450 智能充电的前提条件有（　　）。

A. 车辆四门两盖关闭　　B. 动力电池 SOC 大于 10%

C. 蓄电池电压为 10~12V　　　　D. 点火开关 ON 档

（3）比亚迪 e5 低压蓄电池电压监控模块集成在（　　）内。

A. 整车控制器　　　　B. 车身控制器

C. 电池管理控制器　　　　D. 低压蓄电池

（4）吉利 EV450 低压蓄电池电压监控模块集成在（　　）内。

A. 整车控制器　　　　B. 车身控制器

C. 电池管理控制器　　　　D. 低压蓄电池

（5）关于纯电动汽车 EV160 低压电池充电系统，下列描述正确的是（　　）。

A. 点火开关在任意档位，只要低压蓄电池电压低于 12V，充电就开始

B. DC/DC 变换器得到一个 5V 使能电源后，系统便开始工作

C. DC/DC 变换器把动力电池电压转换为 13.8V 输出给低压蓄电池充电

D. 当 DC/DC 变换器检测到系统有故障，仪表低压充电故障指示灯点亮

（6）低压蓄电池电压正常，但是低压充电指示灯点亮的故障原因有（　　）。

A. 故障指示灯线路对地短路　　　　B. 车辆模块自身故障

C. DC/DC 变换器自身故障　　　　D. 仪表自身故障

项目四 高压互锁故障诊断与排除

项目导入

一辆吉利 EV450 纯电动汽车，客户反映车辆无法上电。你的主管初步判断为高压互锁故障，安排你去进一步检测排除故障，你是否能够完成？

教学目标

知识目标

1. 掌握高压互锁的作用及组成。
2. 掌握高压互锁系统的工作原理。
3. 掌握高压互锁系统的基本测量方法。

能力目标

1. 能够描述高压互锁系统的作用。
2. 能够阐述高压互锁系统的工作原理。
3. 能够查找原厂电路图，并且能够画出高压互锁系统电路图。
4. 能够进行高压互锁系统的基本测量。
5. 能够完成高压互锁系统故障诊断。

一 什么是高压互锁

在电动汽车安全要求中，B 级电压电路（最大工作电压大于 AC 30V，小于等于 AC

1000V；或大于 DC 60V，小于等于 DC 1500V）被视为高压电，需设置高压警示标记。实际电动汽车动力电池的电压通常远高于 AC 30V 或 DC 60V，为了确保电动汽车驾乘人员和维护检修人员的安全，电动汽车高压电气系统需采取相应的高压电气安全措施。

ISO 6469.3—2001《道路电气车辆 安全规范 第 3 部分：使人免受电气伤害的保护》规定电动汽车（包括 BEV、PHEV 等车型）的高压部件及其插接器都应具有高压互锁装置。GB 18384—2020《电动汽车安全要求》也明确将高压互锁作为插接器的一项功能性要求写入标准。ISO 26262 功能安全等级方面要求电动汽车应具有高压互锁模块，且应达到 ASIL C 等级（ASIL 有四个等级，分别为 A、B、C、D，其中 A 是最低的等级，D 是最高的等级）。

由此可见，电动汽车高压电气系统需具有高压互锁装置。那什么是高压互锁呢？

高压互锁（High Voltage Inter-lock，HVIL）简单来说，就是利用安全的低压小电流信号，来检查整个高压部件、导线、插接器及护盖的电气完整性，识别高压电气回路状态并做出相应的保护，直至立即断开相应的高压接触器以切断动力电池高压输出。

电动汽车上高压互锁装置的作用主要有五个方面：

（1）整车在高压上电前确保整个高压系统的完整性，使高压处于一个封闭的环境下工作，提高安全性。

（2）当整车在运行过程中，高压系统回路断开或者完整性受到破坏的时候，需要启动安全防护。

（3）防止带电拔插高压插接器给高压端子造成的拉弧损坏。

（4）车辆发生碰撞时，触发高压互锁，断开高压接触器，切断动力电池输出。

（5）车辆在充电过程中，或者插上充电枪时，限制车辆上电，防止可能发生的线束拖拽或安全事故。

二 高压互锁的组成结构与工作原理

（一）高压互锁工作原理

高压互锁工作原理如图 4-1 所示，由高压互锁控制器（由 VCU 或 BMS）及信号源、低压插接器互锁端子（HVIL-IN 和 HVIL-OUT）、高压插接器互锁端子和互锁线路等组成，通过串联实现对整个高压电气回路的检测。

如图 4-1 所示，VCU 提供 12V 工作电压（或 PWM 信号），12V 工作电压经过高压部件 1 的低压插接器 HVIL-IN 端子进入，在高压部件 1 内部串联高压插接器互锁端子，当高压插接器插接完好时，高压插接器内部的互锁端子导通。12V 工作电压经高压部件 1 的低压插接器 HVIL-OUT 端子出，进入高压部件 2 的低压插接器 HVIL-IN 端子。同样的道理，检测到高压部件 2 的高压插接器插接完好时，从高压部件 2 的低压插接器 HVIL-OUT 端子出，并最终搭铁，从而形成一个封闭的高压互锁检测回路。

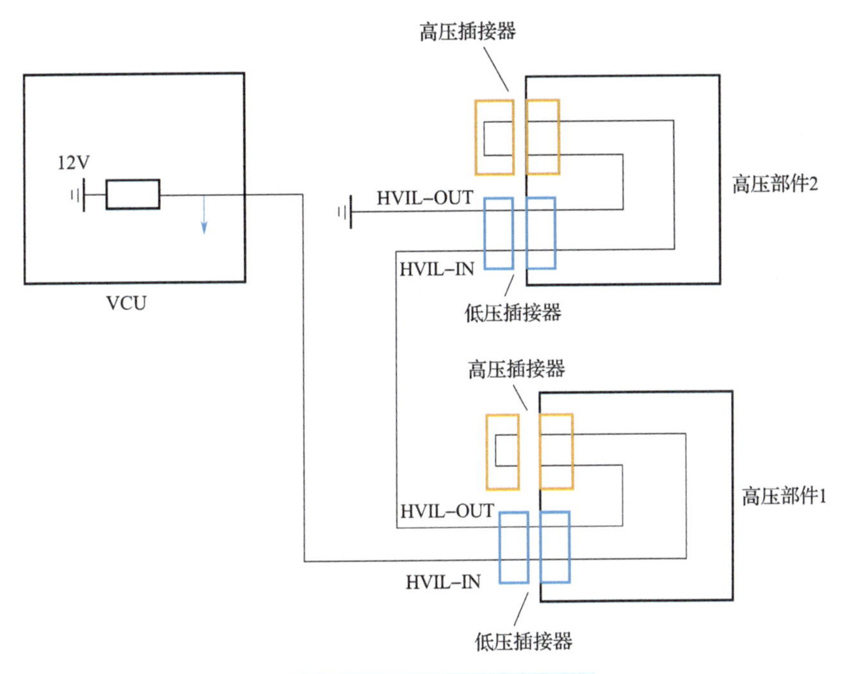

图 4-1 高压互锁的工作原理

VCU 监测高压互锁回路电压，当高压插接器插接完好时，VCU 监测点电压为 0V；当高压插接器松动、虚接或断开时，该高压互锁回路被断开，此时 VCU 监测点的电压为 12V，VCU 判断车辆存在高压回路故障，将会报警并限制高压上电或快速切断高压继电器，断开动力电池高压输出，以确保驾乘人员或检修人员的人身安全。

由于电动汽车中高压部件较多，包括动力电池、驱动电机、电机控制器、车载充电机、DC/DC、PTC、电动空调压缩机、高压配电盒等，如果高压互锁回路对所有高压部件进行电气连接检测将导致检测线路过长，可靠性降低，故电动汽车通常设置有多个高压互锁回路，多个高压互锁回路的控制器（ECU）通过 CAN 总线进行通信。

图 4-2 为北汽新能源电动汽车高压互锁电路图，其中共有四条高压互锁回路：① VCU—电动压缩机—车载充电机—高压控制盒盖开关—高压控制盒各高压插接器—DC/DC—PTC—搭铁；② BMS—MSD—BMS；③ BMS—动力电池高压母线—BMS；④电机控制器—UVW 高压插接器。VCU、电机控制器及 BMS 通过 CAN 总线进行高压互锁信息交互。

电动汽车全部高压插接器都配合有高压互锁检测端子，为了简化高压互锁回路电路图，通常我们可以忽略高压部件内部的高压互锁线路，只考虑高压互锁外部的回路，将高压互锁电路图简化，如图 4-3 所示。高压互锁控制器检测信号通过各高压部件的低压插接器 HVIL-IN 和 HVIL-OUT 端子依次连接，形成回路，各高压部件处可设置高压互锁监测器，对高压互锁状态进行监测，各高压部件控制器通过 CAN 总线传递高压互锁状态信息。

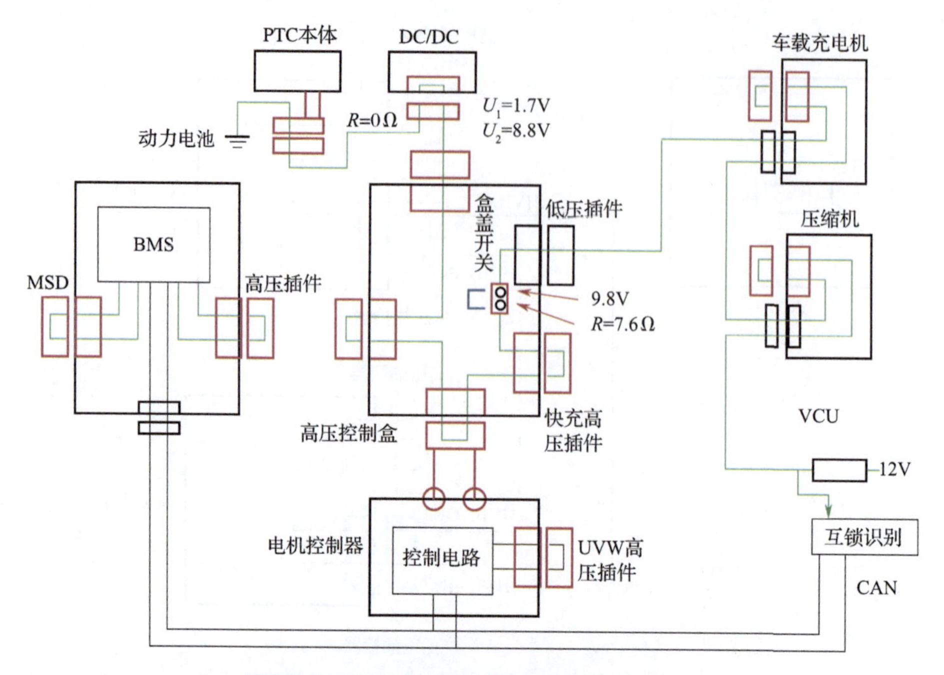

图 4-2　北汽新能源电动汽车高压互锁电路图

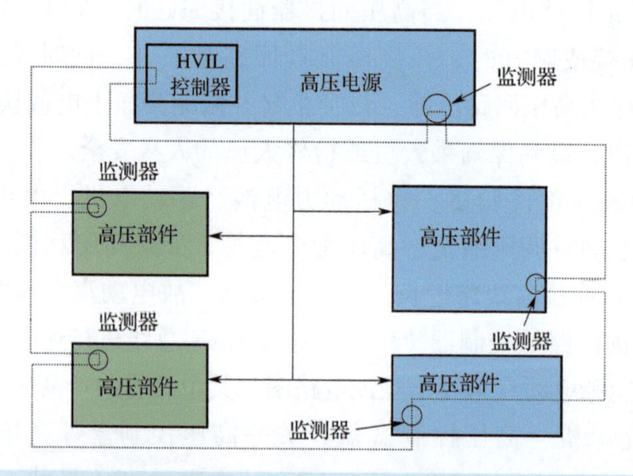

图 4-3　高压互锁回路电路图（忽略高压插接器及高压部件内部互锁线路）

（二）高压互锁的组成结构

从高压互锁的工作原理可以看出，高压互锁回路通过在高压插接器、维修开关（MSD）、高压部件盒盖中集成的高压互锁检测端子等来完成高压电气回路的完整性检测，判断高压电气回路是否存在虚接、断开，手动维修开关（MSD）是否被拔下，高压部件盒盖是否被打开等。

1. 高压互锁插接器

高压互锁插接器的高压互锁端子通常集成在高压插接器内部，插头侧的高压互锁端子是一对短接的端子，插座侧的高压互锁端子分别与低压插接器的 HVIL-IN 和 HVIL-OUT 端子连接，如图 4-4 所示。

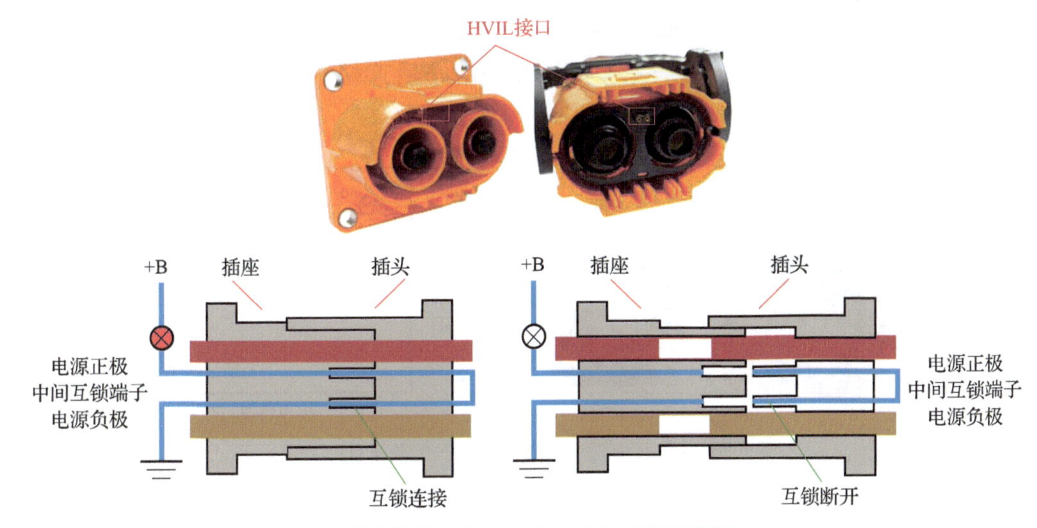

图 4-4　高压互锁插接器的高压互锁端子

当高压插接器处于连接状态时，高压插接器中的高压互锁端子被短接，高压互锁回路接通；当高压插接器处于断开状态时，高压插接器中的高压互锁端子断开，高压互锁回路断路。

为了确保高压插接器插拔时高压端子不带电，防止产生电弧，高压插接器中的高压互锁端子与高压端子在拔出时，低压（高压互锁端子）应比高压（高压端子）率先获得断开的信息；插入时，低压（高压互锁端子）应比高压（高压端子）落后获得连接完成的信息。这可以通过调节高压端子和低压端子（高压互锁端子）的长度来实现，如图 4-5 所示。在高压插接器的插头（公端子）中，高压端子比互锁端子要长，插入时，高压端子先连接，互锁端子后连接（图 4-5a）；拔开时，互锁端子先断开，高压端子后断开（图 4-5b）。

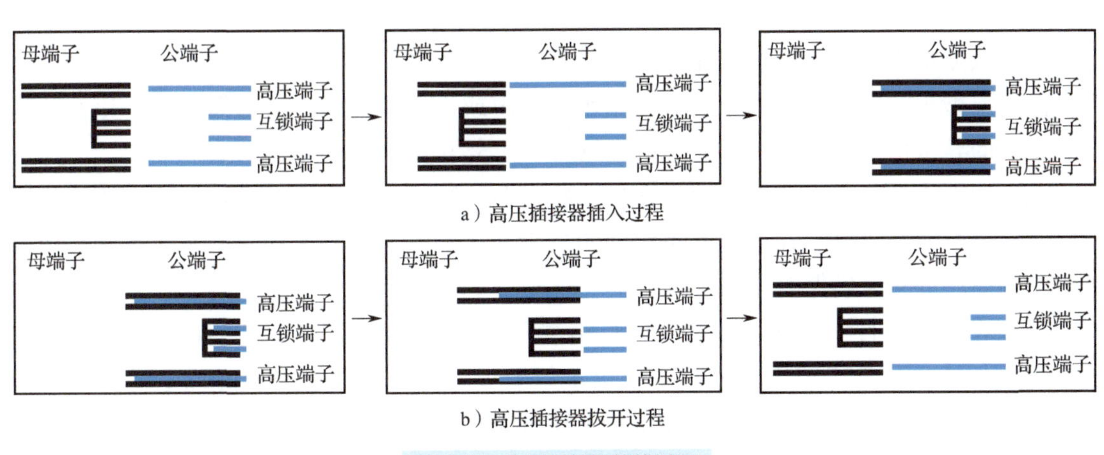

图 4-5　高压插接器插拔过程

2. 手动维修开关（MSD）

电动汽车手动维修开关（MSD）中的高压互锁端子结构原理与高压互锁插接器相同，MSD 插头的高压互锁端子短接，如图 4-6 所示。为了避免拉弧，同样高压端子与高压互锁端子长短不一，插入时，高压端子先连接，互锁端子后连接；拔开时，互锁端子先断开，高压端子后断开。

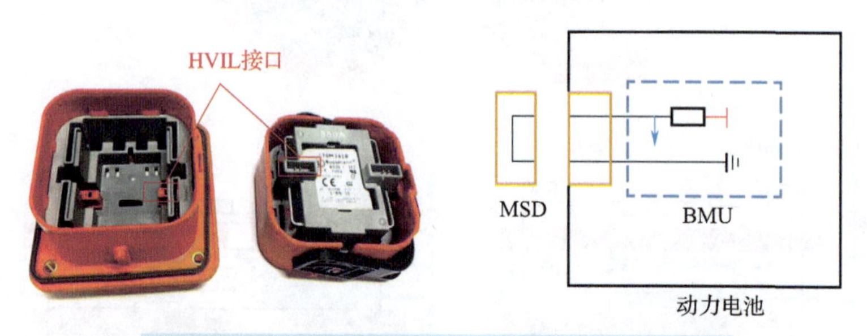

图 4-6 高压互锁插接器与维修开关的高压互锁接口

3. 盒盖开关

高压互锁回路中的盒盖开关用来检测高压部件保护盖是否被非法开启，如高压控制盒、电机控制器、车载充电机等。盒盖开关被串联在高压互锁回路中，当高压部件保护盖被打开时，盒盖开关断开，从而断开高压互锁回路，控制器会立即报警，并切断高压回路，保护人员安全。吉利 EV450 电机控制器保护盖开关如图 4-7 所示。

图 4-7 电机控制器保护盖开关

三 高压互锁控制策略

高压互锁系统在识别到危险时，整个控制器应根据危险时的行车状态及故障危险程度运用合理的安全控制策略。

（1）故障报警：无论电动汽车在何种状态，高压互锁系统在识别到危险时，车辆应该对危险情况做出报警提示，需要仪表或指示器以声或光报警的形式提醒驾驶员，让驾驶员注意车辆的异常情况，以便及时处理。避免发生安全事故。

（2）切断高压电源：当电动汽车在停止状态时，高压互锁系统在识别到严重危险情况时，除了进行故障报警，还应通知系统控制器断开接触器，使高压源被彻底切断，避免可能发生的高压危险，确保财产和人身安全。

（3）降功率运行：电动汽车在高速行车过程中，高压互锁系统在识别到危险情况时，不能马上切断高压源，应首先通过报警提示驾驶员，然后让控制系统降低电机的运行功率，使车辆速度降下来，以使整车高压系统在负荷小的情况下运行，尽量降低发生高压危险的可能性，同时允许驾驶员能够将车辆停到安全地方。

四 高压互锁回路设计原则

由于电动汽车动力系统是由多个子系统组成的，它们两两之间都是靠高压插接器相互连接的，同时运行的环境十分恶劣，大多数工况处在振动与冲击条件下，因此高压互锁设计是确保人员安全和车辆设备安全运行的关键。

总体来看，电动汽车高压互锁回路设计须遵循以下原则：

（1）HVIL 回路必须能够有效、实时、连续地监测整个高压回路的通 / 断情况。

（2）所有高压插接器应具备机械互锁装置，并且只有 HVIL 回路先行断开以后才能接通插接器。

（3）所有高压插接器在非人为的情况下，不能被接通或断开。

（4）HVIL 回路应具备在某种特殊情况下，可以直接通过 BMS 检测 HVIL 回路，直接断开高压回路。

（5）无论电动汽车在何种状态，HVIL 在识别到危险时，车辆必须对危险情况做出报警提示，需要仪表或指示器以声或光报警的形式提醒驾驶员。

五 典型电动汽车高压互锁回路

1. 特斯拉

图 4-8 所示为特斯拉电动汽车高压互锁控制回路，动力电池管理系统（BMS）发出一个 20mA 的低压控制电流信号，经驱动控制器、高压配电盒、DC/DC 总成，最后回到动力电池管理系统，形成一个封闭回路。

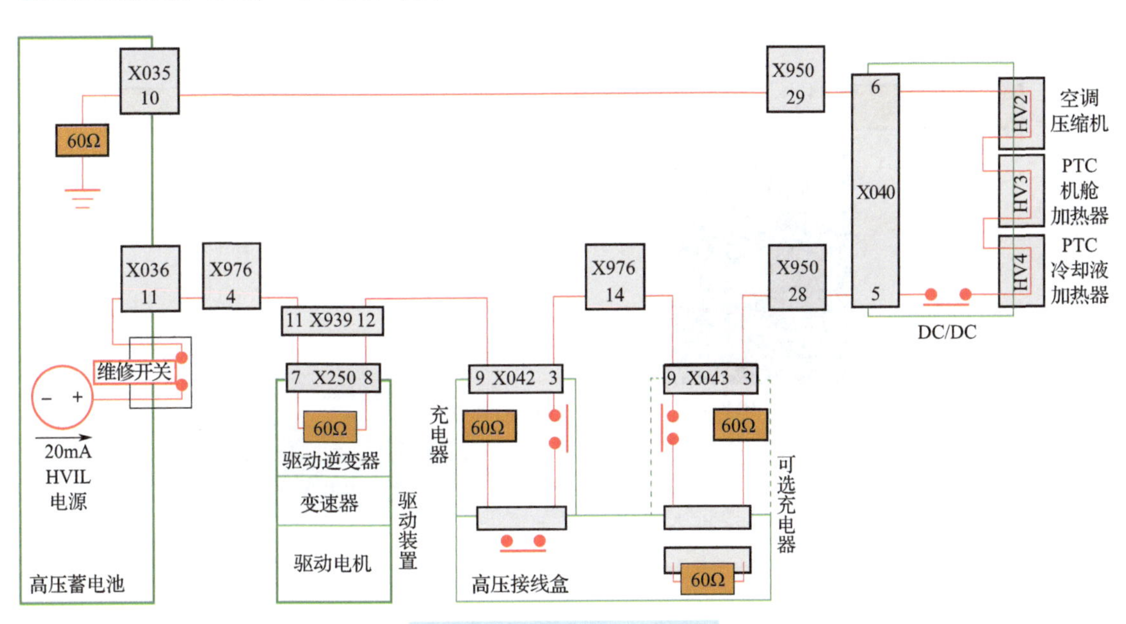

图 4-8　特斯拉高压互锁回路

2. 吉利 EV450

吉利 EV450 电动汽车高压互锁回路如图 4-9 所示，整车控制器（VCU）发出一个 PWM 控制信号，经电机控制器（PEU）、车载充电机、空调压缩机、加热控制器 PTC 并最终回到整车控制器（VCU），形成一个回路。电机控制器（PEU）保护盖上安装有盒盖开关。动力电池输出母线高压插接器的高压互锁由动力电池管理控制器（BMS）独立的高压互锁回路进行检测。

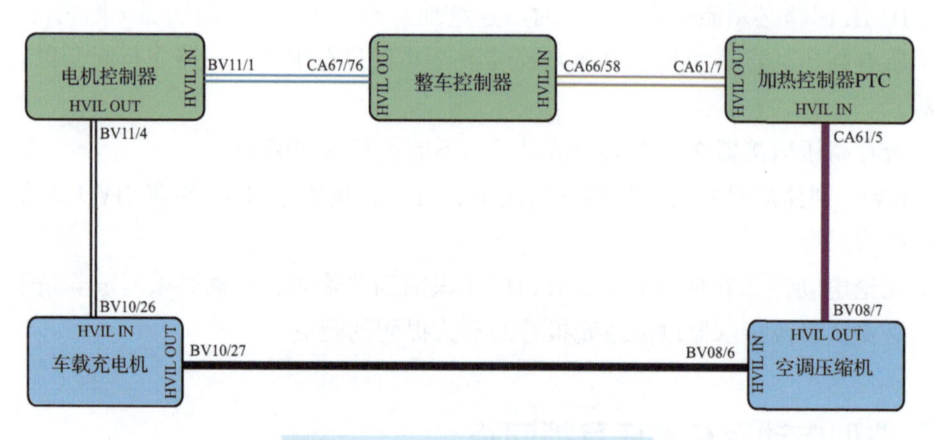

图 4-9　吉利 EV450 高压互锁回路

3. 比亚迪 E5

比亚迪 E5 电动汽车高压互锁回路如图 4-10 所示。动力电池管理控制器（BMS）发出一个 PWM 控制信号，经动力电池包低压插接器、高压电控总成低压插接器、PTC 高压互锁端子，并最终回到动力电池管理控制器，形成一个回路。

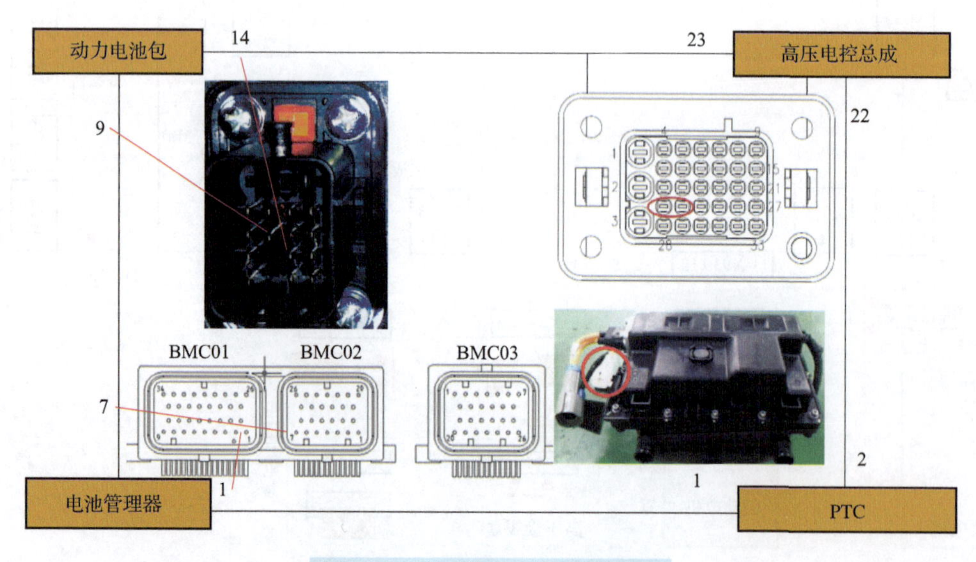

图 4-10　比亚迪 E5 高压互锁回路

六 项目实施

实施准备

安全防护：做好车辆安全防护与隔离（车辆挡块、警示隔离带、高压危险警示牌）。

工具设备：数字万用表、绝缘检测仪、故障诊断仪。

实训车辆：吉利 EV450。

辅助资料：汽车原厂维修手册、原厂电路图。

任务一　高压互锁基本检测

（1）接受任务。纯电动汽车高压互锁信号是什么类型，你的主管安排你演示高压互锁信号基本测量，你是否能够完成？

（2）收集信息。

① 吉利 EV450 高压互锁线路控制器包含______。

② 高压互锁信号类型：______。

③ 高压互锁电路图缩写编号：______。

④ 查找吉利 EV450 高压互锁电路图，填写图 4-11 所示部件名称及端子号，并且在实车上找到各部件位置。

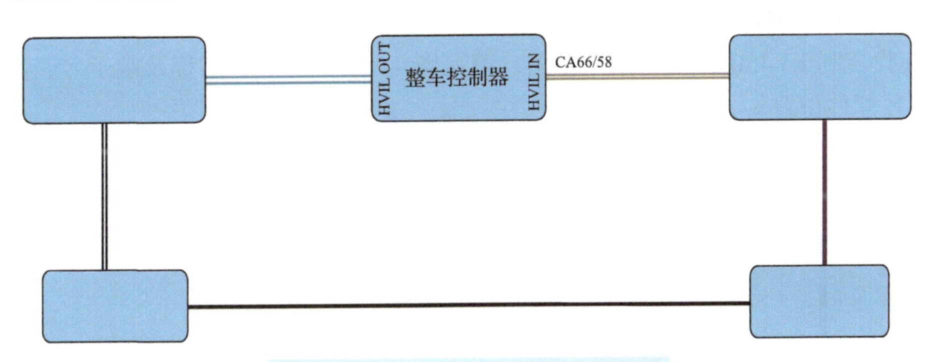

图 4-11　吉利 EV450 高压互锁回路 1

⑤ 记录原厂电路图页码，并且完善表 4-1 高压互锁系统控制器电路图端子。

表 4-1　高压互锁电路图及页码

电路图端子	查看原厂电路图页码
整车控制器 HVIL IN CA66/58 —	

（3）任务实施。

① 作业前准备（场地布置、防护装备检查穿戴、仪器设备检查、汽车防护三件套安装）。

② 记录车辆信息。

③ 读取故障码、数据流。

④ 检查蓄电池电压。

⑤ 检测高压互锁信号电压。

⑥ 检测高压互锁 PMW 信号波形。

⑦ 整理恢复场地。

高压互锁故障诊断

任务二 高压互锁故障诊断

（1）接受任务。一辆吉利 EV450 纯电动汽车，客户反映车辆无法上电。你的主管初步判断为高压互锁故障，安排你去进一步检测排除故障，你是否能够完成？请你对上述故障进行诊断与排除。

（2）收集信息。

① 吉利 EV450 高压互锁线路控制单元包含______________________。

② 高压互锁信号类型：______________________。

③ 高压互锁电路图缩写编号：______________________。

④ 查找吉利 EV450 高压互锁电路图，填写图 4-12 所示部件名称及端子号，并且在实车上找到各部件位置。

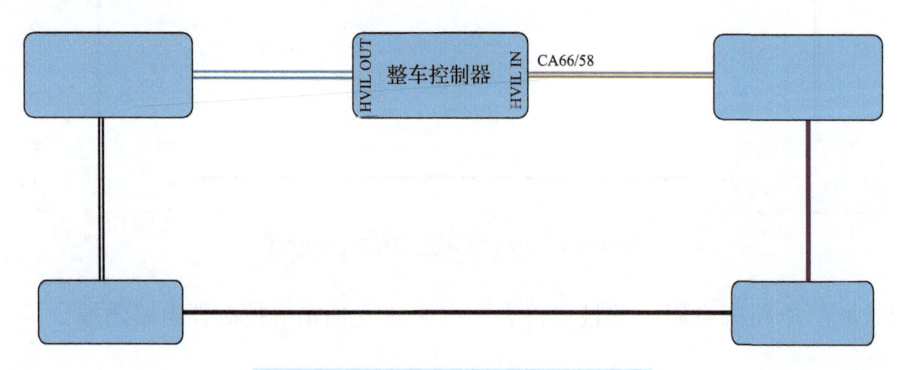

图 4-12　吉利 EV450 高压互锁回路 2

（3）任务实施。

① 作业前准备（场地布置、防护装备检查穿戴、仪器设备检查、汽车防护三件套安装）。

② 记录车辆信息。

③ 基本检查。

④ 故障现象确认。

⑤ 读取故障码、数据流。
⑥ 故障范围分析。
⑦ 检测高压互锁信号电压。
⑧ 检测高压互锁线路对地短路故障。
⑨ 故障恢复验证。
⑩ 整理恢复场地。

复习题

1. 判断题

（1）高压互锁系统是通过电气低压小电流信号来检查整个高压产品、导线、插接器及护盖的电气完整性，识别回路异常断开时，及时断开高压电。（ ）

（2）高压互锁系统在识别到严重危险情况时，除了进行故障报警，还应通知系统控制器断开接触器。（ ）

（3）当整车发生碰撞时，碰撞传感器发出碰撞信号，触发 HVIL 断电信号，整车高压源会在毫秒级时间内自动断开，以保障用户安全。（ ）

2. 选择题

（1）高压互锁系统主要监测（ ）。
A. 监测高压供电回路的完整性
B. 监测所有高压部件保护盖是否非法开启
C. 监测动力电池电量是否正常
D. 监测高压系统是否漏电

（2）高压互锁系统控制策略有（ ）。
A. 故障报警　B. 切断高压电源　C. 降功率运行

（3）EV450 高压互锁采用的信号方式有（ ）。
A. PWM 占空比信号　B. 直流电流信号
C. 电压信号　D. 磁场信号

（4）EV450 高压互锁系统包含（ ）。
A. 整车控制器　B. 车载充电机
C. 电机控制器　D. 压缩机与加热器

项目五　车辆无法充电故障诊断与排除

项目导入

一辆 2018 款吉利帝豪 EV450 电动汽车出现交流慢充无法充电故障。你知道充电系统的功用与分类、交流慢充系统的组成与工作原理、连接控制导引过程吗？请针对交流慢充无法充电的故障进行诊断与排除。

教学目标

知识目标

1. 掌握充电系统功用与分类。
2. 掌握交流慢充系统组成与工作原理。
3. 掌握交流慢充系统无法充电故障原因分析方法。

能力目标

1. 能简述交流慢充系统工作原理并正确开展交流充电操作。
2. 能正确识读电路图并画出 EV450 交流慢充系统电路简图。
3. 能进行交流慢充系统无法充电的故障诊断与排除。

一　电动汽车充电系统概述

1. 充电系统功用与类型

电动汽车动力电池的电量随着运行消耗而不断减少，当电量不足时，需通过连接电网进行充电。电动汽车的充电方式主要有传导式充电和非传导式充电两种。

（1）传导式充电。传导式充电是目前电动汽车主要的充电方法，传导式充电又可以分为动力电池更换、交流慢充和直流快充三种方式。

① 动力电池更换方式是用充满电的动力电池更换车辆能量接近耗尽的动力电池，一般可在 10min 以内完成，如图 5-1 所示。该方式的最大优势是所需时间极短，与传统燃油车加油时间相当，而且动力电池可以充分利用低谷电价，降低充电成本。但这一方式需建设换电站，配备专业人员和专业设备来完成动力电池的快速更换，实施成本高，而且电动汽车动力电池箱标准不统一，目前仍难以实现通用化。

图 5-1　北汽新能源换电站

② 交流慢充方式可由便携式充电供电装置或交流充电桩供电，车载充电机完成交直流变换，给动力电池充电，如图 5-2 所示。交流慢充常用单相 220V 供电，充电功率一般不高，充电时间通常为 5~8h。该充电方式充电电流较小，充电过程中电池发热量小，可延长电池使用寿命，不足之处在于充电时间过长。

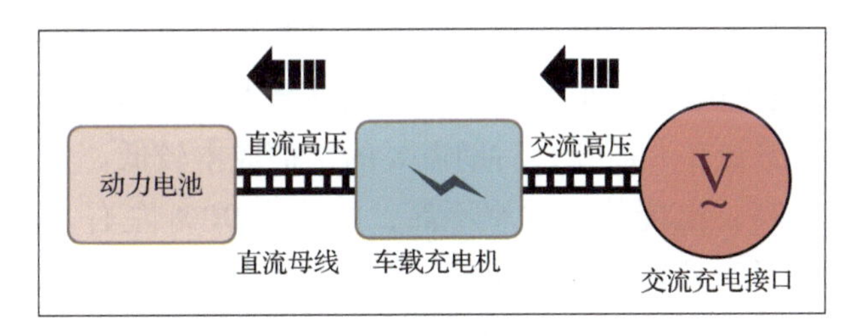

图 5-2　交流慢充充电系统图

③ 直流快充方式由充电桩内置充电机，而非车载充电机完成交直流变换，采用三相 380V 供电，充电功率较大，通常情况下充电时间为 2~4h，当以 150~400A 大电流充电时，也可在 20~40min 内实现电量由 30% 充至 80%，如图 5-3 所示。该方式可有效减少充电时

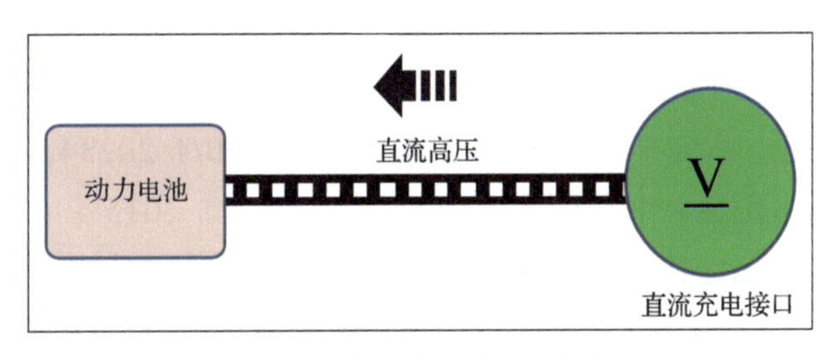

图 5-3　直流快充充电系统

间，但过大的充电电流会缩短电池使用寿命，对充电插头的规格和充电设施的容量也有更高的要求，而且直流快充对电网的冲击较大，需专用配电。

（2）非传导式充电。非传导式充电是采用无线电能传输技术进行充电的方式，主要包括电磁感应、磁共振和微波三种方式。电磁感应式无线电能传输技术是目前在电动汽车上应用实例最多的技术，电磁感应式无线充电的媒介为磁场，利用变压器原理，一次（发射）线圈产生高频变换的磁场，二次（接收）线圈生成感应电流，从而将能量从传输端转移到接收端，来给负载充电。图 5-4 为电动汽车电磁感应无线充电的工作原理图。

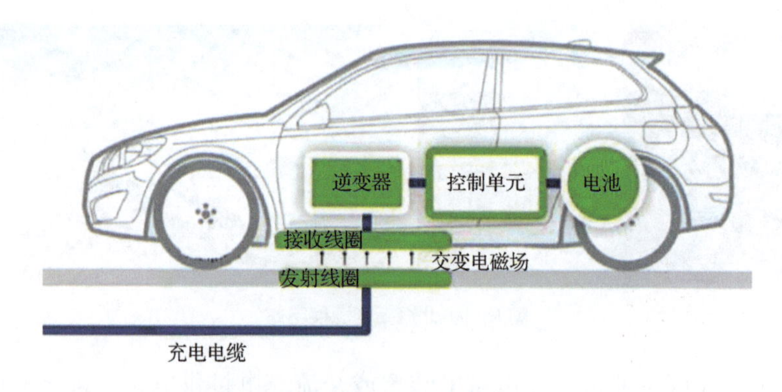

图 5-4　电磁感应式无线充电的工作原理

当车辆驶入无线充电车位，安装在车辆底部的接收线圈与车位的发射线圈重合，车辆与充电服务器连接，确认允许充电后，发射线圈产生交变磁场，在接收线圈中感生的电能通过整流升压给动力电池充电。电磁感应式无线充电设备占地面积小，在相同占地面积下，无线充电设备可充电的电动汽车数量更多，能够增大空间的利用率。充电过程智能控制，充电比较便利，不需要专人值守，后期需要的维护成本较低。但该方式也存在着明显不足：设备投入成本较高；电能传输效率不高，峰值为 90% 左右，而传导式充电效率可达 95% 以上；传输功率低，所需充电时间长；充电过程存在中高频电磁辐射，干扰周边设备，污染环境；需要在车辆上安装接收线圈等转换装置。目前非传导式充电大量推广使用还需一定的时间。

2. 充电标准

作为实现电动汽车传导式充电的基本要素，电动汽车充电用接口及通信协议技术内容的统一和规范，是保证电动汽车与充电基础设施互联互通的技术基础。2015 年 12 月底，质检总局、国家标准委、国家能源局、工信部、科技部等部门联合发布了 GB/T 18487.1—2015《电动汽车传导充电系统 第 1 部分：一般要求》、GB/T 20234.1—2015《电动汽车传导充电用连接装置 第 1 部分：通用要求》、GB/T 20234.2—2015《电动汽车传导充电用连接装置 第 2 部分：交流充电接口》、GB/T 20234.3—2015《电动汽车传导充电用连接装置 第 3 部分：直流充电接口》、GB/T 27930—2015《电动汽车非车载传导式充电机与电池管理系统之间的通信协议》5 项电动汽车充电接口及通信协议国家标准，于 2016 年 1 月 1 日起正式实施。

此次 5 项标准的发布全面提升了电动汽车充电的安全性和兼容性。在安全性方面，新标准增加了充电接口温度监控、电子锁、绝缘监测和泄放电路等功能，细化了直流充电车端接口安全防护措施，明确禁止不安全的充电模式应用，能够有效避免发生人员触电、设备燃烧等事故，保证充电时电动汽车以及使用者的安全。在兼容性方面，交直流充电接口形式及结构与原有标准兼容，新标准修改了部分触头和机械锁尺寸，但新旧插头插座能够相互配合，直流充电接口增加的电子锁止装置（置于充电枪中），不影响新旧产品间的电气连接，用户仅需更新通信协议版本，即可实现新供电设备和电动汽车基本的充电功能。交流充电占空比和电流限值的映射关系与国际标准兼容，并为今后交流充电的数字通信预留拓展空间。

GB / T 18487.1—2015 对充电系统的充电模式和电动汽车与电网（电源）的连接方式进行了明确定义。

（1）充电模式。

充电模式 1：电动汽车采用符合 GB 2099.1—2008《家用和类似用途插头插座　第 1 部分：通用要求》和 GB 1002—2008《家用和类似用途单相插头插座型式、基本参数和尺寸》规定的插头和插座，供电电源采用 TN-S 系统带保护接地线的单相电源为其充电。模式 1 充电系统使用家用和类似用途的插座和插头，能量传输过程采用单相交流供电，交流电压不允许超过 250V，电流为 8A，在电源侧使用了剩余电流保护器。充电模式 1 没有控制导引功能，直接采用家用插头和插座进行插拔。

充电模式 2：电动汽车采用符合 GB 2099. 1 和 GB 1002 规定的插头和插座，供电电源采用 TN-S 系统带保护接地线的单相电源为其充电。并且充电连接时使用了缆上控制与保护装置（IC-CPD，In Cable-Control and Protect Device）。模式 2 充电系统使用家用和类似用途的 16A 插座和插头时，输出不能超过 13A（相当于 2.8kW）；使用家用和类似用途的 10A 插座和插头时，输出不能超过 8A（相当于 1.76kW）。

充电模式 3：使用专用供电设备，将电动汽车与交流电网直接连接，并且在专用供电设备上安装了控制导引装置。当电动汽车专用供电设备上具有多个充电枪时，每一个充电枪应具有专用保护装置，并采用控制导引功能，确保控制导引功能可独立运行，在电源侧使用剩余电流保护器。

充电模式 4：使用专用供电设备，将电动汽车与直流电网（交流电网整流为直流电或直流电网）直接连接，并且在专用供电设备上安装了控制导引装置。

充电模式 1 电源插座侧采用剩余电流保护器，只能用家用和类似用途插座和插头作为隔离电源，电动汽车充电容量不能超过交流 250V　8A，没有控制导引和其他保护电器，所以充电模式 1 不适用于电动汽车充电，目前已禁止使用。充电模式 2 虽然采用了缆上控制与保护装置（IC-CPD），但是采用家用插座，最大充电电流不能超过 13A（相当于 2.8kW），充电功率较小。充电模式 3 是采用充电桩供电的交流充电模式，充电电流有

10A、16A、32A、63A 四种，最大功率为 13.8kW。充电模式 4 是直流充电模式，充电桩内置充电机和控制导引装置，直流充电电流优选 80A、125A、200A、250A、400A，充电功率大，充电时间短。

（2）连接方式。

连接方式 A：将电动汽车和交流电网连接时，电动汽车自身携带电缆组件和供电插头，如图 5-5 所示。注：电缆组件是车辆的一部分。

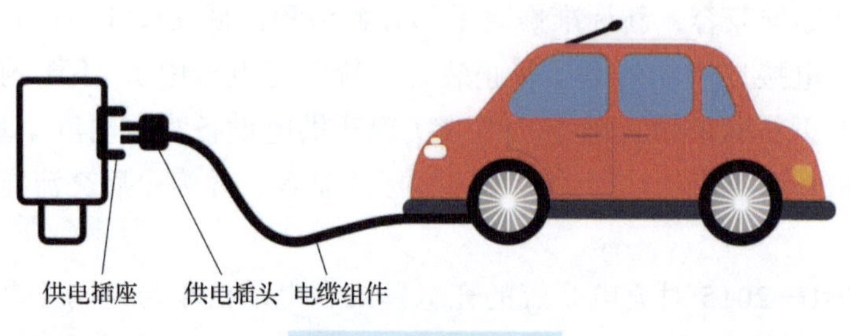

图 5-5　连接方式 A

连接方式 B：将电动汽车和交流电网连接时，电缆组件和供电插头是独立可拆卸的，如图 5-6 所示。注：可拆卸电缆组件不是车辆或充电供电设备的一部分。

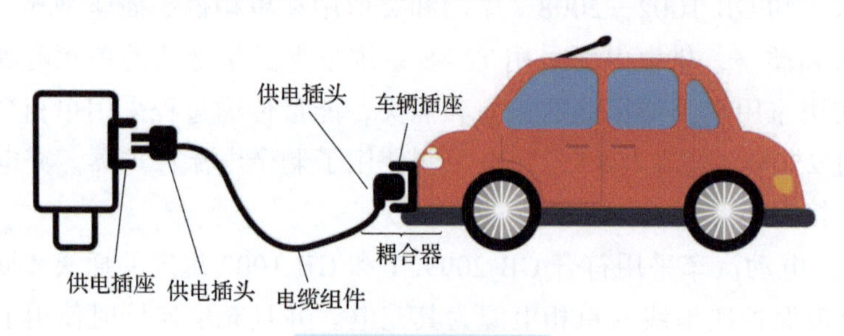

图 5-6　连接方式 B

连接方式 C：将电动汽车和交流电网连接时，电缆组件、车辆插头（充电枪）和供电设备永久连接在一起，电动汽车上具有车辆插座，如图 5-7 所示。注：电缆组件是充电供电设备的一部分。

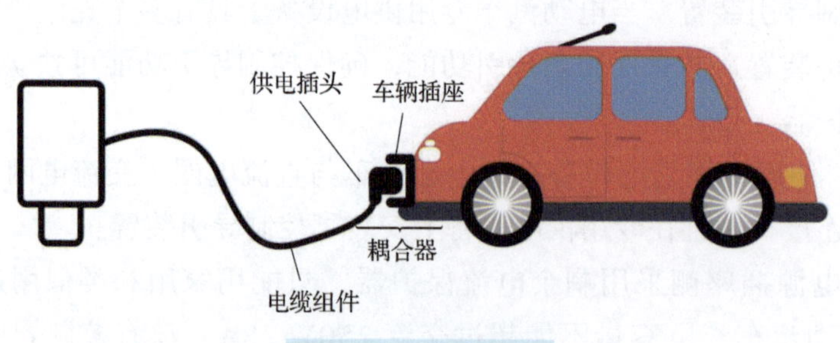

图 5-7　连接方式 C

连接方式 A 因电缆组件是车辆的一部分，影响车辆的整体外观，不便于收纳，现已不使用。现阶段常用的充电模式和连接方式如图 5-8 ~ 图 5-11 所示。

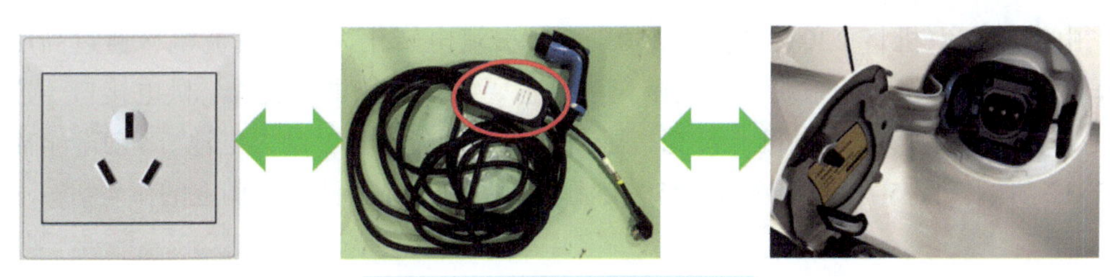

图 5-8 充电模式 2+ 连接方式 B

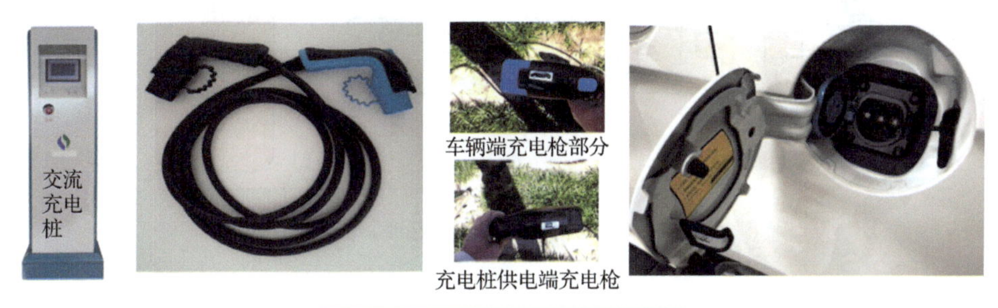

图 5-9 充电模式 3+ 连接方式 B

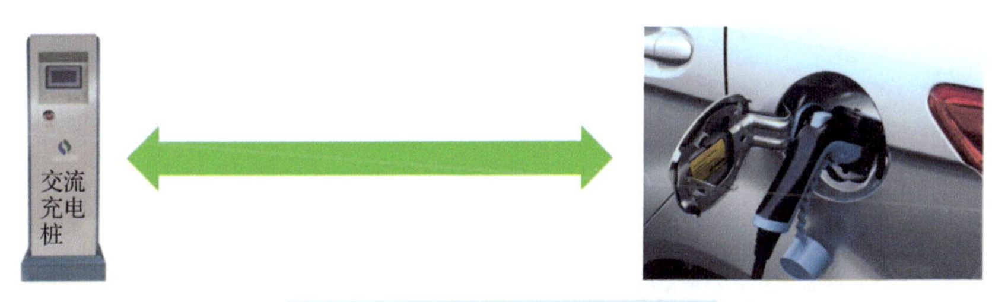

图 5-10 充电模式 3+ 连接方式 C

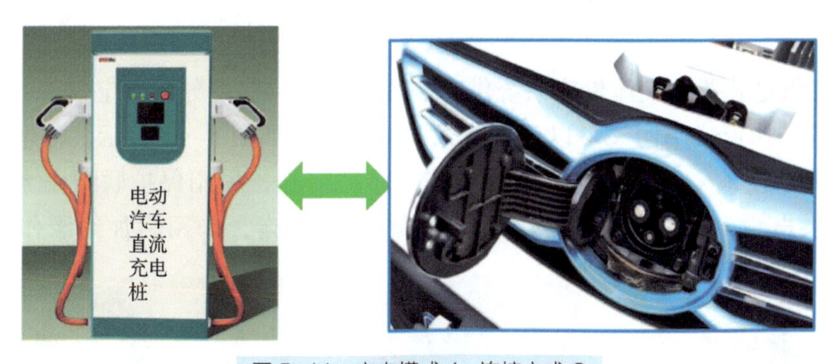

图 5-11 充电模式 4+ 连接方式 C

二 交流慢充组成与工作原理

1. 交流慢充系统组成

交流慢充系统是利用交流供电装置（便携式充电线缆或交流充电桩）连接交流电网与

车辆，由车载充电机将 220V 单相或 380V 三相交流电转化为高压直流电，通过高压分配盒为车辆动力电池充电的系统。交流慢充系统主要包括交流供电装置、供电接口（连接方式 B）、车辆接口、车载充电机、慢充高压线束、高压分配盒、动力电池、VCU、BMS 等，如图 5-12 所示。图 5-13 为吉利 EV450 交流慢充系统主要部件在车辆上的位置。

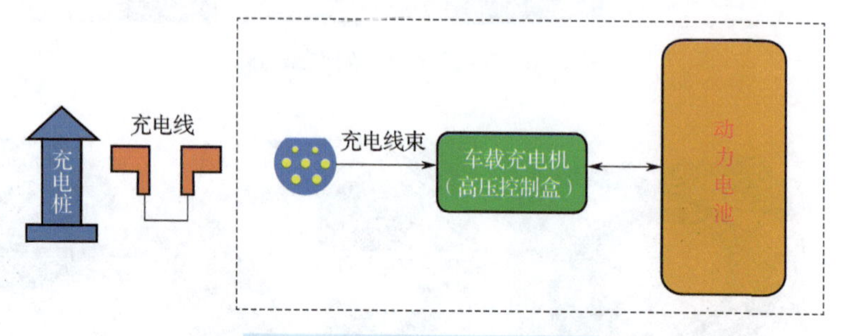

图 5-12　交流慢充系统的组成

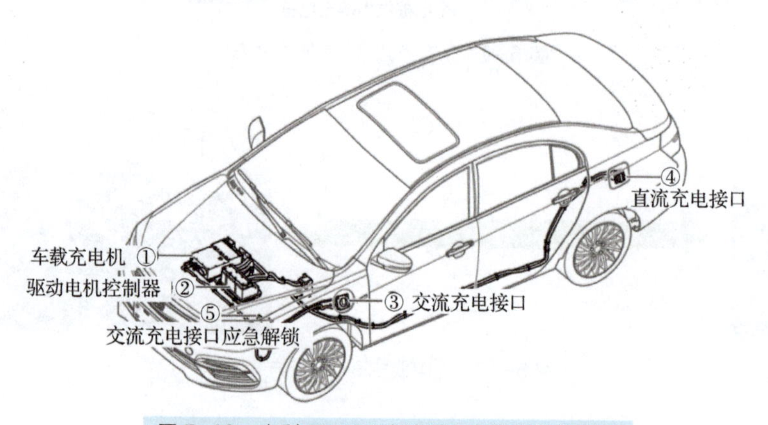

图 5-13　吉利 EV450 交流慢充主要部件位置图

（1）交流供电装置。交流慢充系统供电装置按安装位置可分为固定式、移动式和便携式，固定式按结构形式不同又可以分为立式和壁挂式，如图 5-14 所示。按电击防护等级可分为 Ⅰ 类供电设备（采用基本绝缘作为基本防护措施，采用保护联结作为故障防护措施）和 Ⅱ 类供电设备（采用基本绝缘作为基本防护措施，采用附加绝缘作为故障防护

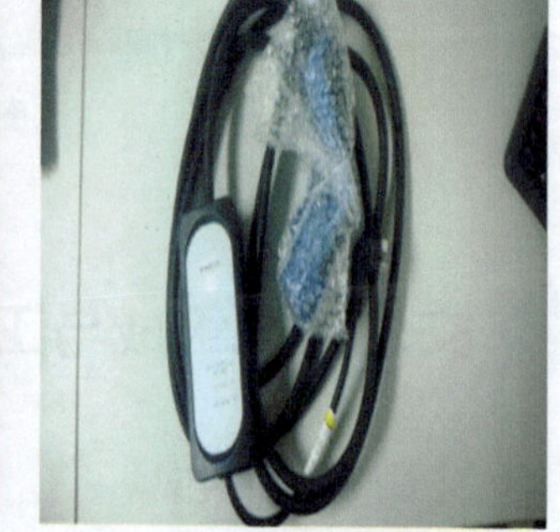

图 5-14　交流慢充供电装置类型

措施）。

- 立式交流充电供电装置（常见于公共停车场或公共充电点）。
- 壁挂式交流充电供电装置（常用于地下停车场或私人车位）。
- 便携式充电供电装置（随车携带，连接符合要求的民用供电插座）。

交流慢充供电装置无论是固定式（充电桩）还是便携式，充电系统的基本结构和工作原理都相似，下面以便携式交流慢充系统为例阐述交流慢充系统的组成结构。如图 5-15 所示，便携式供电装置由交流电源插头①、缆上控制盒②、车辆插头（充电枪）③和线缆④四部分组成。交流电源插头的作用是给供电装置控制盒引入单相 220V 交流电源，要求交流电源插头保护地线应可靠连接。车辆插头的作用是将控制盒通过车辆交流充电插座与车辆进行连接。控制盒的作用是监测车辆连接插头与车辆的连接状态，并与车辆进行交互确认充电状态，从而控制交流电源的输出并监测输出电流的大小，通过指示灯指示充电及故障状态。

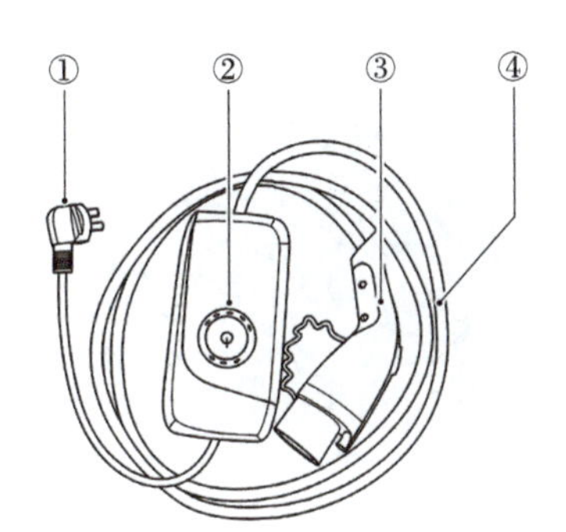

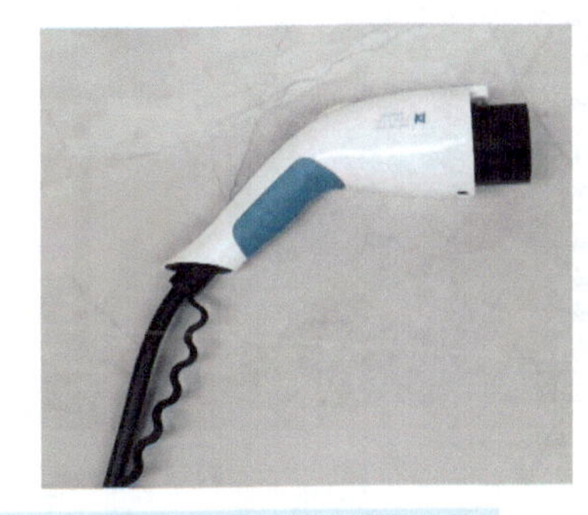
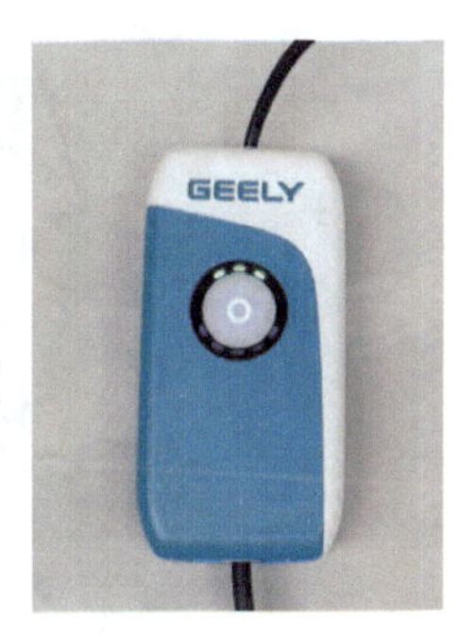

图 5-15　便携式充电供电装置组成

便携式交流慢充供电装置与车辆电气连接如图 5-16 所示，连接线路有 L（相线）、N（零线）、PE（保护地线）、CC（Connection Confirm Function，连接确认功能）和 CP（Control Pilot Function，控制导引功能）。CC 通过电子方式反映车辆插头连接到车辆插座或供电插头连接到充电设备上的状态。CP 用于电动汽车和交流供电设备之间的交互。

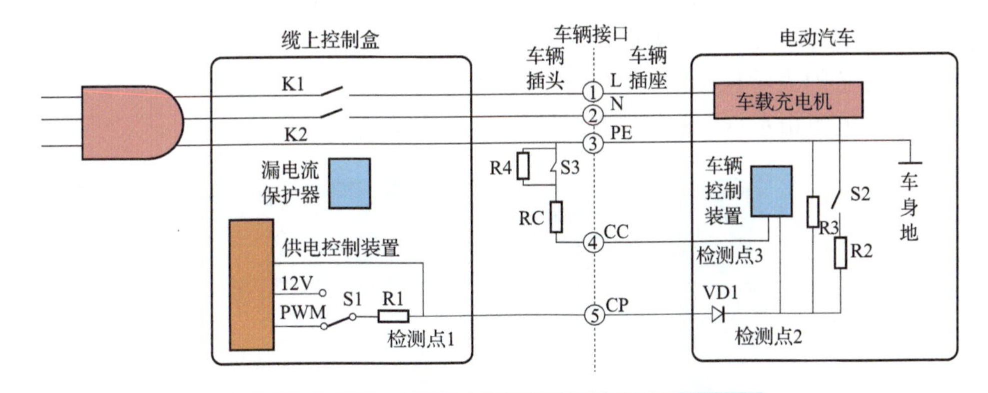

图 5-16　便携式交流慢充供电装置与车辆电气连接

供电装置控制盒由L线和N线输出继电器、输入电流传感器、输出电流传感器、220V交流电转12V直流电变压器、CP信号电路、CPU、充电状态指示灯等组成，图5-17为控制盒内部结构。控制盒220V交流电L线和N线分别由两个小型大功率继电器（K1、K2）控制。输入、输出线路上电流传感器，监测输入输出电流大小，进行剩余电流保护控制。控制盒的供电控制装置由一个220V转直流12V的变压器供电，供电控制装置通过CP控制导引线与车辆控制装置进行连接确认与导引，CP控制导引信号是通过PWM信号（模式2/模式3）进行交互的，告知电动汽车允许的最大充电电流，该值应不超过电网、供电设备、车辆插头额定电流中的最小值。

注：直流快充系统中无CP信号，供电控制装置与车辆控制装置通过数字信号、CAN总线传输实现交互（模式4）。

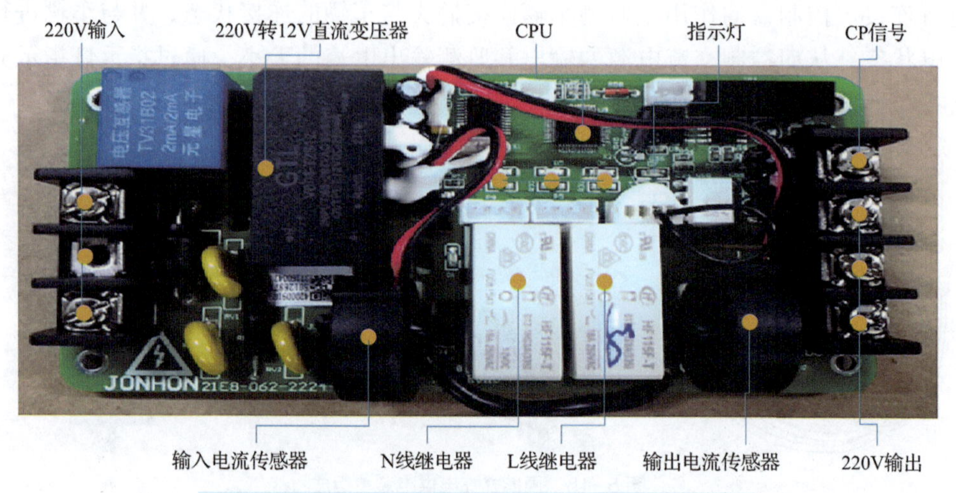

图5-17　便携式交流慢充系统供电装置控制盒内部结构

供电装置控制盒上设有充电状态指示灯，图5-18所示为北汽EV160的充电状态指示灯及其故障含义。电源状态指示灯为红色，指示灯点亮，表明220V交流电源正常。连接状态指示灯为蓝色，指示灯点亮，表明充电枪与车身充电接口连接到位。充电指示灯为绿色，指示灯闪烁表明正在充电，指示灯常亮，表明电池电量已充满，停止充电。故障指示灯为黄灯，电源指示灯急闪，故障指示灯常亮表示输入电压过高或过低；电源指示灯常亮，故障指示灯急闪表示检测到有漏电故障；电源指示灯常亮，故障指示灯常亮表示电流值超过额定值；电源指示灯急闪，故障指示灯慢闪表示温度过高。

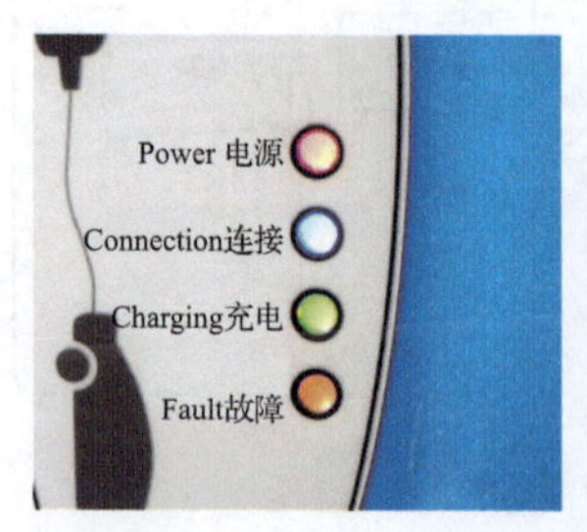

电源指示灯-红色	故障灯-黄色	说明
急闪	常亮	输入电压过高或过低
常亮	急闪	监测到漏电
常亮	常亮	电流超过额定值
常亮	慢闪	温度过高

图5-18　便携式充电供电装置充电状态指示灯（北汽EV160）

注： 不同车型便携式供电装置控制盒上的指示灯形式与指示含义不同。

（2）车辆插头。电动汽车交流慢充车辆插头（充电枪）执行标准 GB/T 20234.1—2015 和 GB/T 20234.2—2015。车辆插头由连接端子、机械锁、开关 S3、电阻 RC、电阻 R4 组成，如图 5-19 所示。

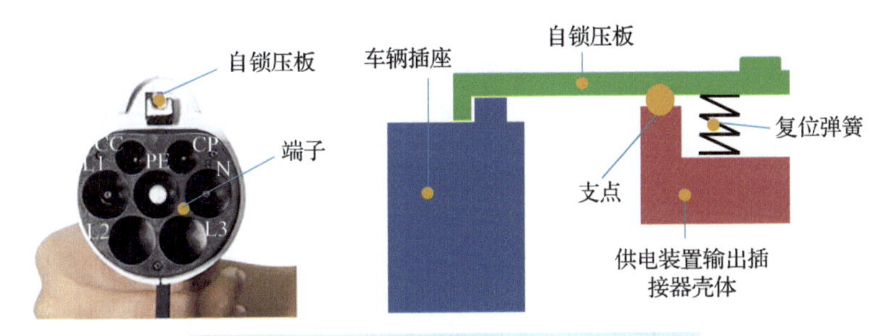

图 5-19 交流慢充车辆插头（车端充电枪）

机械锁用于确保车辆插头与车端插座机械连接到位并锁止，防止充电过程中意外断开。机械锁在车辆插头连接到位后，自锁压板释放，压板凸台与车辆插座上的凸台抵触实现自锁，如图 5-20a 所示。断开车辆插头时，必须手压自锁压板实现解锁，才能拔下车辆插头，如图 5-20b 所示。

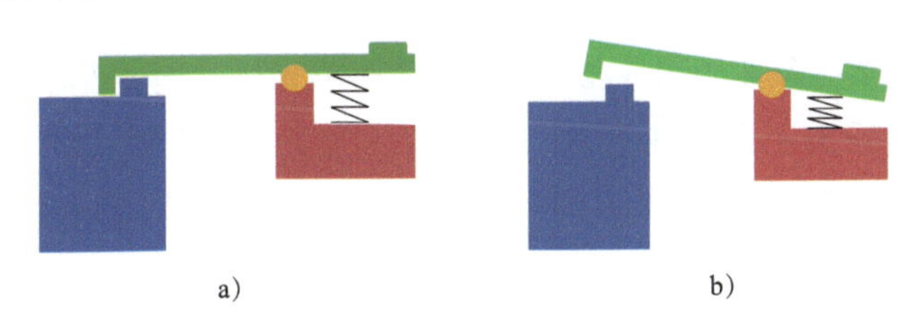

图 5-20 充电枪机械锁工作原理

车辆插头的机械锁同时联动控制着一个开关 S3，如图 5-21 所示。当机械锁按下去时，开关 S3 打开，CC 与 PE 触头间电阻等于 R4+RC；当机械锁松开时，开关 S3 闭合，电阻 R4 被短路，CC 与 PE 触头间电阻等于 RC。不同的 RC 电阻值代表不同的充电线缆的充电电流限值，见表 5-1。

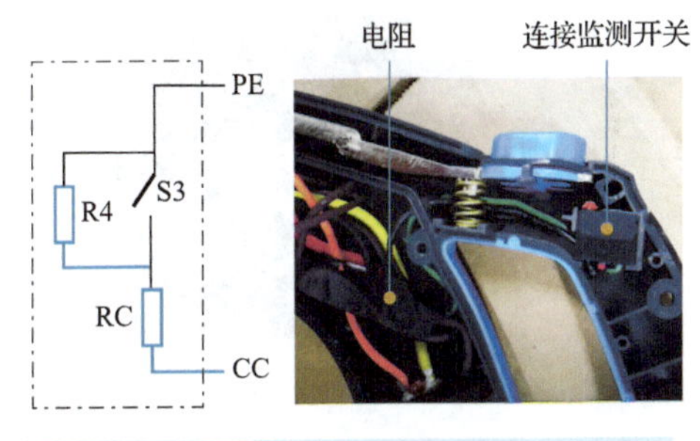

图 5-21 机械锁开关 S3 和电阻 RC、R4

表 5-1 RC 电阻值对应的充电电流限值

RC	R4	充电电流限值
1.5kΩ	1.8kΩ	10A
680Ω	2.7kΩ	16A
220Ω	3.3kΩ	32A
100Ω	3.3kΩ	63A

车辆插头端子采用凹孔凸针的设计，端子长短不一，保护地线 PE 端子最长。在充电连接过程中，首先接通保护接地线，然后接通电源线，最后接通控制导引线和充电连接确认线。在脱开的过程中，首先断开控制导引线和充电连接确认线，最后断开保护接地线。车辆接口的电气连接界面如图 5-22 所示。

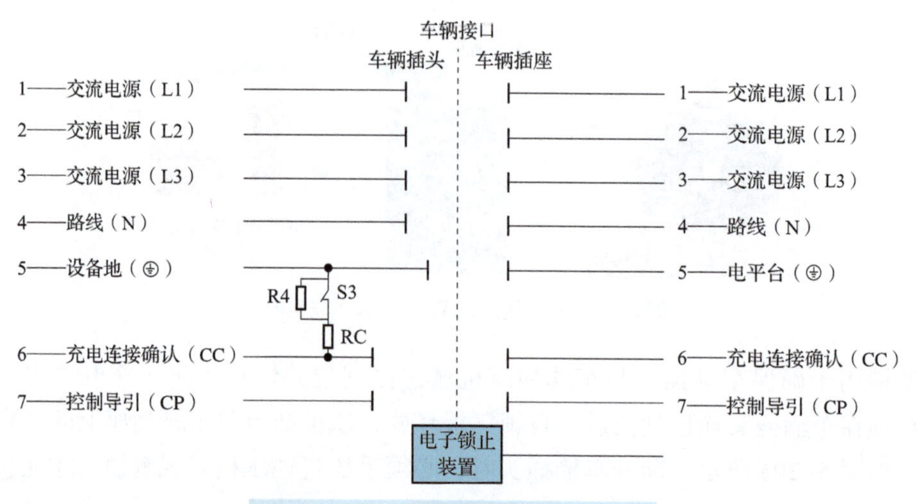

图 5-22　车辆接口电气连接界面示意图

车辆插头端子布置及含义如图 5-23 所示。采用单相供电时，车辆插头端子 L2、L3 端子被留空，有些车辆插头上会标注为 NC1、NC2（空置）。采用三相供电时，交流电网的三相电分别连接至 L1、L2 和 L3 端子。保护地线 PE 直接连接到交流电网地线。

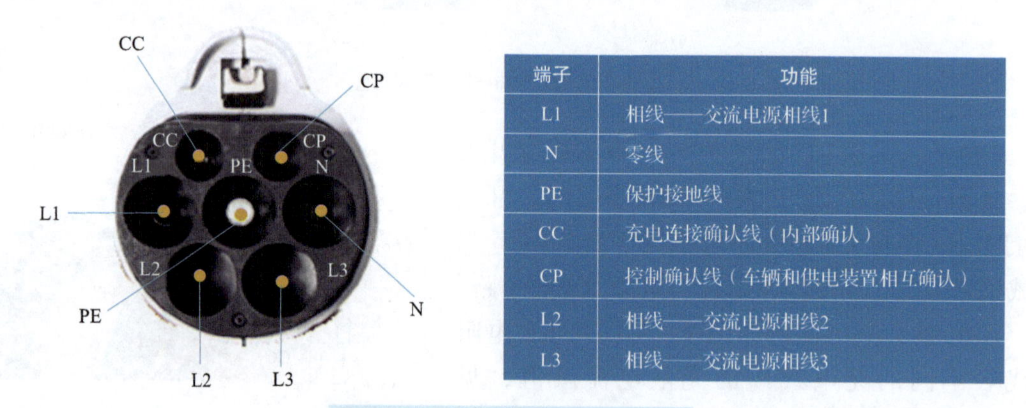

端子	功能
L1	相线——交流电源相线1
N	零线
PE	保护接地线
CC	充电连接确认线（内部确认）
CP	控制确认线（车辆和供电装置相互确认）
L2	相线——交流电源相线2
L3	相线——交流电源相线3

图 5-23　车辆插头端子布置及含义

（3）车辆插座。交流慢充车辆插座固定安装于车辆上，与车辆插头一一对应，共同构成车辆接口，实现供电装置与车载充电机连接，如图 5-24 所示。

GB/T 18487.1—2015 要求交流充电和直流充电电流大于 16A 时，车辆插头应具备电子锁止功能，不同的是交流慢充系统的电子锁止装置安装在车辆插座上，而直流快充系统的电子锁装置安装在车辆插头上，同时充电供电装置应具备判断电子锁是否锁止的能力。标准同时要求额定电流大于 16A 的情况下，车辆插座需要设置温度监控，且车辆需要进行过温保护控制。这一方面是考虑不同品牌的插头和插座在连接过程中可能出现一定程度的匹配问题，从而使接触不够充分。另一方面，插头插座长期使用后的积尘问题、老化问题将导致接触电阻增大。进行温度监控可有效预防上述两种情况导致的风险发生。吉利 EV450 电动汽车交流充电插座上安装有温度传感器、电子锁及电子锁锁止传感器，交流充电插座与车载充电机连接，电路图如图 5-25 所示。

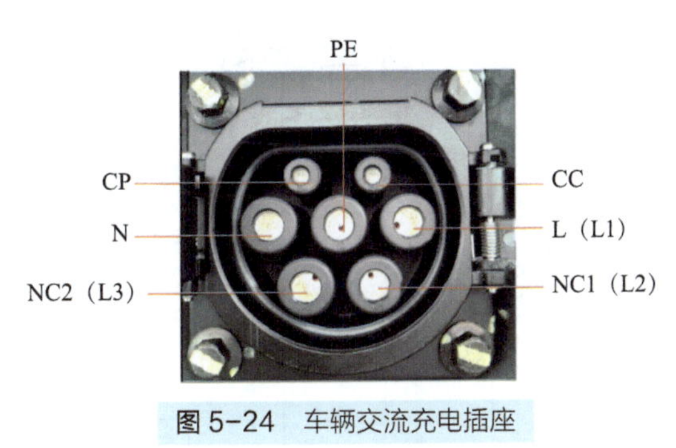

图 5-24　车辆交流充电插座

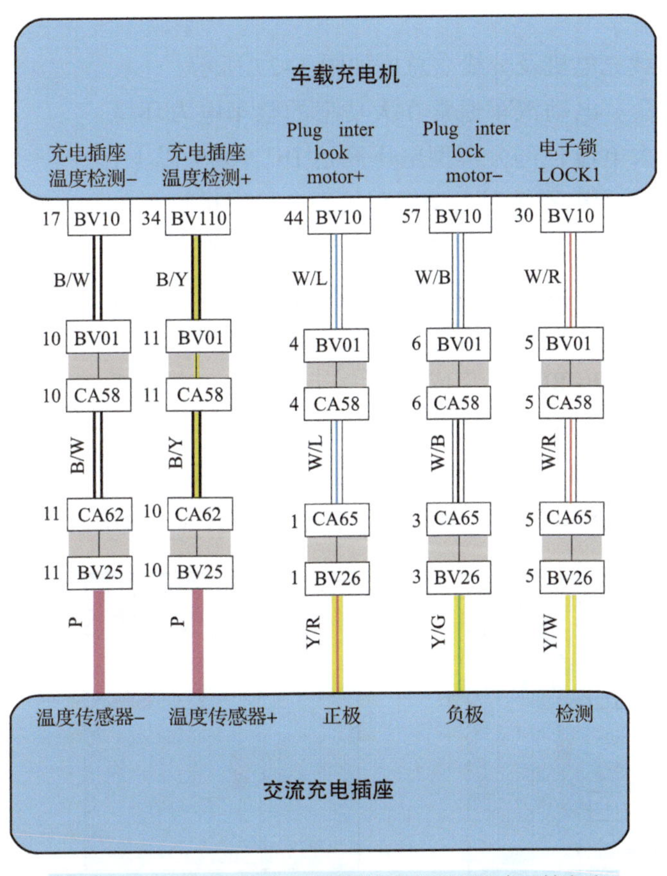

图 5-25　EV450 交流充电插座温度传感器及电子锁电路

（4）车载充电机。车载充电机采用高频开关电源技术，主要功能是将 220V 交流电转换为高压直流电给动力电池进行充电，依据动力电池状态的变化，输出的电流大小还可以进行调节。同时车载充电机还提供相应的保护功能，包括过电压、欠电压、过电流、欠电流等多种保护措施，当充电系统出现异常时会及时切断供电。车载充电机工作过程如图 5-26 所示：①交流电整流为直流电；②直流电进行升压；③直流电逆变为交流电；④变压器进行变压；⑤交流电整流为直流电。

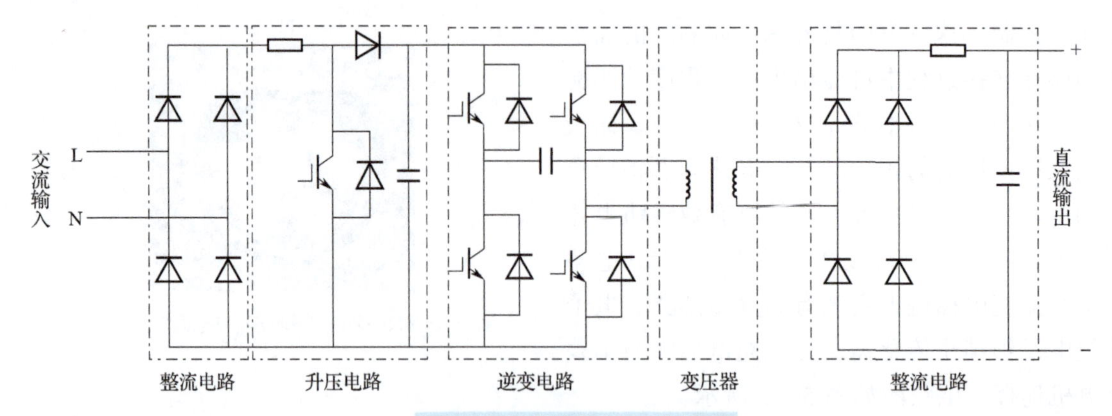

图 5-26　车载充电机工作过程

图 5-27　吉利 EV450 车载充电机及分线盒总成

吉利 EV450 车载充电机及分线盒总成如图 5-27 所示。

（5）高压配电盒。电动汽车通常在大功率的整车电力环境下运行，高电压、大电流，部分车型电压高达 DC 700V 以上，电流高达 400A，高压配电系统对电动汽车的安全稳定运行至关重要。目前电动汽车普遍采用集中式高压电气系统架构进行配电。高压动力电源直接进入高压配电盒后根据系统的需要分配到系统各高压部件。吉利 EV450 的高压电气系统架构如图 5-28 所示。高压分配单元（B-BOX）集成于动力电池包内，由主正接触器、主负极接触器、主预充接触器、预充电阻、直流充电预充接触器、直流充电预充电阻和直流充电正极接触器组成。高压分线盒集成于车载充电机中。高压分配单元（B-BOX）内所有接触器均由动力电池管

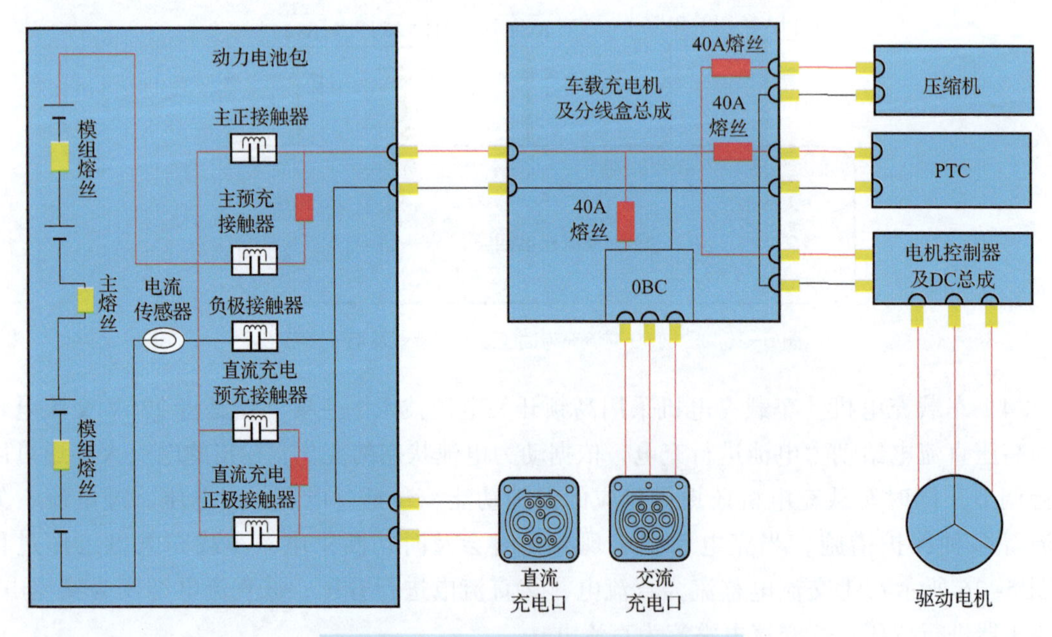

图 5-28　吉利 EV450 高压电气系统架构

理系统（BMS）控制，根据整车驱动上电、交流充电、直流充电等不同工作状态需求，吸合相应的接触器，进行高压电源管理。EV450 高压分配单元如图 5-29 所示。

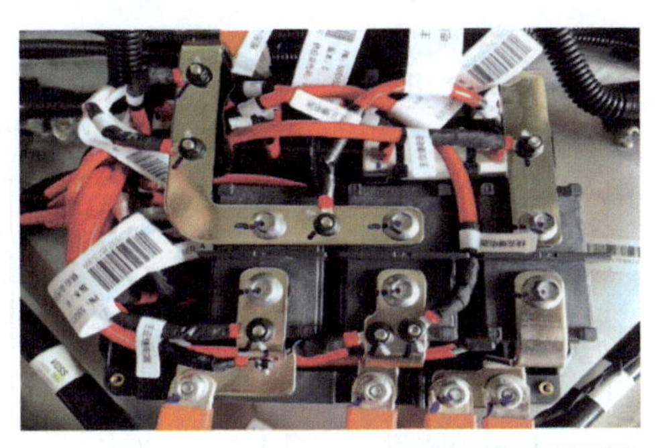

图 5-29　EV450 高压分配单元（B-BOX）

2. 交流慢充连接控制导引过程

交流慢充的连接充电过程是一个连接确认（CC 信号）与控制导引（CP 信号）的过程，下面以电动汽车采用模式 3+ 连接方式 B 来阐述交流慢充充电连接确认与控制导引过程。模式 3+ 连接方式 B 的交流慢充系统组成与电气连接线路如图 5-30 所示。

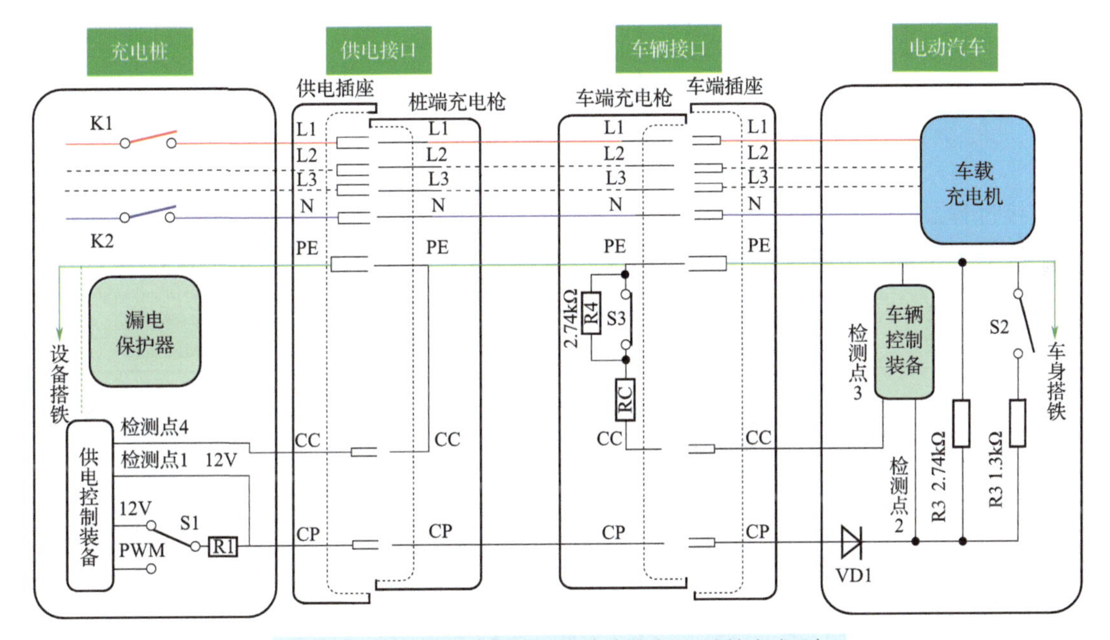

图 5-30　交流慢充系统电气连接（模式 3+ 连接方式 B）

该电路由供电控制装置，接触器 K1 和 K2，电阻 R1、R2、R3、R4、RC，二极管 VD1，开关 S1、S2、S3，车载充电机和车辆控制装置等组成，其中车辆控制装置可以集成在车载充电机、BMS 或 VCU 等控制器中，电阻 R4、RC 安装在车辆插头（充电枪）上。开关 S1 为供电设备内部开关，开关 S2 为车辆控制装置内部开关，在车辆接口与供电接口完全连接、电子锁锁止、车载充电机自检无故障，且动力电池处于可充电状态时，车辆控制装置控制 S2 闭合（如果车辆设置有“充电请求”或“充电控制”功能，则同时应满足车辆处于“充电请求”或“可充电”状态）。开关 S3 为车辆插头的内部常闭开关，与车辆插头上的机械锁联动，按下按钮解除机械锁止功能的同时，S3 处于断开状态。

连接过程一：

插入桩端充电枪（桩端插头），首先保护地线 PE 端子连接，如图 5-31 所示。

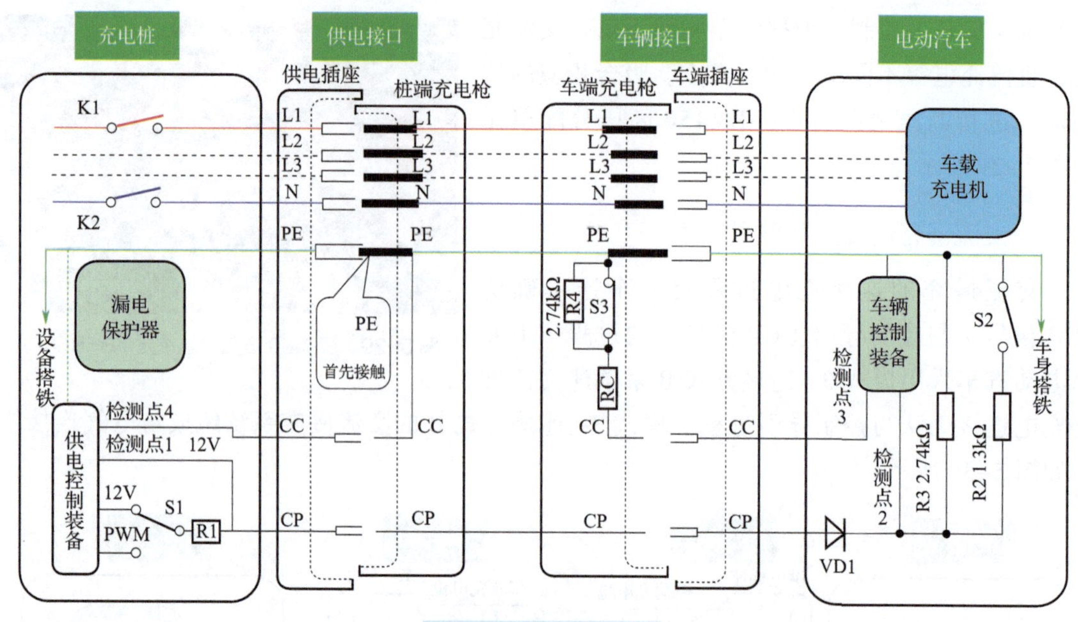

图 5-31　连接过程一

连接过程二：

继续插入桩端充电枪（桩端插头），交流电源 L、N 线端子连接，如图 5-32 所示。

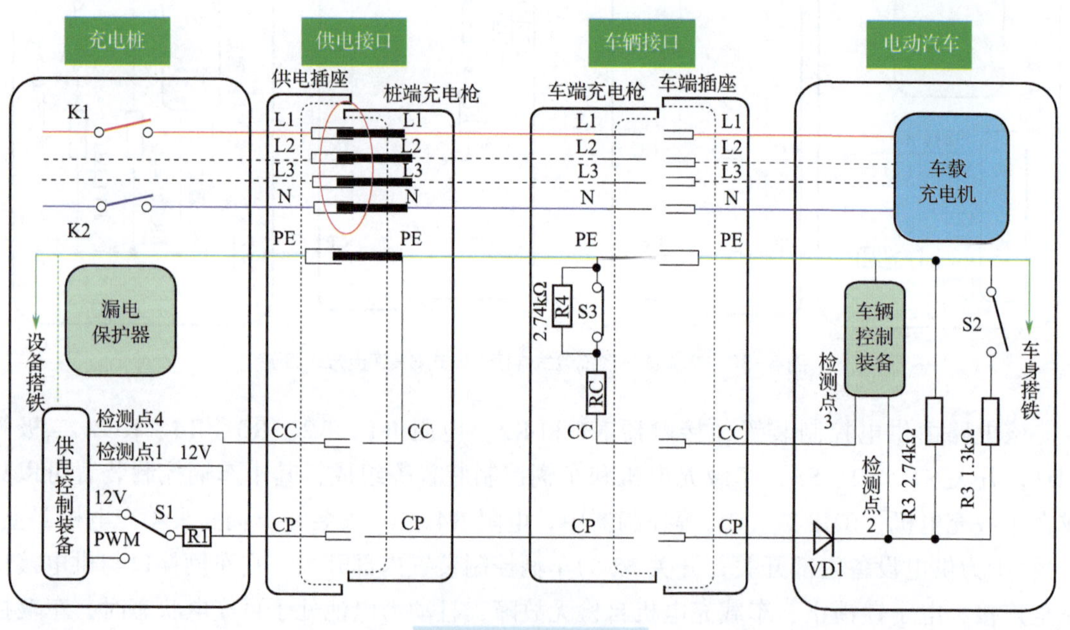

图 5-32　连接过程二

连接过程三：

继续插入桩端充电枪（桩端插头），CC、CP 端子分别连接。充电桩端 CC 与 PE 线路连接，检测点 4 电压由高电压（一般为 5V）变为 0V，供电控制装备确认桩端充电枪与供电插座连接，如图 5-33 所示。

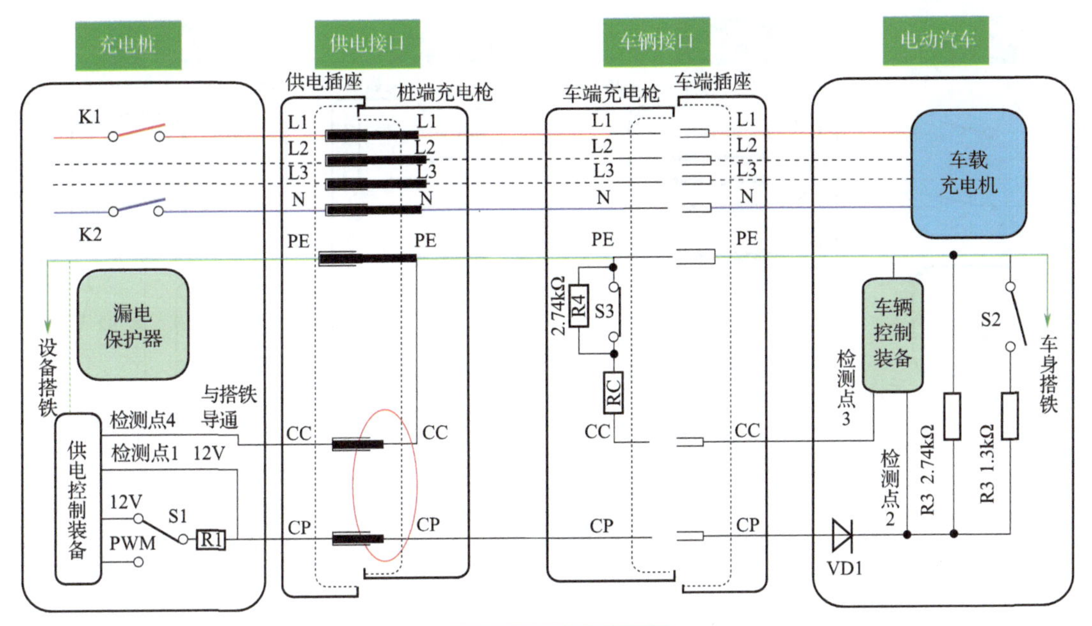

图 5-33　连接过程三

连接过程四：

充电桩端连接完毕，插入车端充电枪（车辆插头），首先保护地线 PE 端子连接，如图 5-34 所示。

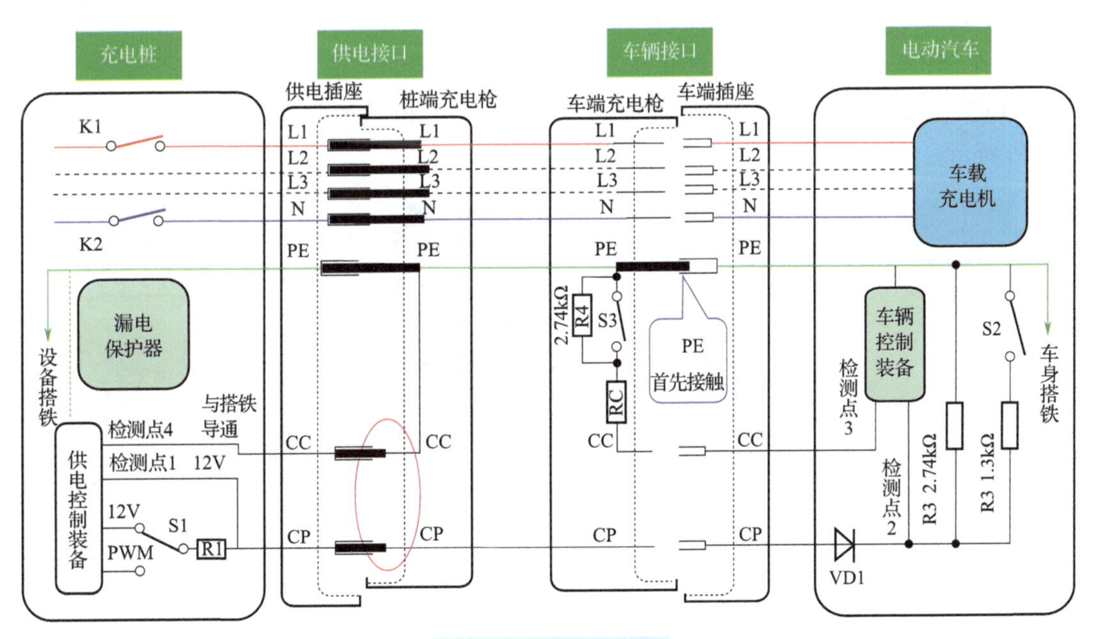

图 5-34　连接过程四

连接过程五：

继续插入车端充电枪（车辆插头），车辆接口的交流电源 L、N 线端子连接，如图 5-35 所示。

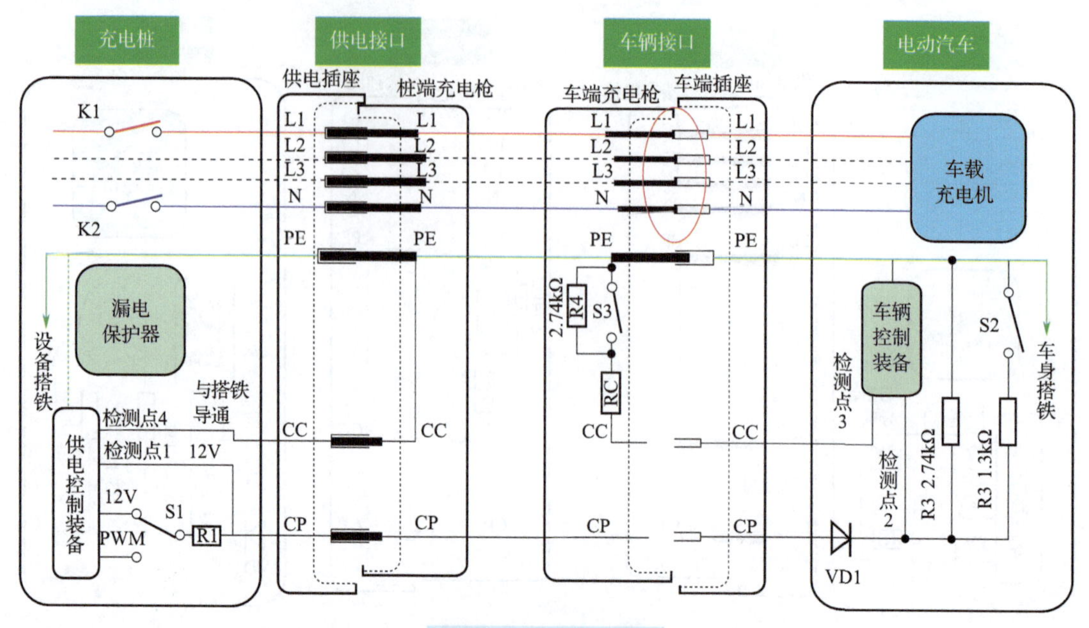

图 5-35 连接过程五

连接过程六：

① 继续插入车端充电枪（车辆插头），车辆接口 CC、CP 端子分别连接，但连接仍未到位，机械锁被按压下去，开关 S3 处于打开状态。车端插座 CC 与 PE 端子间的电阻由∞变为 RC+R4，检测点 3 由高电压变为中电压（吉利 EV450 检测点 3 电压由 3.37V 变为 2.59V）。车辆控制装备判断车端充电枪连接，但仍未到位。

② 检测点 1 电压由直流 12V 变为直流 9V，充电桩检测到车端充电枪已连接，如图 5-36 所示。

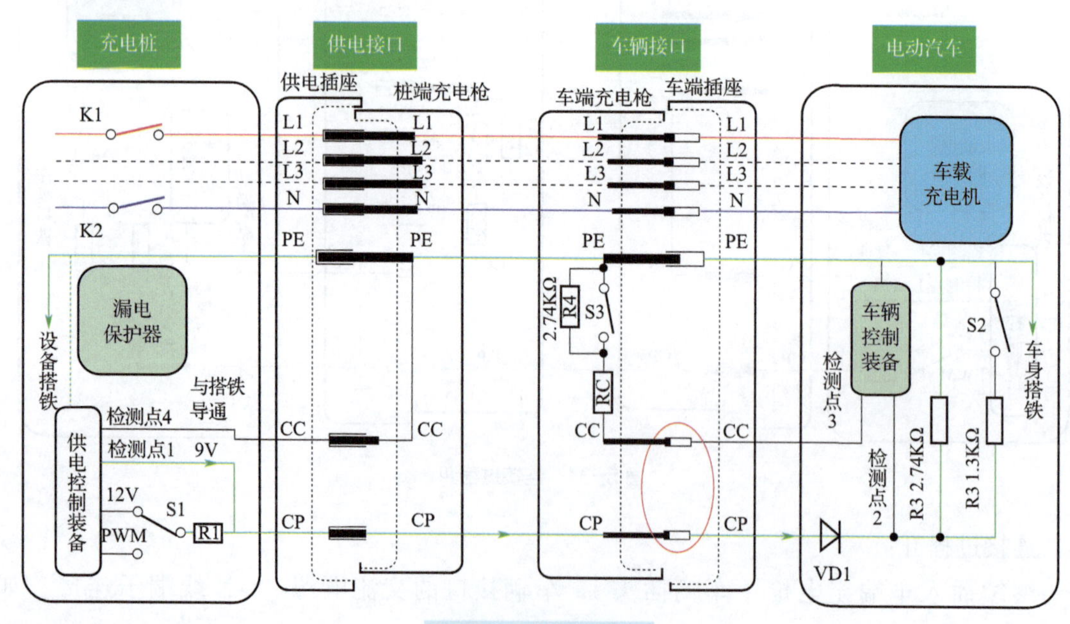

图 5-36 连接过程六

连接过程七：

供电控制装备自检无故障，控制开关 S1 从 +12V 状态切换到 PWM 连接状态（PWM 信号为高电平 +12V，低电平 −12V，频率 1kHz 的脉宽调制信号）。

① 检测点 1 检测到高电平 +9V，低电平 −12V 的 PWM 信号，确认车端充电枪连接，进入准备就绪状态。

② 检测点 2 检测到高电平约 +9V，低电平 0V 的 PWM 信号，车辆控制装置通过测量检测点 2 的 PWM 信号，判断充电连接装置是否已完全连接，如图 5–37 所示。

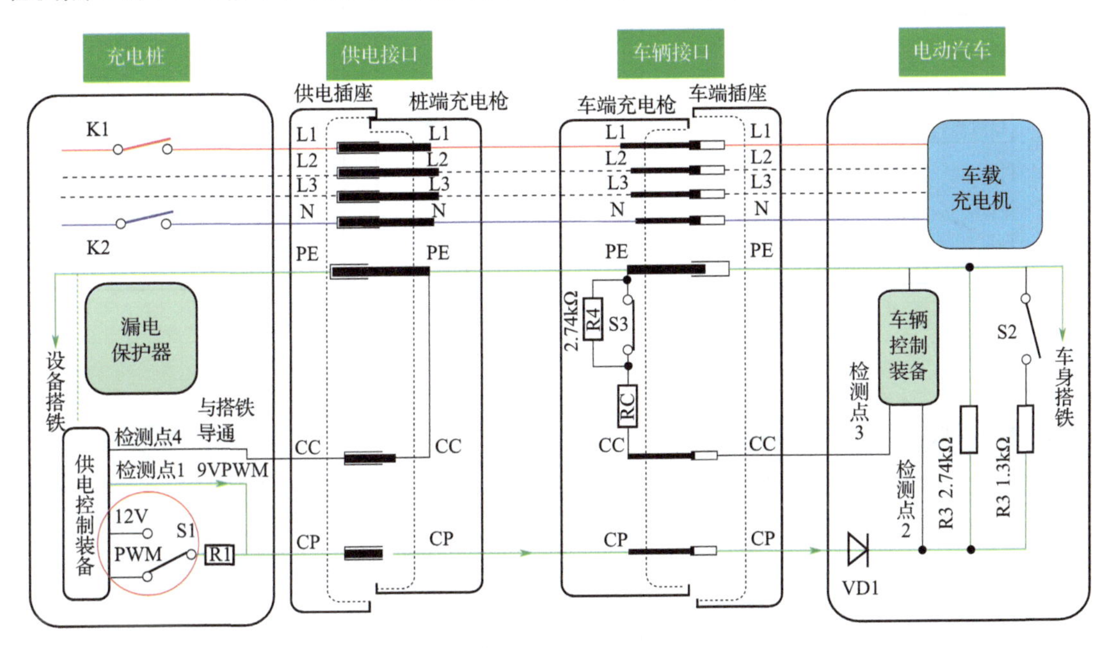

图 5–37　连接过程七

连接过程八：

车端充电枪连接完毕，松开机械锁，开关 S3 闭合，电阻 R4 被短路，检测点 3 由中电压变为低电压，吉利 EV450 实测由 2.59V 降为 2.02V，车辆控制装置确认车辆接口已完全连接，如图 5–38 所示。完全连接后，车辆插座内的电子锁应在开始供电（K1、K2 闭合）前锁定车辆插头（充电枪），并在整个充电过程中保持，锁止状态由电子锁位置传感器检测。若电子锁不能锁定，由电动汽车决定下一步的操作，可继续充电流程，通知操作人员并等待下一步的指令，或直接终止充电流程。供电控制装置通过检测点 1（CP）和检测点 4（CC）来判断供电插头和供电插座是否完全连接（连接方式 B），如供电插座内配有电子锁，应在开始供电（K1、K2 闭合）前锁定供电插头（桩端充电枪），并在整个充电过程中保持。

连接过程九：

在车载充电机自检完成，没有故障，并且动力电池处于可充电状态时，车辆控制装置闭合开关 S2，请求充电桩供电，如图 5–39 所示。

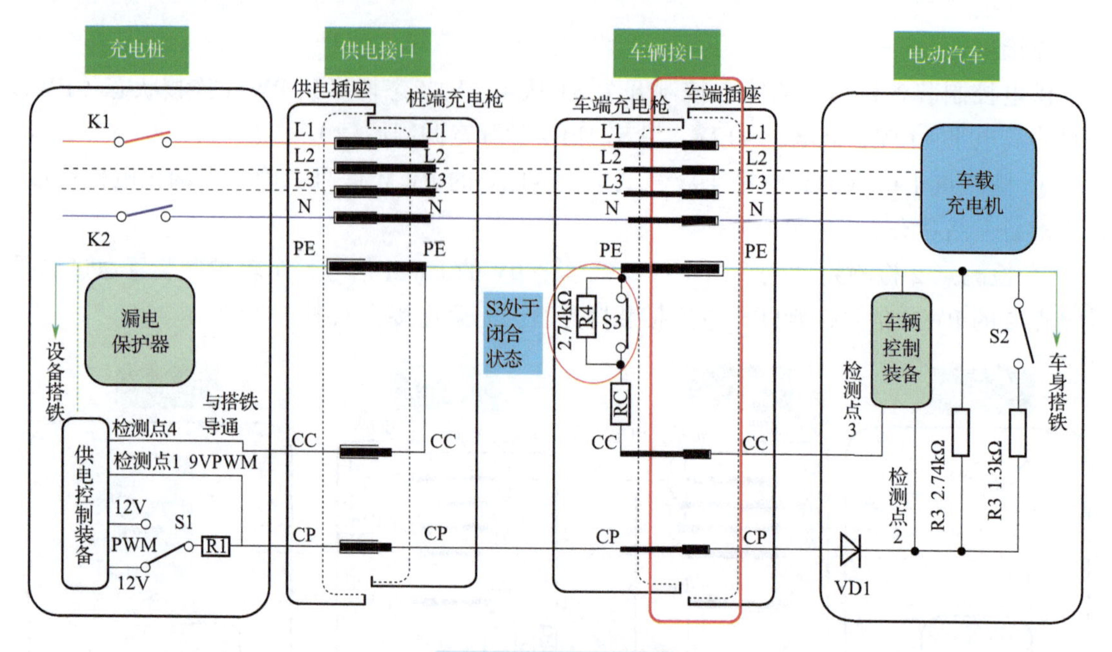

图 5-38 连接过程八

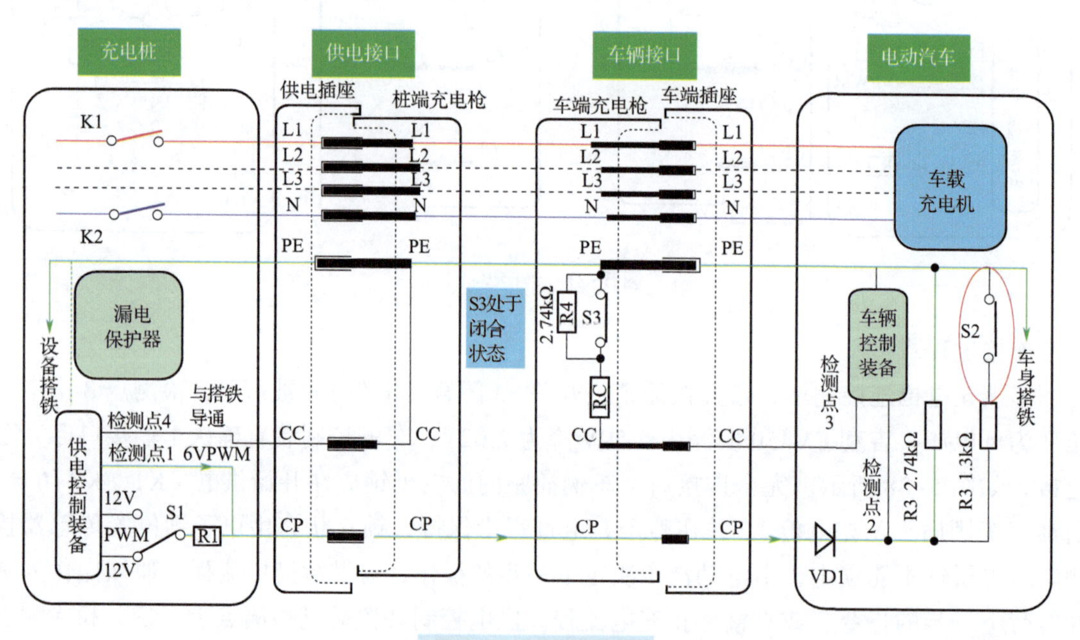

图 5-39 连接过程九

连接过程十：

开关 S2 闭合，检测点 1 由高电平 +9V，低电平 −12V 的 PWM 信号变为高电平 +6V，低电平 −12V 的 PWM 信号，充电桩确认车辆准备就绪，闭合继电器 K1、K2，给车载充电机供电，如图 5-40 所示。

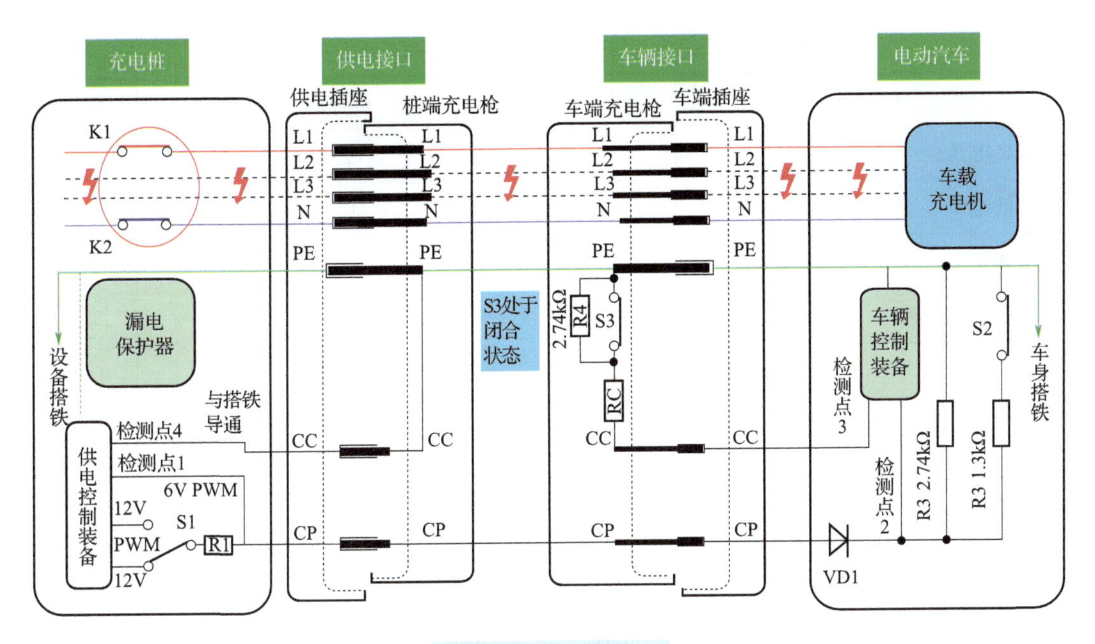

图 5-40　连接过程十

图 5-41 为交流慢充连接控制时序图，其中，状态 1 为充电枪未连接（S2 断开）；状态 2 为充电枪连接，未供电（S2 断开）；状态 3 为充电枪连接，供电（S2 闭合）。交流慢充连接过程中连接确认与控制导引电路主要的运行参数见表 5-2。

信号/测量/系统条件	状态/对象	确认边接/准备就绪	能量传递	结束停机
状态	状态1 状态2 状态3			
时序		T0　T1　T1′　T2	T2′	T3　T3′　T3″　T4
开关S1	充电桩	+12V	PWM	+12V
开关S2	车辆	打开	闭合	打开
机械锁S3	车辆插头	闭合　打开	闭合	打开　闭合
电子锁	充电桩/车辆	打开	闭合	打开
检测点1	充电桩	0V　12V　9V　9V PWM	6V PWM　9V PWM	9V　12V
检测点2	车辆	0V　9V　9V PWM	6V PWM　9V PWM	9V
检测点3	车辆插头	∞　R4+RC	RC	R4+RC　∞
输出电压	充电桩	0V		
输出电流	充电桩	0A		0A

图 5-41　交流慢充连接控制时序图

表 5-2 交流慢充连接确认与控制导引电路主要参数

参数	符号	单位	标称值	最大值	最小值
输出高电压	+Vcc	V	12.00	12.60	11.40
输出低电压	-Vcc	V	-12.00	-11.4	-12.60
输出频率	f	Hz	1000.00	1030.00	970.00
输出占空比公差	Dco	—	—	+0.5%	-0.5%
信号设置时间	Ts	μs	—	3	—
信号上升时间（10% 到 90%）	Ts	μs	—	2	—
信号下降时间（90% 到 10%）	Tf	μs	—	2	—
R1 等效电阻	R1	Ω	1000	1030	970
状态 1（检测点 1 电压）	U1a	V	12	12.8	11.2
状态 2（检测点 1 电压）	U1b	V	9	9.8	8.2
状态 3（检测点 1 电压）	U1c	V	6	6.8	5.2
容抗	Cs	pF	—	1600	300

3. 交流慢充充电过程监测

当电动汽车和供电设备建立电气连接后，车辆控制装置通过判断检测点 2 的 PWM 信号占空比确认供电设备的最大可供电能力，并且通过判断检测点 3 与 PE 之间的电阻值来确认电缆的额定充电电流限值（RC 的电阻值）。车辆控制装置对供电设备当前提供的最大供电电流值、车载充电机的额定输入电流值及电缆的额定充电电流进行比较，选其最小值作为车载充电机当前最大允许输入电流。当车辆控制装置判断充电连接装置已完全连接，并完成车载充电机最大允许输入电流设置后，电动汽车高压配电系统（一般由 BMS 控制完成）控制先闭合预充接触器，完成预充后闭合交流充电主正、主负接触器，断开预充接触器，车载充电机开始对电动汽车动力电池进行充电。

在充电过程中，车辆控制装置通过周期性监测检测点 2 和检测点 3，供电控制装置通过周期性监测检测点 1 和检测点 4，确认供电接口和车辆接口的连接状态，监测周期不大于 50ms。车辆控制装置对检测点 2 的 PWM 信号进行不间断检测，当占空比有变化时，车辆控制装置根据 PWM 信号占空比实时调整车载充电机的输出充电电流，检测周期不应大于 5s。

交流慢充供电控制装置产生的 PWM 信号占空比与充电电流的映射关系见表 5-3。电动汽车检测到的 PWM 信号占空比与充电电流限值的映射关系见表 5-4。

表 5-3　供电控制装置产生的 PWM 信号占空比与充电电流限值映射关系

PWM 占空比 D	最大充电电流 I_{max}/A
D=0%，连续的 -12V	充电桩不可用
D=5%	5% 的占空比表示需要数字通信，且需在电能供应之前在充电桩和电动汽车间建立通信
10% ≤ D ≤ 85%	$I_{max}=D\times100\times0.6$
85% ＜ D ≤ 90%	$I_{max}=(D\times100-64)\times2.5$ 且 $I_{max}\leq63$
90% ＜ D ≤ 97%	预留
D=100%，连续正电压	不允许

表 5-4　电动汽车检测 PWM 信号占空比与充电电流限值映射关系

PWM 占空比 D	最大充电电流 I_{max}/A
D ＜ 3%	不允许充电
3% ≤ D ≤ 7%	5% 的占空比表示需要数字通信，且需在充电前在充电桩和电动汽车之间建立。没有数字通信不允许充电
7% ＜ D ＜ 8%	不允许充电
8% ≤ D ＜ 10%	$I_{max}=6$
10% ≤ D ≤ 85%	$I_{max}=(D\times100)\times0.6$
85% ＜ D ≤ 90%	$I_{max}=(D\times100-64)\times2.5$ 且 $I_{max}\leq63$
90% ＜ D ≤ 97%	预留
D>97%	不允许充电

交流慢充充电正常结束有两种情况：①当电动汽车动力电池充满（达到充电电流限值）时，车辆控制装置断开开关 S2，切断交流充电主正接触器和主负接触器，并使车载充电机处于停止充电状态。②当操作人员对供电装置实施停止充电操作时，供电控制装置将开关 S1 切换到 +12V 连接状态，当检测到 S2 断开后，100ms 内断开接触器 K1、K2，切断供电。若超过 3s 未检测到 S2 断开，则强制带载断开接触器 K1、K2，切断供电，电子锁在供电回路切断 100ms 后解锁。

交流慢充在充电过程中若检测到以下非正常状况，将停止充电，断开接触器 K1、K2，切断供电。①开关 S3 由闭合变为断开，车辆控制装置控制车载充电机在 100ms 内停止充电，然后断开 S2。② PE 与检测点 3 电阻由完全连接变为断开。③检测点 2 的 PWM 信号中断，车辆控制装置控制车载充电机在 3s 内停止充电，然后断开 S2。④检测点 1 的信号变为非 6V 的 PWM 信号（状态 3），供电控制装置在 100ms 内，断开接触器 K1、K2。⑤检测点 4（连接方式 B）由完全连接变为断开，供电控制装置将开关 S1 切换到 +12V 连接状态，100ms 内断开接触器 K1、K2，切断供电。⑥剩余电流保护器（漏电断路器）动作。⑦供电设备 PWM 对应的最大供电电流≤ 20A，车载充电机实际工作电流超过最大供电电流 2A 并保持 5s；或供电设备 PWM 对应的最大供电电流＞ 20A，车载充电机实际工作电流超过最大供电电流 1.1 倍并保持 5s。

4. 交流慢充控制策略

所有电动汽车的充电标准都应符合相应的国标，但不同车型车辆控制模块集成的位置不同、高压配电系统的控制不同，导致交流慢充系统的控制策略有所不同，应根据具体车型分析其控制过程。图 5-42 所示为北汽 EV160 交流慢充系统电路图，车辆控制模块集成于车载充电机（OBC）中，其控制策略如下。

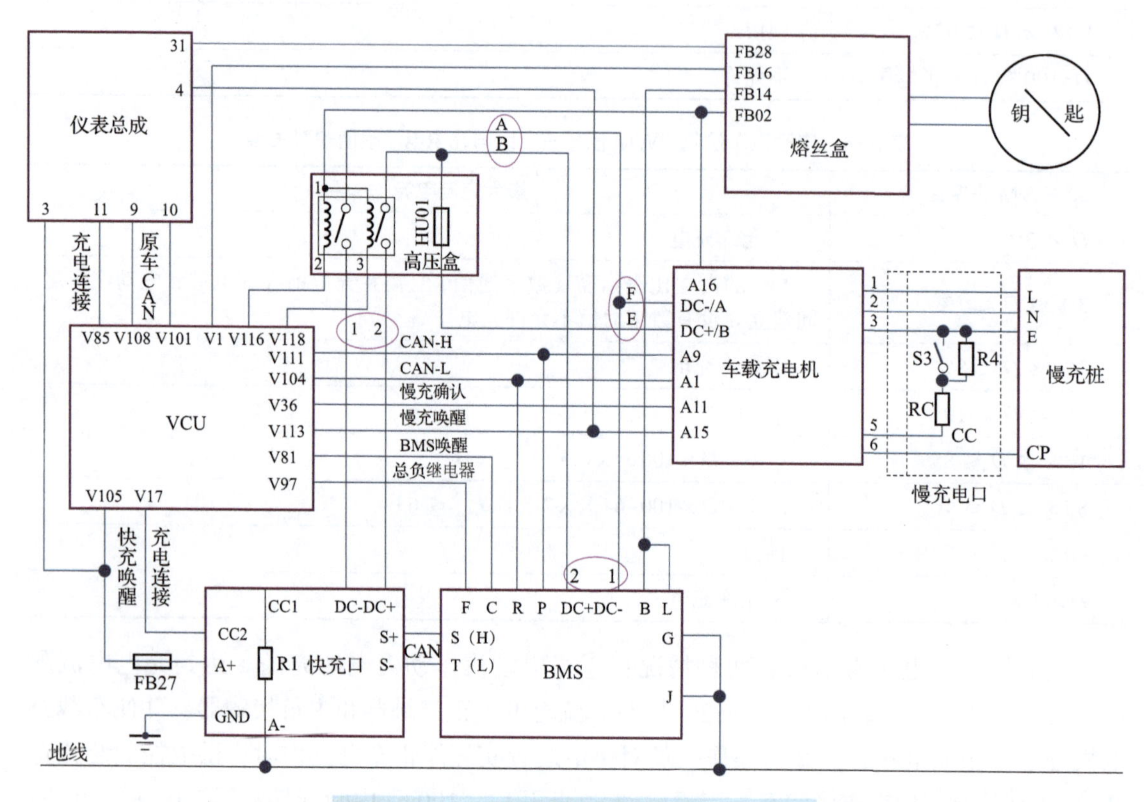

图 5-42 交流慢充系统电路图（北汽 EV160）

（1）开始充电：

① 低压电池给 VCU、BMS、仪表总成等模块提供常电。

② 供电装置插接器（充电枪）插入车辆交流慢充接口。

③ OBC（A11）给 VCU（V36）连接确认 CC 信号。

④ OBC 唤醒 VCU 和仪表总成，VCU 控制仪表充电连接指示灯点亮。

⑤ VCU 唤醒 BMS，各模块自检正常，各模块通过 CAN 总线交互信息。

⑥ 车辆控制模块、OBC 与供电装置通过 CP 进行信息交互。

⑦ 供电装置向车载充电机供电，车载充电机变压、整流为直流电。

⑧ VCU 控制主负继电器工作，车载充电机给动力电池充电。

⑨ 仪表显示充电电流、电量信号。

⑩ 随着动力电池电量发生变化，车载充电机调整输出的电流和电压。

（2）停止充电：

① BMS 判断电池电量充满、断开供电装置插接器（充电枪）或监测到异常。

② VCU 控制主负继电器断开。

③ 拔枪，仪表充电指示灯熄灭。

④ 供电装置停止提供交流电。

吉利 EV450 交流慢充的车辆控制模块也集成于车载充电机（OBC），插入交流充电枪，完成连接确认与控制导引，OBC 通过 P-CAN 唤醒动力电池管理控制器（BMS），BMS 控制主正、主负继电器，主预充继电器完成预充过程，连接动力电池，车载充电机给动力电池充电。BMS 实时监测并反馈动力电池的充电状态，向 OBC 发送充电状态指令控制充电指示灯及照明灯。吉利 EV450 交流慢充充电控制电气原理图如图 5-43 所示。

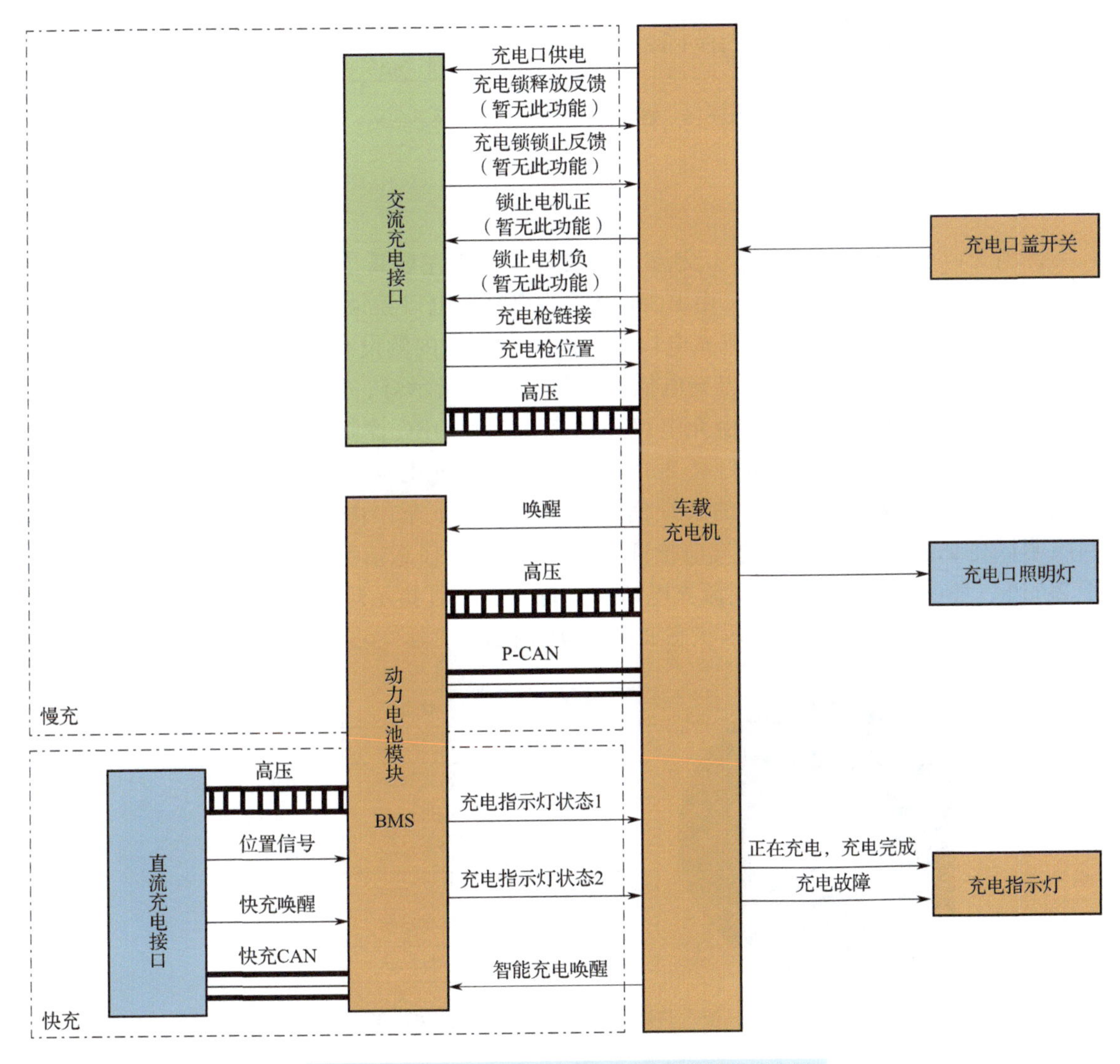

图 5-43　吉利 EV450 交流慢充充电控制电气原理图

三 吉利 EV450 交流慢充系统

1. 便携式供电装置指示灯

吉利 EV450 便携式供电装置控制盒（IC–CPD）上的充电指示灯及其含义如图 5–44 所示。

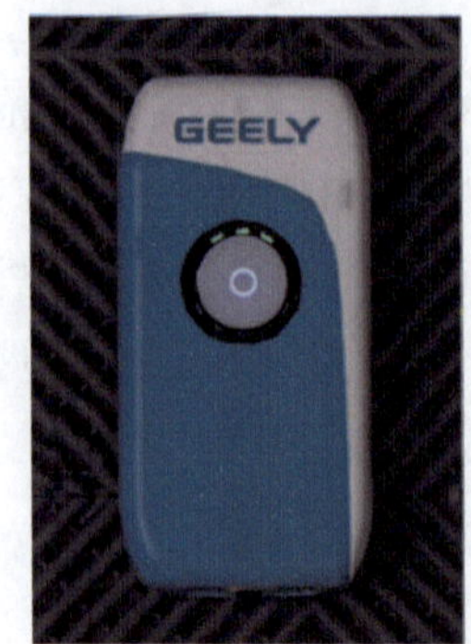

显示区域	显示状态	状态说明	处理机制
	蓝色常亮	电源指示	–
	绿色循环	正在充电	–
	全部绿色常亮	充电完成	–
	全部绿色闪烁	未连接	将枪头重新插入充电座
	红色闪烁	漏电保护	重新插入充电枪
	红色闪烁	过度保护	–

显示区域	显示状态	状态说明	处理机制
	红色闪烁	过电压/欠电压保护	–
	红色闪烁	通信异常	重新插入充电枪
	红色常亮	未搭铁	检查搭铁
	红色常亮	电源故障	检查交流电源

图 5–44　便携式供电装置指示灯及其含义

2. 车辆插座

吉利 EV450 交流充电插座（交流充电接口）位于左前翼子板上，交流充电口盖采用按压式开关，整车解锁状态下（由 BCM 控制的交流充电口盖锁止电机控制解锁），按下交流充电口盖打开，再次按下交流充电口盖关闭。前机舱内侧设有机械解锁拉索，以防电子锁故障致充电枪无法拔出。交流充电插座上设有充电指示灯，如图 5–45 所示。交流充电接口的白色指示灯为照明灯，由充电口盖状态开关和 OBC 控制。未充电状态，打开充电口盖，OBC 立即驱动照明指示灯亮 2min，期间检测到充电枪插入 3s 后熄灭。充电口盖打开状态下，BCM 接收到 PEPS 的解锁信号或解锁状态下车门由关闭变为打开时，OBC 控制照明灯亮 2min，期间检测到充电枪插入 3s 后熄灭。任意情况下充电口盖关闭或车速大于 2km/h，照明灯立即熄灭。交流充电口黄、绿、蓝、红指示灯由 BMS 根据充电状态，给 OBC 控制指令驱动，指示灯指示状态如图 5–45 所示。

颜色	状态	说明
白色	常亮2min	充电照明
黄色	常亮2min	充电加热
绿色	闪烁2min	充电过 程
蓝色	常亮2min	预约充电
绿色	常亮2min	充电完成
红色	常亮2min	充电故障
蓝色	闪烁2min	放电过程

图 5–45　吉利 EV450 交流充电接口指示灯

图 5–46 为交流充电车辆插座指示灯电路图。

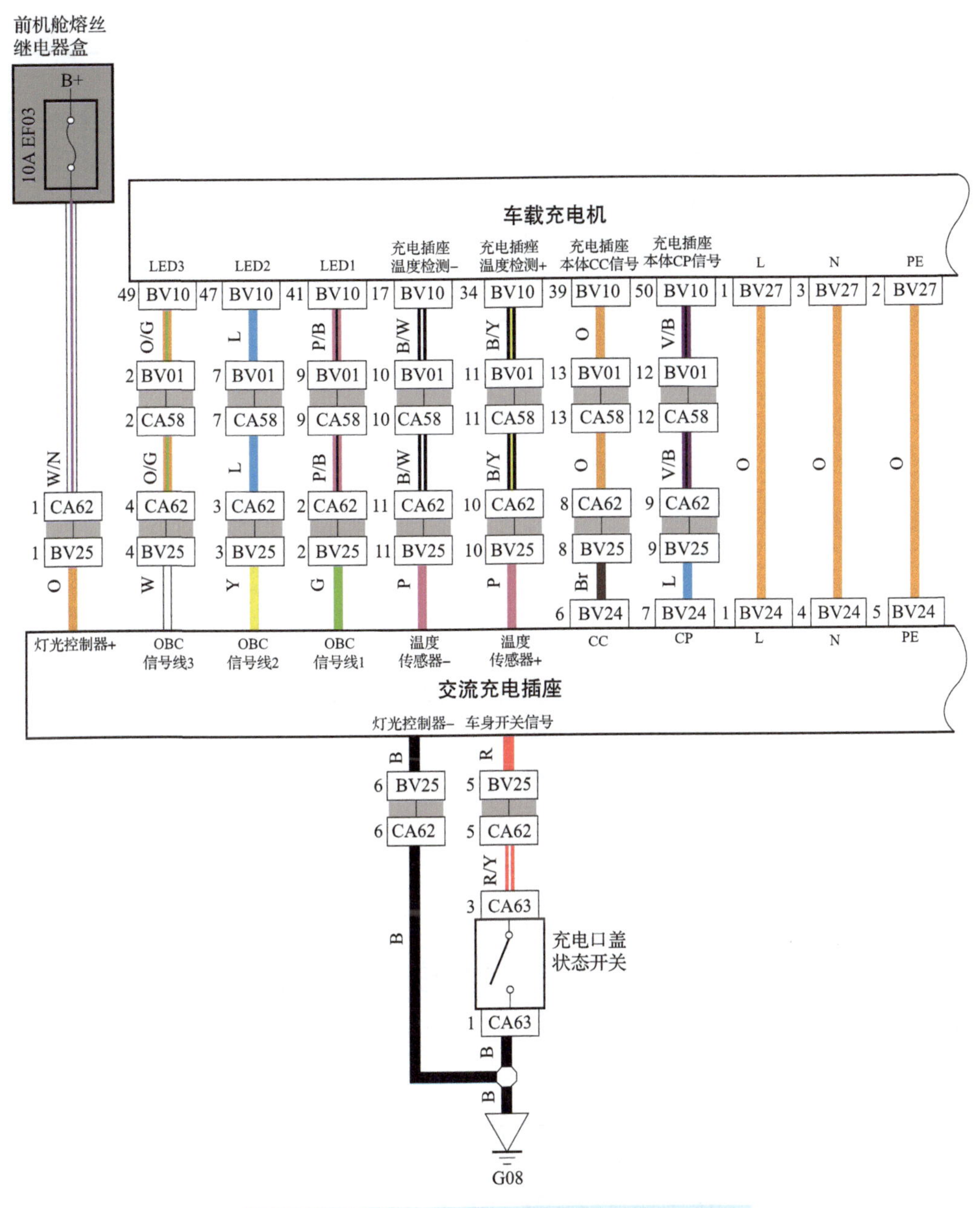

图 5-46　吉利 EV450 交流充电车辆插座指示灯电路

3. 交流慢充系统电路图

吉利 EV450 交流慢充系统电路如图 5-47 所示，车辆控制模块集成于车载充电机（OBC），交流充电接口端的高压插接器为 BV24，车载充电机端的高压插接器为 BV27。交流充电接口的 CC、CP 信号线插接器为 BV24，BV24 出来的 CC、CP 信号线与温度传感器、指示灯控制线经由 BV25 插接器传至车载充电机插接器 BV10。车载充电机与 VCU、BMS 等组成 P-CAN 网络。

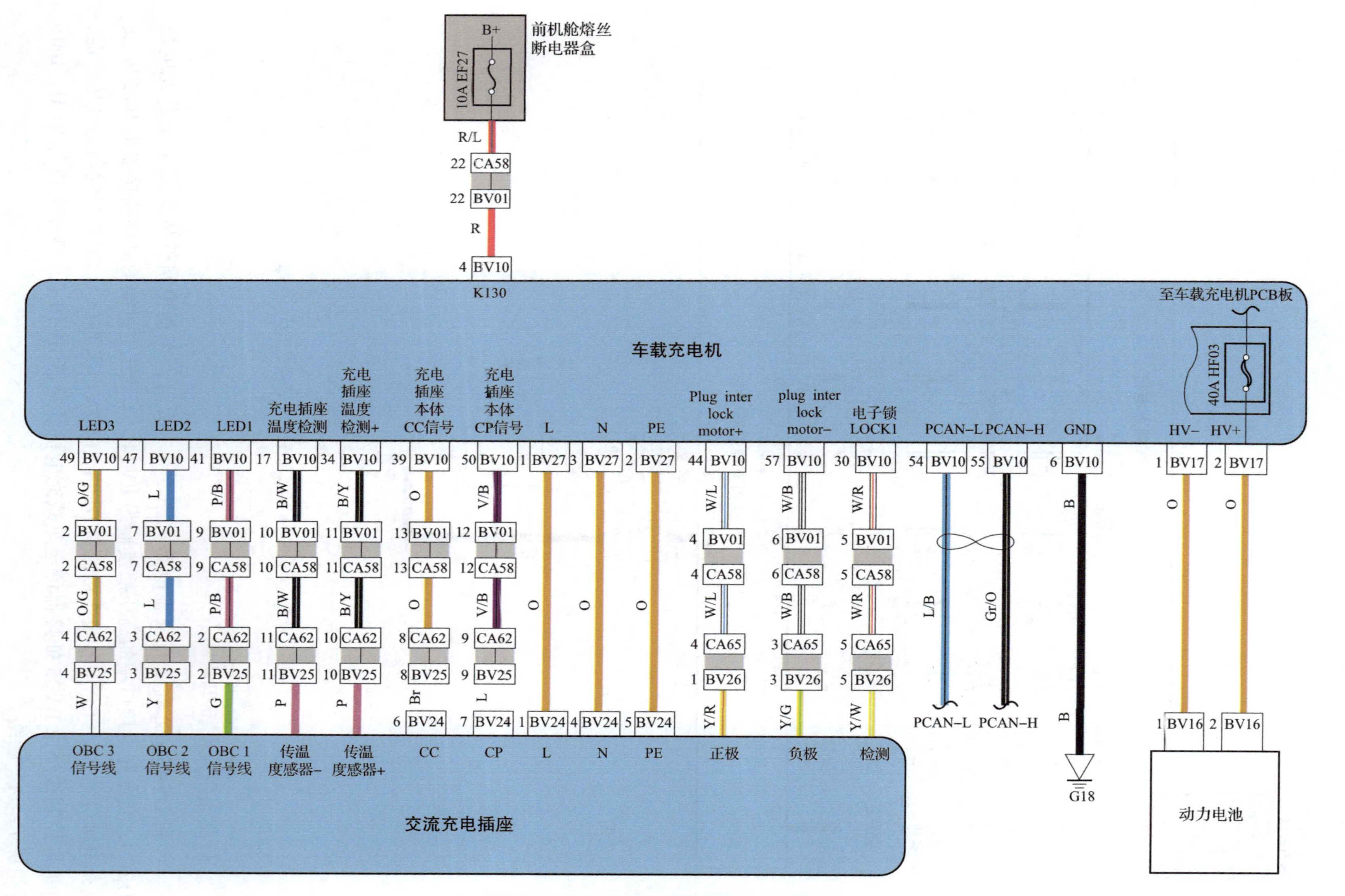

图 5-47 吉利 EV450 交流慢充系统电路

四 知识拓展

电动汽车已成为汽车工业发展的趋势，在各国车企潜心研发电动汽车技术的同时，电动汽车的充电标准也是影响其普及的重要因素。目前电动汽车市场上主要有 4 大充电插接器标准。

1. Combo

Combo 插座可以允许电动汽车进行慢充和快充，是目前在欧洲应用最广的插座类型，包括奥迪、宝马、克莱斯勒、戴姆勒、福特、通用、保时捷以及大众都配置 SAE（美国汽车工程师协会）制定的充电插座，如图 5-48 所示。

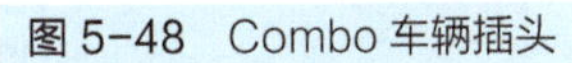

图 5-48　Combo 车辆插头

2012 年 10 月 2 日，SAE 相关委员会成员投票通过的 SAE J1772 修订草案成为全球唯一一个正式的直流充电标准。该标准的推出是为了改变鱼龙混杂的充电系统的现状，提升消费者对于电动汽车的购买积极性。基于 J1772 修订版制订的关于直流快速充电的标准，其核心为 Combo 插座。

该标准之前的版本（2010 年制订）明确了用于交流充电的基础 J1772 插接器的规格，充电水平较低（交流 Level 1 针对 120V，Level 2 针对 240V）。这种基础插接器今天已经得到广泛的应用，与日产聆风、雪佛兰沃蓝达以及三菱 i-MiEV 电动汽车兼容。而 2012 年制定的新版 J1772 标准中的 Combo 插座除了具备原来的所有功能外，还多了两个引脚，可用于直流快充，但无法与当前生产的旧款电动汽车兼容。

优点：Combo 插座的最大好处在于，未来汽车制造商可以在他们的新车型上采用一个插座，不仅适用于第一代尺寸较小的基础交流插接器，还适用于第二代尺寸较大的 Combo 插座，后者可以提供直流及交流两种电流，分别以两种不同的速度充电。

缺点：快充模式下需要充电站提供最高 500V 电压和 200A 电流。

2. CHAdeMO

CHAdeMO 是 CHArgedeMove 的缩写，日本日产及三菱汽车等支持 CHAdeMO 插座，CHAdeMO 从日语翻译过来的意思为“充电时间短如茶歇”。这种直流快充插座可以提供最大 50kW 的充电容量，如图 5-49 所示。

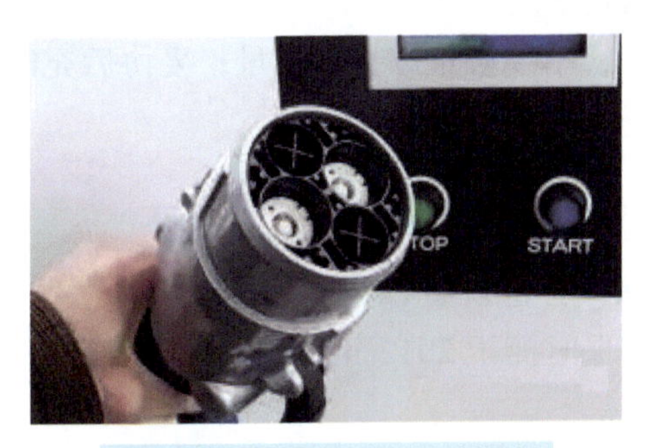

图 5-49　CHAdeMO 车辆插座

支持该充电标准的电动汽车车型包括日产聆风、三菱 Outlander 插电混动车、雪铁龙 C-ZERO、标致 iON、雪铁龙 Berlingo、标致 Partner、三菱 i-MiEV、三菱 MINICAB-MiEV、三菱 MINICAB-MiEV 货车、本田飞度电动版、马自达 DEMIO EV、斯巴鲁 Stella 插电混动车、日产 eEV200 等。这里需要注意的是，日产聆风和三菱 i-MiEV 电动汽车都有两个不同的充电插座，其中一个适用于基础 J1772 插接器，就是第一部分中介绍的 Combo 插接器；另外一个是适用于日本本土的 CHAdeMO 标准的插接器。

CHAdeMO 采用的快速充电方式如图 5-50 所示，电流受控于汽车的 CAN 总线信号。即在监视电池状态的同时，实时计算充电所需电流值，通过通信线向充电器发送通知；快速充电器及时接收来自汽车的电流命令，并按规定值提供电流。

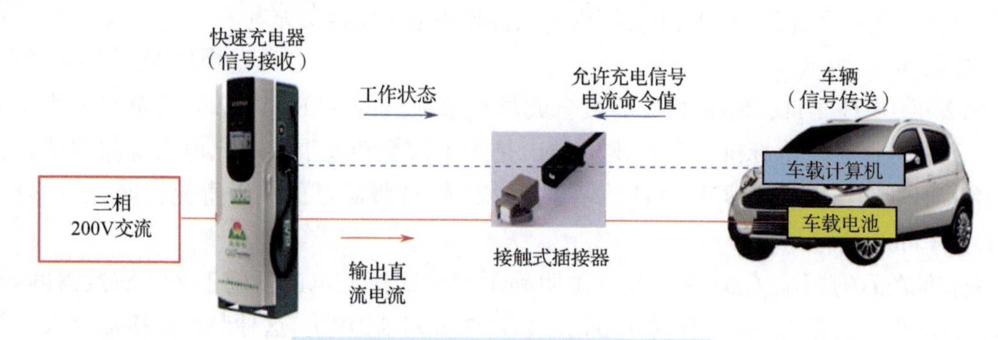

图 5-50 CHAdeMO 直流快充工作原理

电池管理系统一边监视电池状况，一边实时控制电流，完全实现了快速、安全充电所需的各项功能，确保充电不受电池通用性限制。

优点：CHAdeMO 除了数据控制线外，还采用 CAN 总线作为通信接口，因此其抗噪性优越且检错能力高，通信稳定性、可靠性高。其良好的充电安全记录受到了业内的肯定。

缺点：CHAdeMO 最初设计的充电输出功率为 100kW，插接器十分笨重，而且充电时的输出功率仅为 50kW。

3. TESLA

特斯拉汽车有一套自己的充电标准，宣传能在 30min 内充满可跑 300km 以上的电量。因此其充电插座最高容量可达 120kW，最高电流可达 80A。

优点：技术先进，充电效率高。

缺点：与各国国标相悖，不妥协难以提升销量；妥协后充电效率将打折扣，处于两难境地。

4. CCS

为了改变混乱的充电接口标准现状，美系和德系的八大厂商福特、通用、克莱斯勒、奥迪、宝马、奔驰、大众和保时捷于 2012 年发布了“联合充电系统”（Combined Charging System），即 CCS 标准。

“联合充电系统”可将现行所有充电接口统一起来，这样，用一种接口就能够完成单相交流充电、快速三相交流充电、家用直流充电和超速直流充电四种模式，如图 5-51 所示。

图 5-51　CCS 车辆接口

SAE 已选定联合充电系统作为其标准，除 SAE 外，欧洲汽车制造商协会（ACEA）也已宣布选择了联合充电系统作为直流 / 交流充电界面，从 2017 年开始用于所有在欧洲销售的插电式电动车。之诺 1E、奥迪 A3 e-tron、北汽 E150EV、宝马 i3、腾势、大众 e-up、长安逸动 EV 和 Smart EV 均属于 CCS 标准阵营。

优点：宝马、戴姆勒以及大众这三家德国汽车制造商将加大对中国的电动汽车投入，CCS 标准或更有利于中国。

缺点：支持 CCS 标准的电动汽车，或者销量较小，或者刚刚开始发售。

五　项目实施

实施准备

安全防护：做好车辆安全防护与隔离（车辆挡块、警示隔离带、高压危险警示牌）。

工具设备：数字万用表、绝缘检测仪、故障诊断仪。

实训车辆：吉利 EV450。

辅助资料：汽车原厂维修手册、原厂电路图。

任务一　交流慢充 CC 信号故障诊断与排除

交流慢充 CC 信号故障诊断

（1）接受任务。一辆 2018 款吉利帝豪 EV450 电动汽车出现交流慢充无法充电故障。车间主管初步诊断为交流慢充连接确认信号 CC 故障。你知道电动汽车交流慢充系统的组成与工作原理吗？请针对交流慢充无法充电的故障进行诊断与排除。

（2）收集信息。

① 便携式充电线缆主要包括______、______、______和______四个部分。

② 标出图 5-52 中交流慢充系统的组成部件名称。

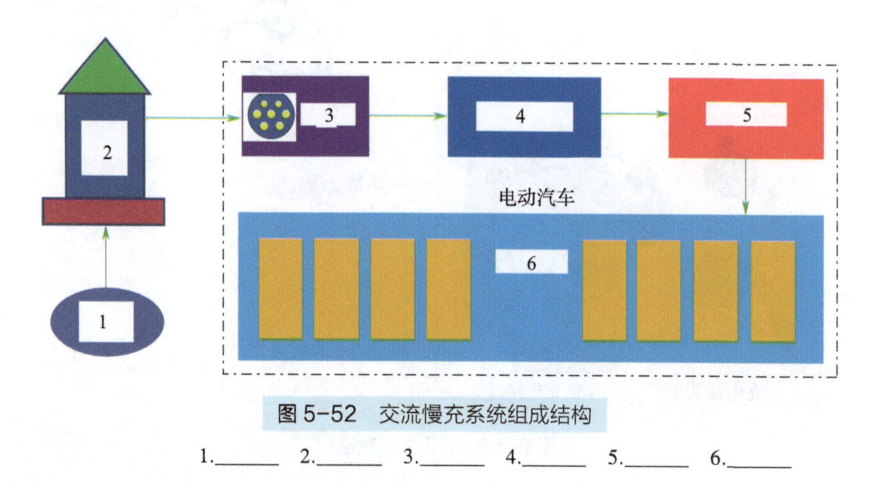

图 5-52　交流慢充系统组成结构

1.______　2.______　3.______　4.______　5.______　6.______

③ 交流慢充 CC 是缩写，该信号功用是______。

④ 查阅电路图，吉利 EV450 交流慢充电路图页码是______，交流慢充充电插座编号为______，车载充电机端的 CC 信号端子编号为______。

⑤ 便携式充电线缆充电枪机械锁按压下去，开关 S3 处于______状态，车端插头（充电枪）CC 与 PE 端子间的电阻为______。

⑥ 画出交流慢充便携式充电线缆（或充电桩）与车辆连接线路图。

⑦ 标出图 5-53 交流慢充车辆插头（充电枪）端子，并在表中写出各端子的功能。

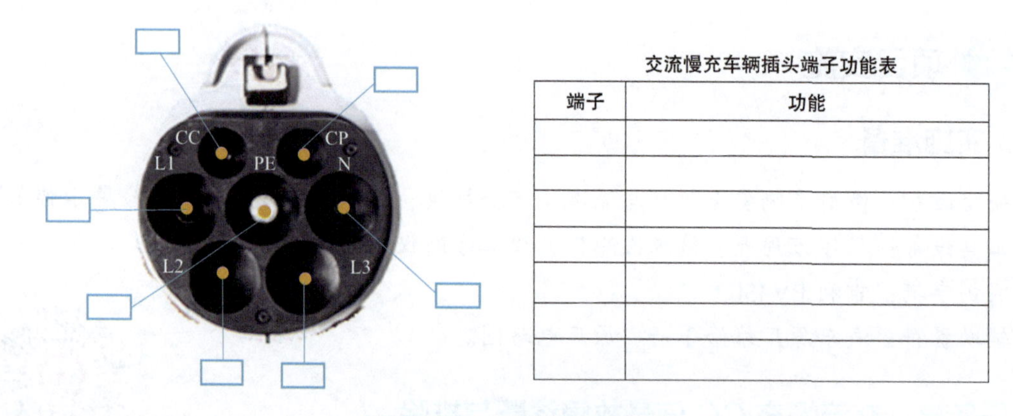

交流慢充车辆插头端子功能表

端子	功能

图 5-53　交流慢充车辆插头

（3）任务实施。

① 作业前准备（场地布置、防护装备检查穿戴、仪器设备检查、汽车防护三件套安装）。

② 记录车辆信息。

③ 基本检查。

④ 故障现象确认。

⑤ 读取故障码、数据流。

⑥ 故障范围分析。

⑦ 检查充电枪是否正常。

⑧ 检查交流充电接口 CC 与 PE 信号电压。

⑨ 检查 OBC 与交流充电接口 CC 端子连接线路。

⑩ 检查 OBC 与交流充电接口 PE 端子连接线路。

⑪ 故障恢复验证。

⑫ 整理恢复场地。

任务二　交流慢充 CP 信号故障检测

（1）接受任务。一辆 2018 款吉利帝豪 EV450 电动汽车出现交流慢充无法充电故障。车间主管初步诊断为交流慢充连接确认信号 CP 故障。你知道电动汽车交流慢充系统的组成与工作原理吗？请针对交流慢充无法充电的故障进行诊断与排除。

（2）收集信息。

① 交流慢充 CP 是缩写，该信号的功用是______。

② 状态 1（充电枪未连接时），检测点 1 的 CP 信号电压为______，检测点 2 的 CP 信号电压为______。

③ 状态 2（充电枪连接，S2 断开时），检测点 1 的 CP 信号电压为______，检测点 2 的 CP 信号电压为______。

④ 状态 3（充电枪连接，S2 闭合时），检测点 1 的 CP 信号电压为______，检测点 2 的 CP 信号电压为______。

⑤ 画出交流慢充便携式充电线缆（或充电桩）与车辆连接线路图。

⑥ 查阅电路图，吉利 EV450 交流慢充电路图的页码是______，交流慢充充电插座编号为______，车载充电机端的 CP 信号端子编号为______。

（3）任务实施。

① 作业前准备（场地布置、防护装备检查穿戴、仪器设备检查、汽车防护三件套安装）。

② 记录车辆信息。

③ 基本检查。

④ 故障现象确认。

⑤ 读取故障码、数据流。

⑥ 故障范围分析。

⑦ 检查交流充电枪 CP 与 PE 信号电压。

⑧ 检查 OBC 与交流充电接口 CP 端子连接线路。

⑨ 检查 OBC 与交流充电接口 PE 端子连接线路。

⑩ 故障恢复验证。

⑪ 整理恢复场地。

任务三 交流慢充无法充电故障诊断与排除

（1）接受任务。一辆 2018 款吉利帝豪 EV450 电动汽车出现交流慢充无法充电故障。车间主管接受任务后请你对该故障进行诊断与排除。你知道吉利 EV450 交流慢充系统的组成与工作原理吗？请你查阅 EV450 交流慢充系统电路图、制订任务计划并完成该故障的诊断与排除。

（2）收集信息。

① 查阅电路图，吉利 EV450 车载充电机电路页码为______，车载充电机的低压插接器编号为______，车载充电机低压供电端子为______，供电端子熔丝为______。

② 吉利 EV450 车载充电机通过 CAN 总线与______相连，其中车载充电机侧 CAN-H 端子为______，CAN-L 端子为______；BMS 侧 CAN-H 端子为______，CAN-L 端子为______。

③ 画出吉利 EV450 车载充电机电源及通信线路简图。

（3）任务实施。

① 作业前准备（场地布置、防护装备检查穿戴、仪器设备检查、汽车防护三件套安装）。

② 记录车辆信息。

③ 基本检查。

④ 故障现象确认。

⑤ 读取故障码、数据流。

⑥ 故障范围分析。

⑦ 检查车载充电机低压供电熔丝 EF27。

⑧ 检查熔丝 EF27 线路。

⑨ 检查车载充电机低压供电电压。

⑩ 检查车载充电机搭铁端子是否导通。

⑪ 检查车载充电机与 BMS 数据通信线。

⑫ 故障恢复验证。

⑬ 整理恢复场地。

复习题

1. 不定项选择题

（1）交流慢充充电枪机械锁按下去时，CC 与 PE 端子电阻为（　　）。

A. RC　　B. RC+R4　　C. R4　　D. RC+R2

（2）未插枪时，交流慢充充电枪 CP 与 PE 之间的电压为（　　）。

A. 12V　　B. 9V　　C. 6V　　D. 12V PWM

（3）交流慢充连接确认与控制导引过程中，下列描述正确的是（　　）。

A. 当插入充电枪到车辆交流充电口时，CP 信号唤醒车辆控制器

B. 车辆控制器通过 CAN 总线与唤醒后的各个模块通信

C. 各个模块自检都通过后，车辆控制器通过 CP 信号，与交流充电桩进行通信确认

D. 当确定连接正常后，交流充电桩向车载充电机输入 220V 或 380V 的交流电

（4）交流电供电装置停止输出交流电的情况有（　　）。

A. 动力电池已充满　　B. 检测到交流充电枪被拔下

C. 充电继电器断开　　D. 交流充电枪机械锁被按下

（5）EV450 便捷式充电供电装置状态指示灯全部绿灯闪烁表示（　　）。

A. 正在充电　　B. 充电完成　　C. 未连接　　D. 过电流保护

（6）EV450 交流充电车辆插座 CC 与车载充电机（　　）端子连接。

A. BV17-1　　B. BV10-39　　C. BV10-50　　D. BV239

（7）EV450 便携式充电供电装置电阻 RC 的阻值是（　　）

A. 1.5kΩ　　B. 680Ω　　C. 220Ω　　D. 100Ω

2. 简答题

（1）画出 EV450 交流慢充系统电气连接图。

（2）检测 EV450 充电连接过程不同状态 CP 信号波形，并简述交流慢充连接控制导引过程。

项目六 车辆无法上电故障诊断与排除

项目导入

一辆 2018 款吉利帝豪 EV450 电动汽车出现无法上电故障。你知道电动汽车上、下电的控制策略吗？请你对该车无法上电的故障进行诊断与排除。

教学目标

知识目标

1. 掌握电动汽车上下电控制策略。
2. 掌握 EV450 上下电控制系统及上下电控制过程。
3. 掌握 EV450 无法上电的故障原因及分析方法。

能力目标

1. 能正确认知电动汽车上下电控制系统各部件。
2. 能正确识读电路图并画出 EV450 上下电控制相关电路图。
3. 能进行 EV450 无法上电的故障诊断与排除。

一 电动汽车高压上下电控制策略

1. 什么是高压上下电

电动汽车采用高压动力电池作为动力源，高压上电是电动汽车驱动系统连接动力电池，做好行驶准备的前提条件。高压上电是指电动汽车接收到驾驶员上电指令，VCU、

BMS、MCU 等按特定控制逻辑，在满足上电条件的情况下，VCU（或 BMS）控制动力电池主正、主负接触器闭合，动力电池给高压电气部件供电的过程。高压下电指电动汽车接收到驾驶员下电指令或出现不满足上电条件的情况，VCU（或 BMS）控制动力电池主正、主负接触器断开，动力电池停止给高压电气部件供电。VCU 和 BMS 是电动汽车上下电控制中的核心部件。不同车型电动汽车在上下电的控制逻辑上略有差异。

由于电动汽车高压系统设有变频器或逆变器，在初上电过程中，变频器中的大电容进行充电，产生局部短路的效果，进而导致电路中出现大电流，对母线上的接触器造成巨大冲击。根据电动汽车的高压安全要求：对于 60V 以上的高压系统，上电过程中应采用预充电过程避免高压冲击。另外，任何情况下，高压上下电过程中，均要求接触器闭合或断开的时间小于 20ms。当高压系统断开 1s 后，电动汽车的任何导电部分和可触及部分搭铁电压的峰值应当小于 AC 42.4V 或 DC 60V，储存的能量应该小于 20J。

2. 北汽电动汽车上下电控制策略

北汽 EV200 电动汽车的 VCU 是电动汽车控制管理的核心部件，主要功能是根据驾驶员要求和汽车的工作模式，协调 BMS、MCU、OBC、DC/DC 等的工作，实现高压上下电、整车驱动、热管理、能量回收、充电控制、车辆状态监控和故障诊断等。北汽 EV200 上下电控制系统电路图如图 6-1 所示。VCU、BMS、MCU、空调压缩机控制器、空调控制器、高压控制盒、电动助力转向系统、车载充电器和数据采集终端等通过新能源 CAN 总线通信。VCU 的 V81 端子为 BMS 唤醒信号，当给 BMS 提供 12V 工作电压时，BMS 被唤醒。

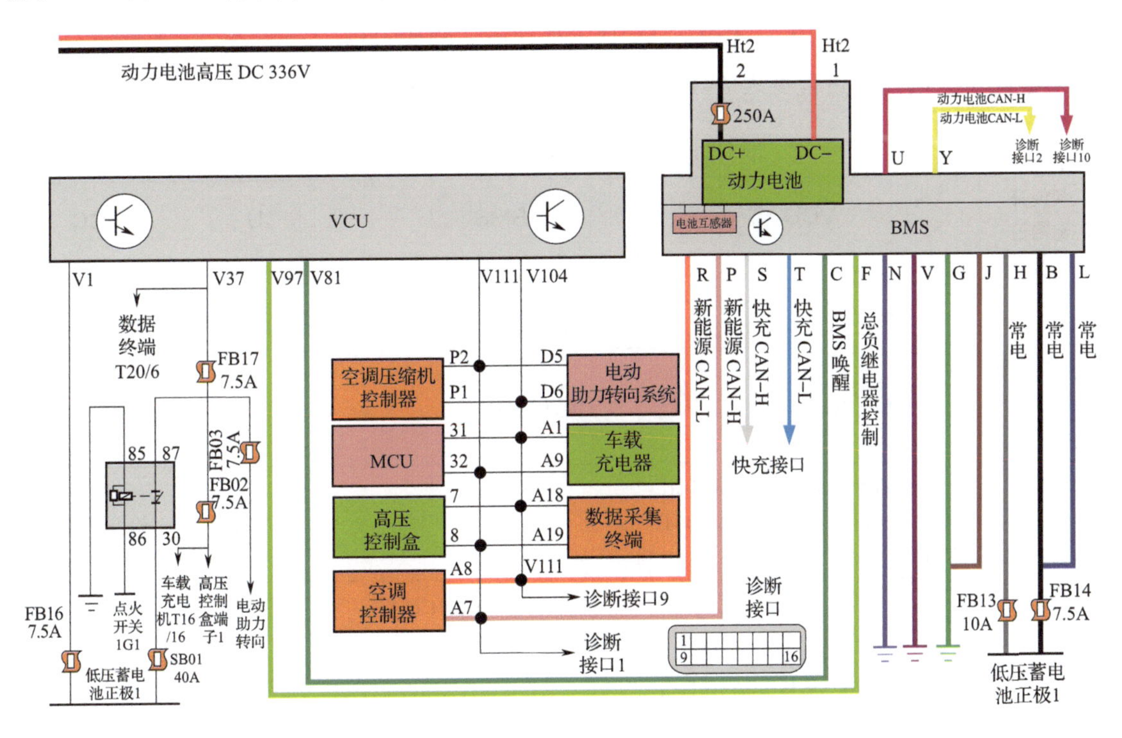

图 6-1　北汽 EV200 上下电控制系统电路图

上电过程中，VCU 自检正常，BMS 动力电池信息正常时，VCU 通过 V97 端子向 BMS 发送一个低电平（0V）控制信号，BMS 接收到该信号后将控制主负接触器闭合，启动预充。

北汽 EV200 的高压配电由 BMS 控制集成在动力电池包内的主正、主负、预充三个高压接触器完成，如图 6-2 所示。BMS 接收到 VCU 的主负接触器闭合指令后，控制预充接触器闭合，检测负载端电压达到动力电池电压的 90% 后，闭合主正接触器，断开预充接触器，并发送“预充完成”报文。

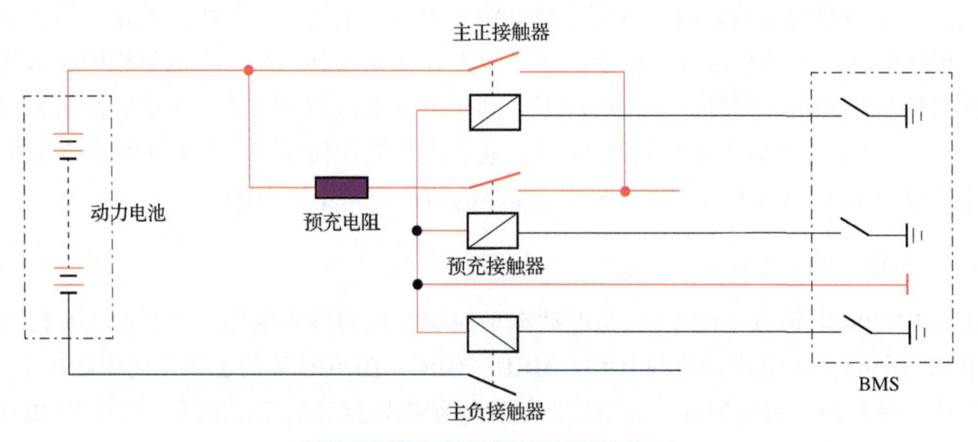

图 6-2　北汽 EV200 高压配电系统

3. 高压上电控制策略

① 点火开关打到 ON 档，VCU、MCU 上低压电，完成自检。

② 高压上电控制过程见表 6-1。

表 6-1　北汽 EV200 高压上电控制过程

点火开关档位	VCU	BMS	MCU	ACC
OFF	暂未上电	暂未上电	暂未上电	暂未上电
ACC	暂未上电	暂未上电	暂未上电	暂未上电
ON（高压上电开始）	上电初始化	上电初始化	上电初始化	上电初始化
	VCU 自检无故障，检测 MCU、ACC 完成初始化，唤醒 BMS（V81 → 12V）		检测无故障	检测无故障
		自检正常，向 VCU 报送动力电池信息正常		
	接收 BMS 动力电池信息正常，向 BMS 发送主负接触器闭合指令（V97 → 0V）			

（续）

点火开关档位	VCU	BMS	MCU	ACC
		闭合主负接触器，再闭合预充接触器，检测大电容端电压达到动力电池电压的 90% 后，闭合主正接触器，断开预充接触器，发送“预充完成”报文		
	监测 BMS 完成预充，各分系统无故障，MCU 上报直流母线电压正常，点亮“READY”灯。向 BMS 发送保持状态指令，发送指令控制 DC/DC 工作	执行保持状态指令并回复 VCU		
	监测到档位信号为“D”或“R”时，发送驱动电机使能指令，驱动整车运行		驱动电机正常工作	等待启动指令
高压上电结束				

4. 高压下电控制策略

① 点火开关打到 OFF，或监测到各系统有故障。

② 高压下电控制过程见表 6-2。

表 6-2　北汽 EV200 高压下电控制过程

点火开关档位	VCU	BMS	MCU	ACC
OFF				
（高压下电开始）	当监测到点火开关由 ON 转到 OFF 或 ACC，请求 BMS 下电	断开主正接触器，断开主负接触器，回复 VCU	MCU 正常下电，驱动电机停止工作	ACC 正常下电，空调压缩机、PTC 停止工作
	当监测到 BMS 的接触器均为断开状态，发送保持状态指令给 BMS	接收保持状态指令后，回复保持当前状态并进入休眠模式		
	接收 BMS 保持当前状态回复后，进入休眠模式		已下电	已下电

5. 比亚迪 E5 高压系统组成与工作原理

比亚迪 E5 电动汽车高压系统包括动力电池包、高压电控总成、PTC、压缩机、驱动电机和交直流充电插座，高压电气连接如图 6–3 所示。其中高压电控总成集成双向交流逆变式电机控制器（VTOG）、车载充电机（OBC）、DC/DC 变换器和高压配电模块、漏电传感器。动力电池包内包含分压接触器 2 和 3，正极接触器 1 和负极接触器 4。高压配电模块内包括主接触器 7、交流充电接触器 8、预充接触器 9、直流充电正极接触器 5 和直流充电负极接触器 6。

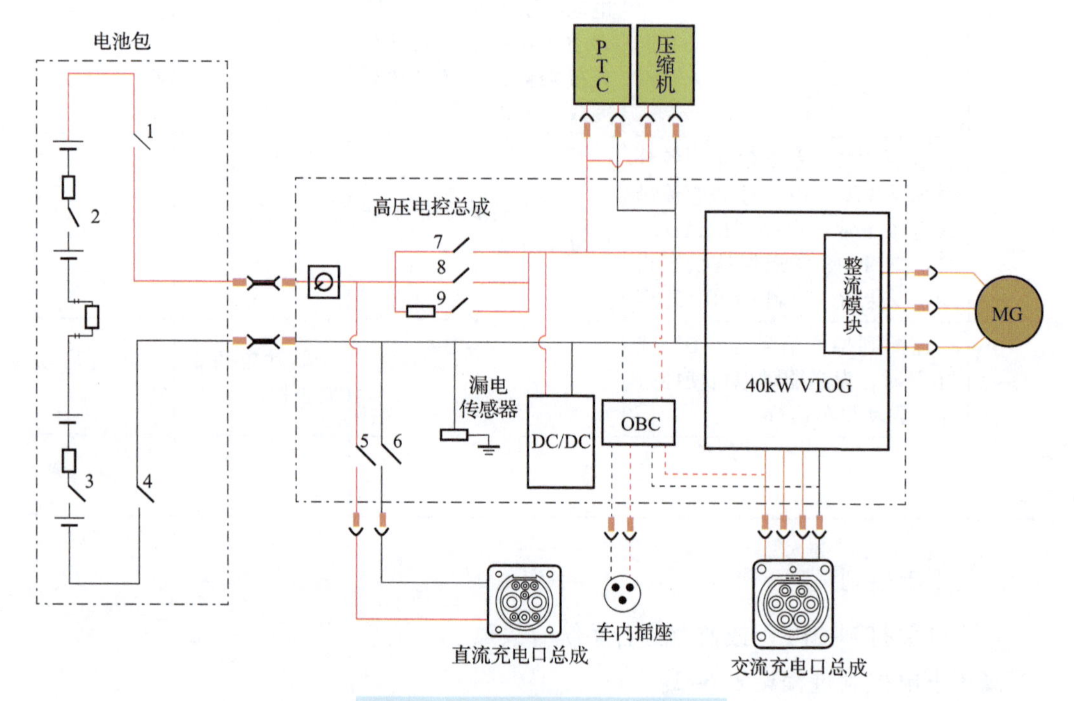

图 6–3　比亚迪 E5 高压电气连接图

1—正极接触器　2—分压接触器 1　3—分压接触器 2　4—负极接触器　5—直流充电正极接触器
6—直流充电负极接触器　7—主接触器　8—交流充电接触器　9—预充接触器

比亚迪 E5 电动汽车采用分布式电池管理系统（BMS），由电池管理控制器（BMC）、电池信息采集器（BIC）、电池采样线组成。BMS 的主要功能有充放电管理、接触器控制、功率控制、电池异常状态报警和保护、SOC/SOH 计算、自检以及通信功能等；电池信息采集器的主要功能有电池电压采样、温度采样、电池均衡、采样线异常检测等；动力电池采样线的主要功能是连接电池管理控制器和电池信息采集器，实现二者之间的通信及信息交换。电池管理系统工作原理如图 6–4 所示。

BMS 控制器安装于高压电控总成的后面，BMS 控制器有三个插接器，如图 6–5 所示，编号分别为 BK45（A）、BK45（B）、BK45（C）。插接器 BK45（A）与高压电控总成 B28（B）连接，对高压配电盒电流、漏电、烧结进行监测，通过拉低信号控制主接触器、主预充接触器和交流充电接触器。BK45（C）与动力电池包 BK51 连接，控制动力电池包内的 1# 分压接触器、2# 分压接触器、正极接触器和负极接触器。图 6–6、图 6–7 是比亚迪 E5 电池管理系统电路，电池管理系统控制器的接触器连接端子见表 6–3。

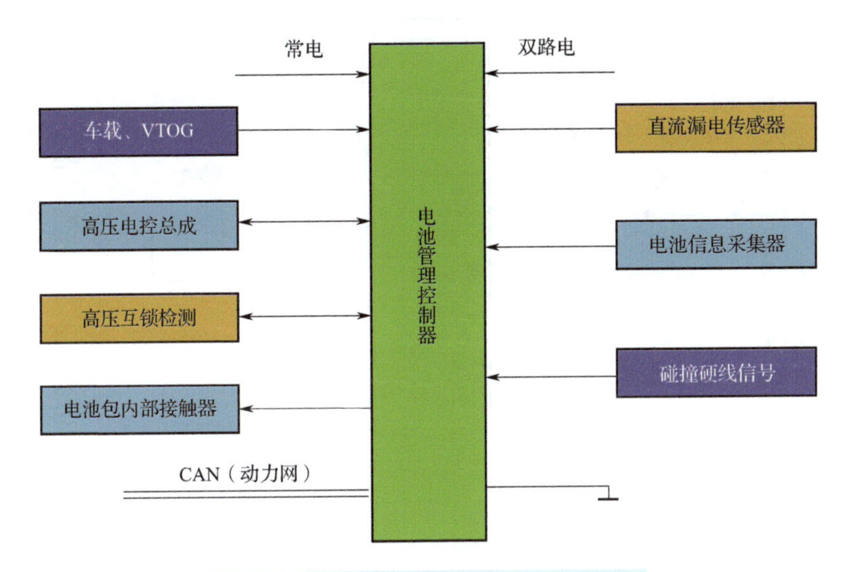

图 6-4　比亚迪 E5 电池管理系统工作原理

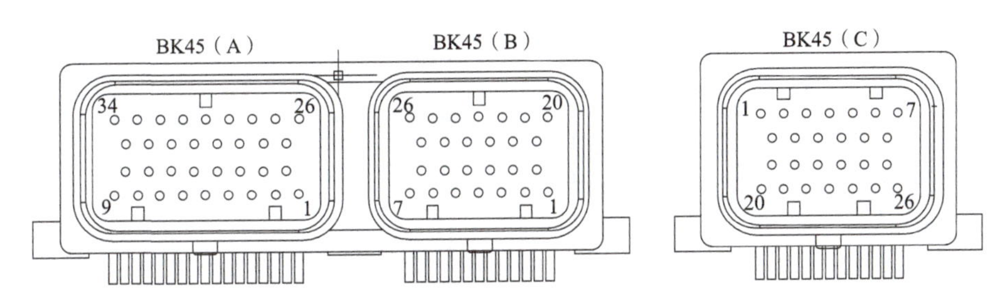

图 6-5　比亚迪 E5 BMS 控制器的插接器

表 6-3　电池管理系统控制器的接触器连接端子

连接端子	端子描述	线色	条件	正常值
BK45（A）/9-GND	主接触器拉低控制信号	Br	整车上高压电	小于 1V
BK45（A）/17-GND	主预充接触器拉低控制信号	B/L	预充过程中	小于 1V
BK45（A）/33-GND	直流充电正、负极接触器拉低控制信号	Gr		小于 1V
BK45（A）/34-GND	交流充电接触器控制信号	L	始终	小于 1V
BK45（C）/3-GND	1# 分压接触器拉低控制信号	G/B		小于 1V
BK45（C）/4-GND	2# 分压接触器拉低控制信号	Y/B		小于 1V
BK45（C）/10-GND	负极接触器拉低控制信号	L/B	接触器吸合时	小于 1V
BK45（C）/11-GND	正极接触器拉低控制信号	B/Y	接触器吸合时	小于 1V
BK45（C）/14-GND	1# 分压接触器 12V 电源	G/R	ON 档 /OK 档 / 充电	9~16V
BK45（C）/15-GND	2# 分压接触器 12V 电源	L/R	ON 档 /OK 档 / 充电	9~16V
BK45（C）/20-GND	负极接触器 12V 电源	Y/W	ON 档 /OK 档 / 充电	9~16V
BK45（C）/21-GND	正极接触器 12V 电源	R/L	ON 档 /OK 档 / 充电	9~16V
BK45（B）/1-GND	DC 12V 电源正	R/B	电源 ON 档 / 充电	11~14V

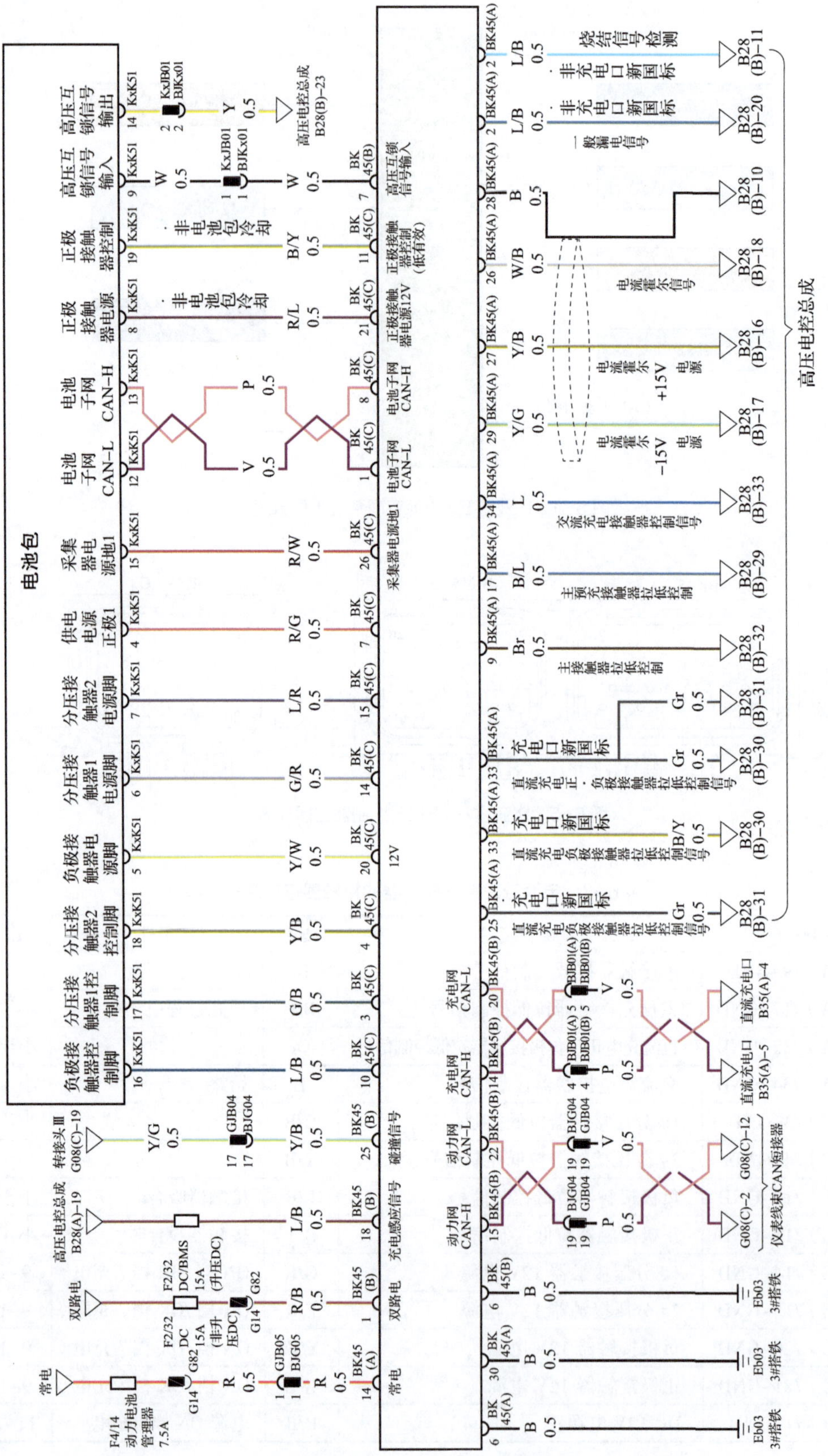

图 6-6 比亚迪 E5 电池管理系统电路图 1

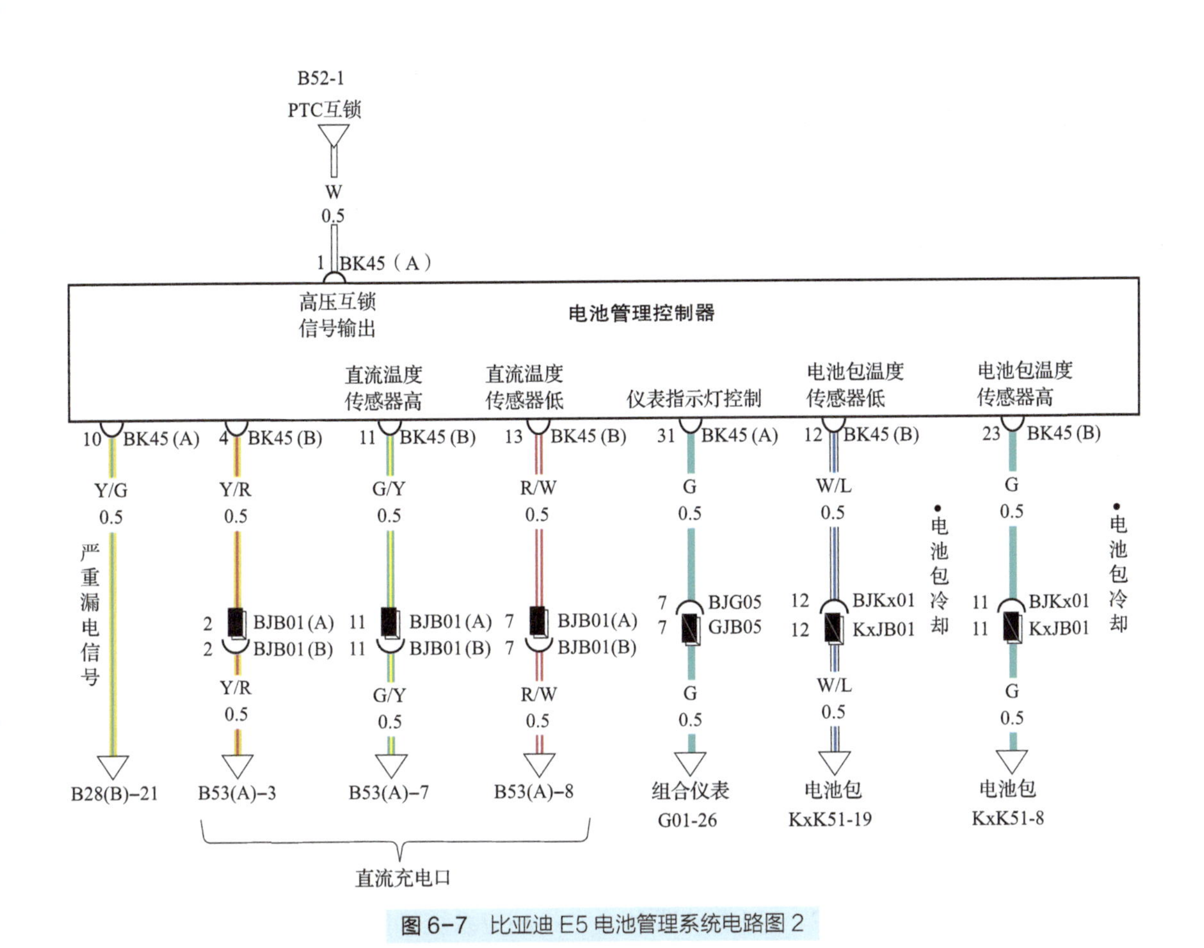

图 6-7　比亚迪 E5 电池管理系统电路图 2

图 6-8 是比亚迪 E5 电机控制器（VTOG）的控制原理图，它的主要功能有：

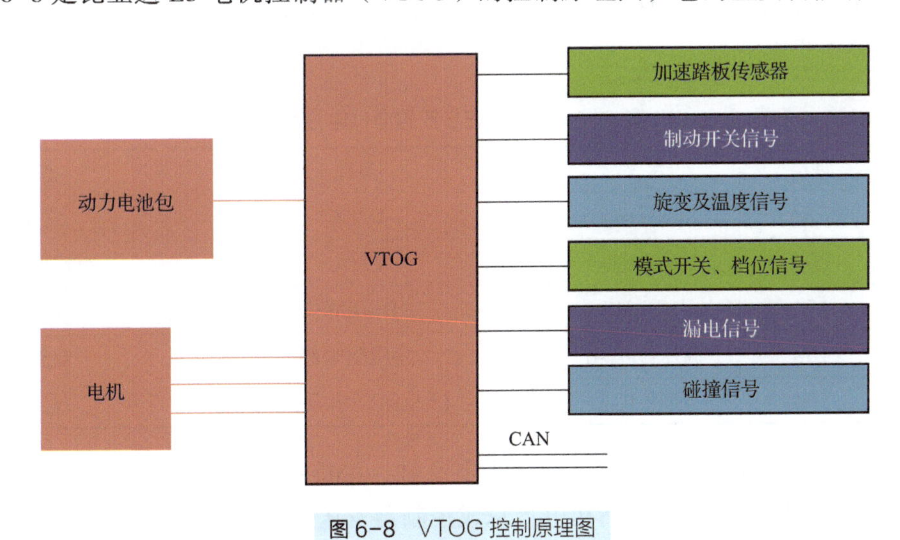

图 6-8　VTOG 控制原理图

① 驱动控制（放电）：具有采集加速踏板、制动、档位、旋变传感器信号，控制电机正向、反向驱动，正、反转发电功能；具有高压输出电压和电流控制限制，电压跌落、过

电流、过温、IPM 过温、IGBT 过温保护、功率限制、转矩控制限制等功能；具备电控系统防盗、能量回馈控制、主动泄放控制、被动泄放控制功能。

② 充电控制：交、直流转换，双向充、放电控制功能；自动识别单相、三相相序并根据充电电流控制充电方式；根据充电设备识别充电功率，控制充电方式；根据车辆或其他设备请求信号控制车辆对外放电；断电重启功能；在电网断电又供电的时候，可继续充电功能。

6. 比亚迪 E5 上电控制策略

① 当智能钥匙系统控制器（I-Key ECU）的高频接收模块和探测天线探测到电子智能钥匙，并完成验证后，通过网关动力网向铁电池管理器（低压电池 BMS）发送唤醒信号，低压铁电池自检无故障，被唤醒，向车身控制模块（BCM）供电，BCM 发送解锁信号让转向盘解锁，同时控制门锁电机打开。

注：铁电池管理器有电压、电流和温度监测功能，存在异常状态会触发故障报警功能，当铁电池故障报警时，仪表上铁电池故障指示灯点亮，同时显示“请检查低压电池系统”。车辆拥有智能充电模式，当铁电池检测到电量偏低时，在安全条件满足的情况下，通过动力电池给铁电池充电。铁电池具有休眠、唤醒功能：当车辆长期存放后，铁电池可能已进入休眠状态，智能钥匙将无法实现遥控寻车及车辆解锁功能，此时只需将智能钥匙靠近左前车门附近，按下左前门把手的微动开关，即会唤醒低压蓄电池。

② 按下起动按钮的 ACC/ON 档开关，起动开关向 BCM 的 G2R/26 端子发送一个低电平起动信号，BCM 控制 ACC、IG1 继电器闭合，给相应系统供电。

③ 按下起动按钮 ST 档（上电），BCM 通过 G2P/5、G2P/13 端子驱动双路电继电器 K4-1、KG-1 闭合，向 BMS、VTOG、网关、主控制器、组合仪表等控制系统供电，表 6-4 为双路电供电分配。

表 6-4　比亚迪 E5 双路电供电分配

位置	规格	定义	负载	备注
F2/2	7.5A	VTOG	VTOG	常电
F2/4	20A	IG3 电	VTOG	双路电
F2/32	15A	DC/BMS	DC/BMS	双路电
F2/33	10A	高压配电箱	高压配电箱	双路电
F2/34	10A	模块 IG3	主控 ECU 电动水泵无级风扇	双路电

④ BMS、VTOG 等自检无故障，符合上电条件，BMS 控制 1# 分压接触器、2# 分压接触器、负极接触器闭合，然后向高压电控总成控制器发送请求，启动预充程序。

⑤ BMS 通过拉低信号控制动力电池包内的正极接触器闭合，然后控制预充接触器闭合，高压电经过预充接触器串联的限流电阻后加载到高压电控总成母线上，当高压电控总成检测到母线上的电压与电池包电压相差在 50V 以内时，通过 CAN 总线向 BMS 反馈一个

预充满信号，BMS 收到预充满信号后控制主接触器吸合，断开预充接触器。通过 CAN 总线控制仪表 OK 灯点亮，完成上电过程。

7. 比亚迪 E5 下电控制策略

上电状态下，BMS、高压电控总成及其他的高压用电设备监测到漏电、碰撞、高压互锁等故障时，BMS 控制主接触器、正极接触器、负极接触器和分压接触器断开，电动汽车下电。或当驾驶员再次按下起动按钮（OFF 档）下电时，BCM 请求 BMS 下电，BMS 控制主接触器、正极接触器、负极接触器和分压接触器断开，电动汽车下电。

二 吉利 EV450 电动汽车上下电控制策略

1. 吉利 EV450 高压系统组成与工作原理

吉利 EV450 电动汽车的高压电气系统架构如图 6-9 所示，包括动力电池包、车载充电机及分线盒总成、压缩机、PTC、电机控制器总成、驱动电机和交直流充电插座。高压分配单元（B-BOX）集成于动力电池包内，由主正极接触器、主负极接触器、主预充接触器、预充电阻、直流充电预充接触器、直流充电预充电阻和直流充电正极接触器组成。高压分配单元（B-BOX）内所有接触器均由动力电池管理系统（BMS）控制，根据整车上电、交流充电、直流充电等不同工作状态需求，吸合相应的接触器，进行高压电源管理。

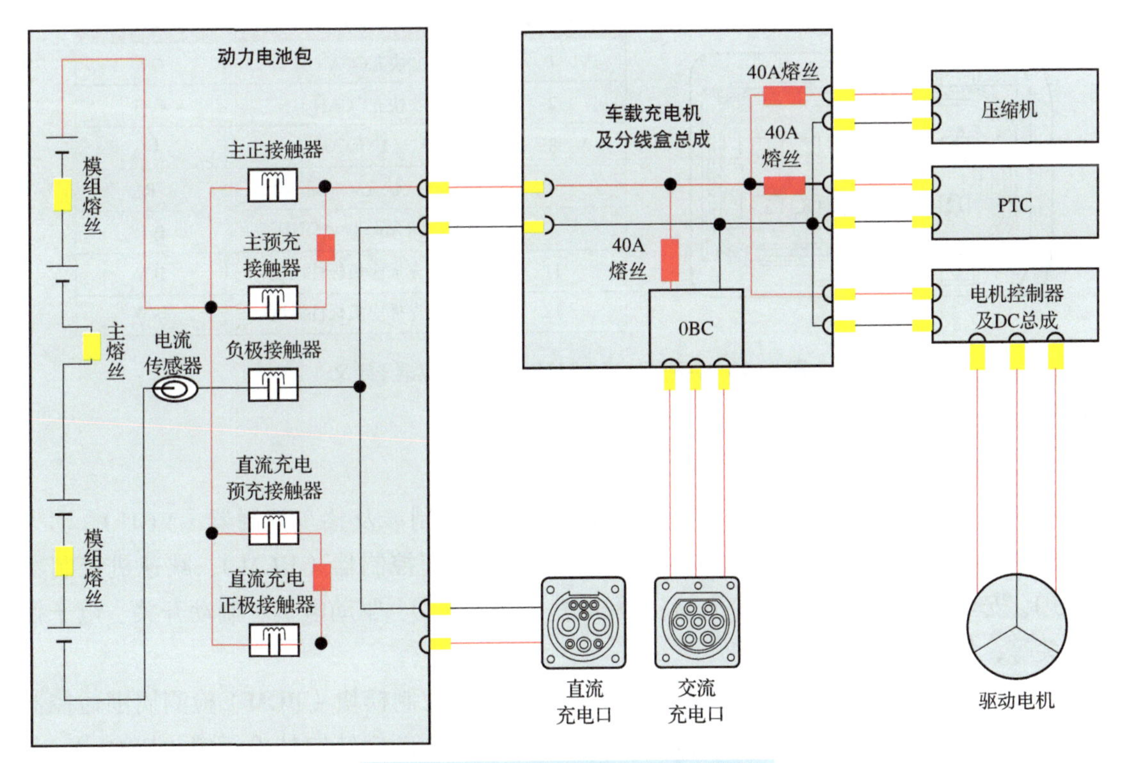

图 6-9　吉利 EV450 高压电气系统架构

吉利 EV450 动力电池管理系统（BMS）采用分布式结构，包括动力电池控制器（BMU）、动力电池信息采集系统（CSC）。BMU、CSC 安装于动力电池总成内部，是电池管理系统核心部件，BMU 将单体电压、电流、温度及整车绝缘等信号上报整车控制器（VCU），并根据 VCU 指令完成对动力电池的控制。每一个电池单元有多个 CSC 采集系统，用于监测每个电池单体或电池组单体电压、温度信息。CSC 将相关信息上报电池控制器（BMU）并根据 BMU 的指令执行单体均衡。

BMS 的低压插接器为 CA69 和 CA70，如图 6-10 所示。

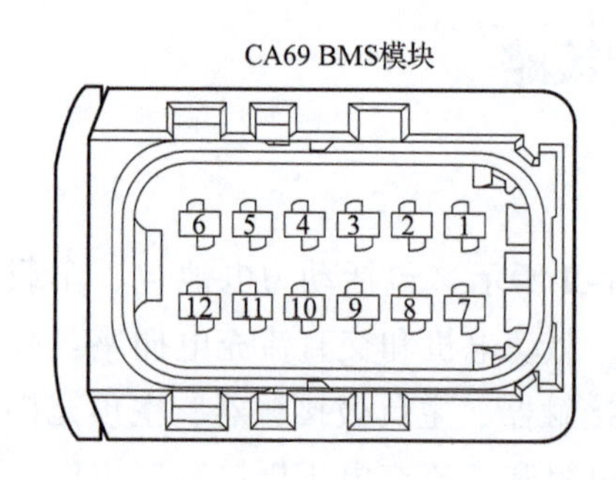

端子号	端子定义	颜色
1	常电12V	R/L
2	电源地GND	B
3	整车CAN-H	Gr/0
4	整车CAN-L	L/B
6	Crosh信号	L/R
7	IG2	G/Y
9	快充插座正极柱温度+	W/L
10	快充插座正极柱温度-	G/Y
11	诊断接口CAN-H	L/W
12	诊断接口CAN-L	Gr

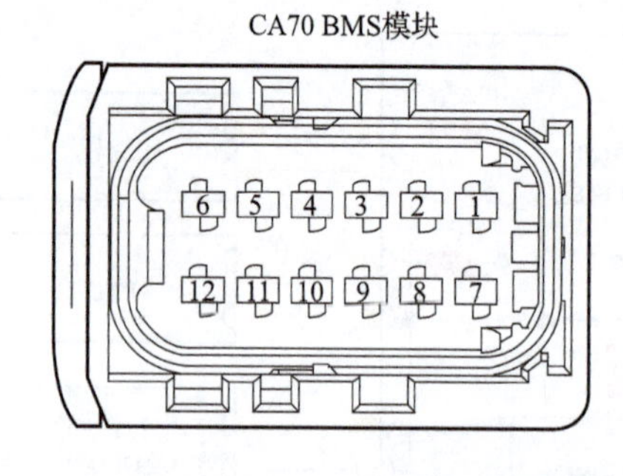

端子号	端子定义	颜色
1	快充CCAN-H	O/L
2	快充CCAN-L	O/G
3	快充CC2	Br
4	快充wakeup	R
5	快充wakeup GND	B/R
11	快充插座负极柱温度+	B/Y
12	快充插座负极柱温度-	B/W

图 6-10　吉利 EV450 BMS 插接器及其端子定义

2. 吉利 EV450 上下电控制策略

（1）吉利 EV450 上电过程。吉利 EV450 上下电控制涉及整车控制器（VCU）、动力电池管理系统（BMS）、电机控制器（PEU）、车身管理控制器（BCM）、减速机控制器（TCU）、安全气囊控制器（ACU）、高压配电盒（B-BOX）、驱动电机、制动开关、电子换档开关等，如图 6-11 所示。

① 吉利 EV450 采用无钥匙进入与起动系统，车身控制模块（BCM）检测周围遥控器（UID）的有效性，遥控器发出信号回应车辆，BCM 控制解锁转向柱电子锁（ESCL），此

时 BCM 通过 CAN 网络系统与动力系统进行信息认证。当驾驶员将一键起动开关打到 ACC 档，BCM 通过 IP23/32 端子控制 ACC 继电器 IR03 闭合，给 ACC 用电设备供电。当驾驶员将起动开关打到 ON 档，BCM 通过 IP23/15、IP23/31 端子控制 IG1、IG2 继电器闭合，IG1 给 VCU 供电，IG2 给 BMS、PEU 等电控单元供电，VCU、BMS、PEU 等进行自检，无故障进入下一步。

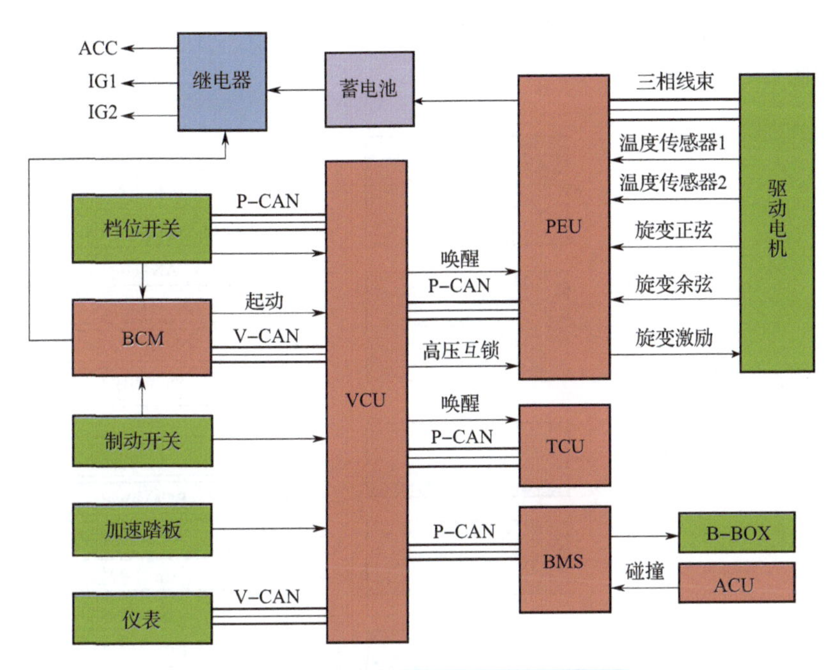

图 6-11 吉利 EV450 上电控制原理图

② 当驾驶员踩下制动踏板，按下起动开关（ST 档），请求上电时，BCM 发送起动信号给 VCU，VCU 通过动力 CAN（PCAN）检测是否满足上电条件，包括制动开关信号、电子换档开关信号、高压互锁信号、旋变传感器正弦信号、旋变传感器激励信号、温度传感器信号、碰撞信号、动力电池电流电压、整车漏电信号、P 位位置信号等是否正常。

③ 满足上电条件的情况下，VCU 通过动力 CAN 唤醒 BMS，BMS 控制负极接触器先闭合，然后启动预充程序，先闭合主预充继电器，串联预充电阻向车载充电机及分线盒总成输出高压电。BMS 监测输出母线电压，当输出母线电压与动力电池电压相差小于 50V 时，控制主正接触器闭合，断开主预充接触器，完成上电过程。

④ 完成上电后，VCU 通过 VCAN 总线点亮仪表“READY”指示灯。同时 VCU 向 PEU 发送指令，指示电机使能信息、电机模式信息（再生制动、正向驱动、反向驱动）以及相应模式下的电机转矩；PEU 向 VCU 上报电机和控制器的各种参数及故障报警信息，主要参数包括电机转速、电机转矩、电机电压和电流，车辆进入行驶准备状态。

（2）吉利 EV450 下电过程。上电状态下，BMS、VCU、PEU 等监测到漏电、碰撞、高压互锁、旋变传感器等故障信号时，BMS 控制主正接触器、负极接触器和分压接触器断开，电动汽车下电。或当驾驶员再次按下起动按钮下电时，BCM 向 VCU 请求下电，VCU 通过

PCAN 总线让 PEU 切断驱动电机驱动电源，然后通过 PCAN 发送指令给 BMS，BMS 控制主正接触器、负极接触器断开，电动汽车下电。

三 吉利 EV450 无法上电故障分析

根据吉利 EV450 电动汽车上下电控制策略，对吉利 EV450 无法上电的主要故障原因进行分析，如图 6-12 所示。

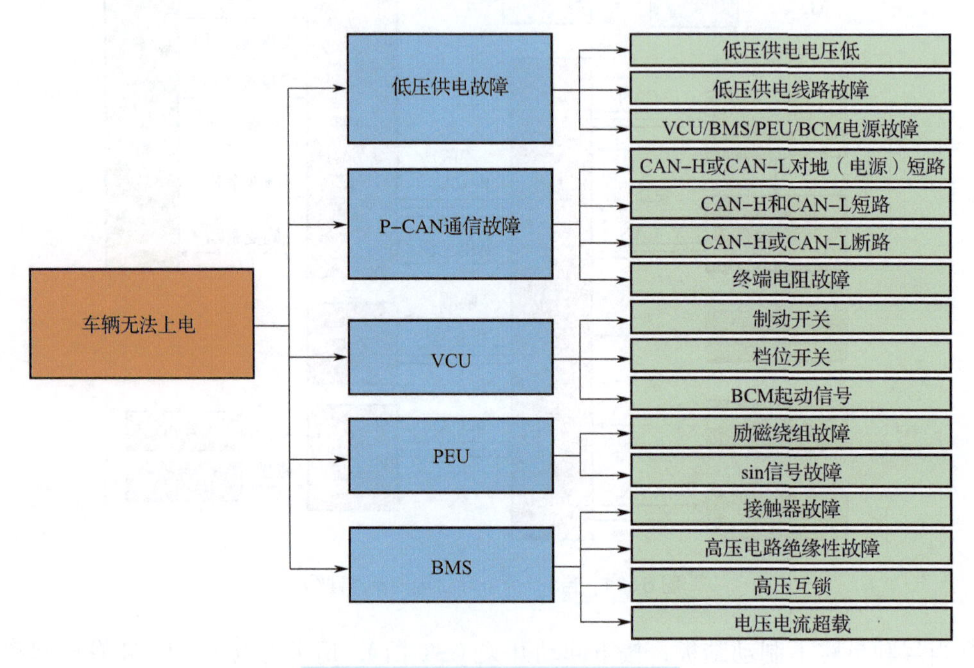

图 6-12 EV450 无法上电故障分析

1. 低压供电故障

（1）检查蓄电池供电电压。吉利 EV450 所有控制器供电均由一个 12V 铅酸蓄电池提供。蓄电池电压过低，或供电电源正极、搭铁线路接触不良均可导致控制器工作不正常，从而无法上电。检测蓄电池，电压应为 11~14V，线路电阻小于 1Ω。

（2）检测 BCM 供电电源。

① 图 6-13 为 BCM 电源电路及插接器。断开蓄电池负极 90s 以上，拆下 BCM 插接器 IP22a 和 IP20a；接上蓄电池负极，用万用表测量 IP22a/14 与搭铁间电压，应为 11~14V，否则检查熔丝 EF05 是否熔断和线路是否正常。

② 插上插接器 IP22a，将起动开关打至 ON 档，测量 IP20a/8 与搭铁、IP23/1 与搭铁间电压，应为 11~14V，否则检查熔丝 F28、F19 是否熔断，熔丝 F28、F19 正常时，检查 F28、F19 熔丝和 IP23/1、IP23/15 控制线路电阻，应小于 1Ω。

③ 检查 IG1、IG2 继电器 IR02、IR05 是否工作正常。

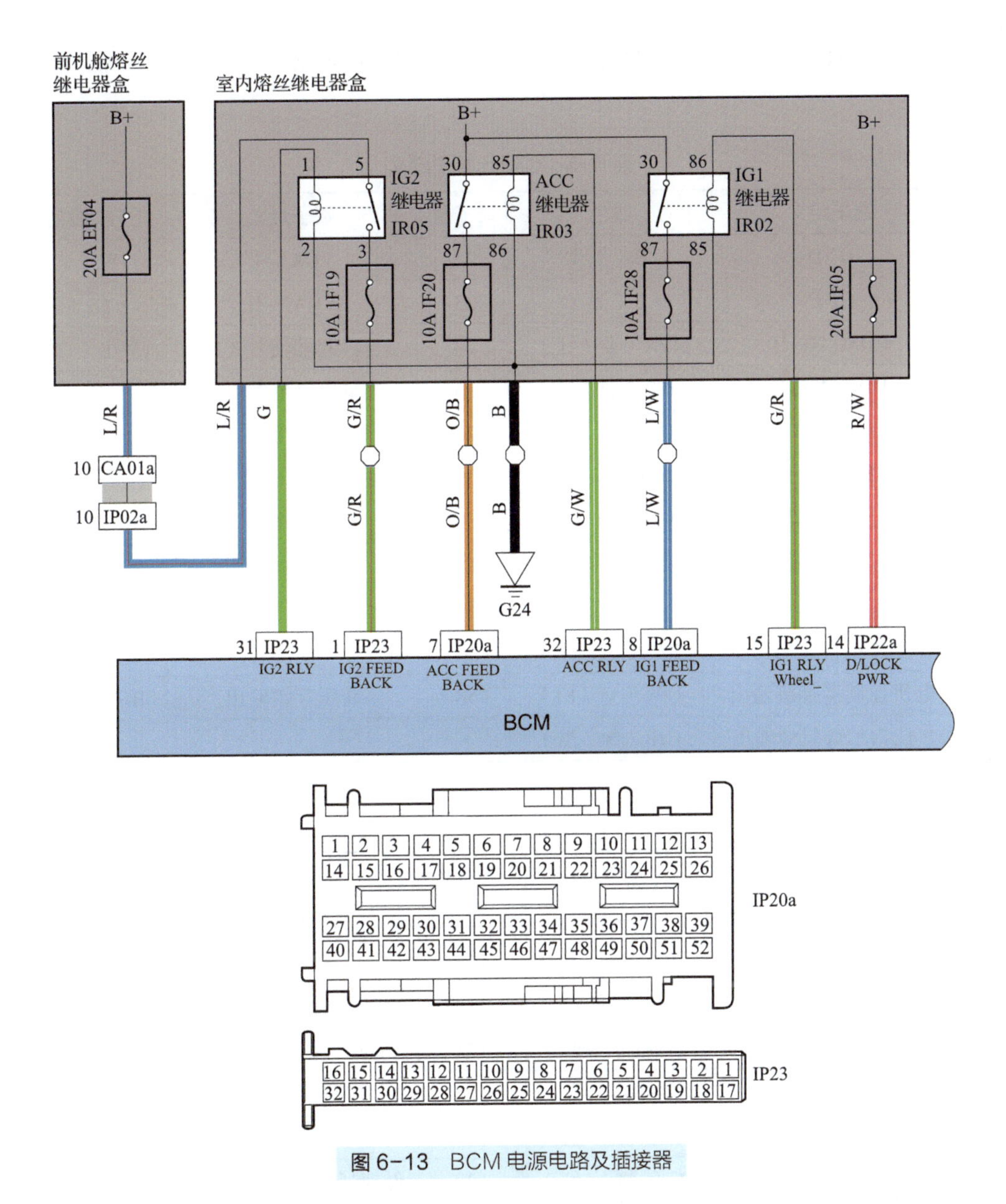

图 6-13　BCM 电源电路及插接器

（3）检测 VCU 供电电源。图 6-14 为 VCU 的插接器 CA66、CA67 接口，表 6-5、

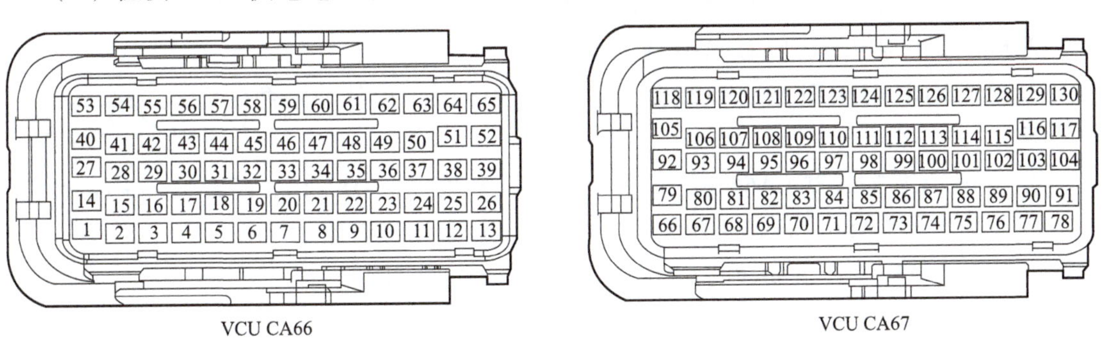

图 6-14　VCU 插接器 CA66、CA67 接口

表 6-6 分别为 CA66、CA67 端子的定义，图 6-15 为 VCU 电源电路图。VCU 供电电源电路检测如下：

表 6-5　CA66 端子定义

端子号	端子定义	线色	端子号	端子定义	线色
1	GND	B（黑）	22	VCAN-L	L/W（蓝 / 白）
2	GND	B（黑）	23	VCAN-H	Gr（灰）
4	UDSCAN-H	L/R（蓝 / 红）	24	起动信号	W/L（白 / 蓝）
5	UDSCAN-L	Y/B（黄 / 黑）	25	主继电器电源反馈	Y（黄）
7	PCAN-L	L/B（蓝 / 黑）	26	GND	B（黑）
8	PCAN-H	Gr/O（灰 / 橙）	39	电源正极（反接保护）	Y（黄）
10	高速风扇电源反馈	W/B（白 / 黑）	50	IG1	R/B（红 / 黑）
11	低速风扇电源反馈	W（白）	51	主继电器控制	Br/W（棕 / 白）
12	常电	R（红）	52	电源正极（反接保护）	Y（黄）
15	变速箱唤醒输出	R/G（红 / 绿）	54	GND	B（黑）
16	电机控制器唤醒输出	L/W（蓝 / 白）	58	高压互锁输出	Br/W（棕 / 白）
20	P 位指示灯信号输出	G/B（绿 / 黑）			

表 6-6　CA67 端子定义

端子号	端子定义	线色	端子号	端子定义	线色
76	高压互锁输入	Br（棕）	111	加速踏板信号 1	G/L（绿 / 蓝）
83	冷却水泵电源反馈	R/W（红 / 白）	112	加速踏板信号 2	G/W（绿 / 白）
86	制动开关 2（动断）	O（橙）	115	冷却水泵继电器控制	G/Y（绿 / 黄）
96	制动开关 1（动合）	Br（棕）	123	加速踏板地 2	B/W（黑 / 白）
99	加速踏板电源 2	R/B（红黑）	124	加速踏板地 1	B/L（黑 / 蓝）
100	加速踏板电源 1	R/L（红 / 蓝）	127	高速风扇继电器控制	P（粉）
101	水泵检测	G/R（绿 / 红）	128	低速风扇继电器控制	L/G（蓝 / 绿）

① 用诊断仪访问 VCU，检查是否输出 DTC，若有，根据输出 DTC 检修电路。

② 检查蓄电池电压，应为 11~14V。

③ 检查 VCU 熔丝 EF19、EF29 是否熔断，EF19、EF29 线路是否有断路故障。

整车控制器电源故障诊断

④ 检查 VCU 插接器 CA66 端子电压。将起动开关打至 OFF 档，断开 VCU 线束插接器 CA66，将起动开关打至 ON 档，用万用表直流 20V 档测量 CA66/12—CA66/1、CA66/50—CA66/1 电压，应为 11~14V。

⑤ 检查 VCU 插接器 CA66 搭铁端子导通性。将起动开关打至 OFF 档，测量 CA66/1、CA66/2、CA66/26、CA66/54 与车身搭铁电阻，应小于 1Ω。

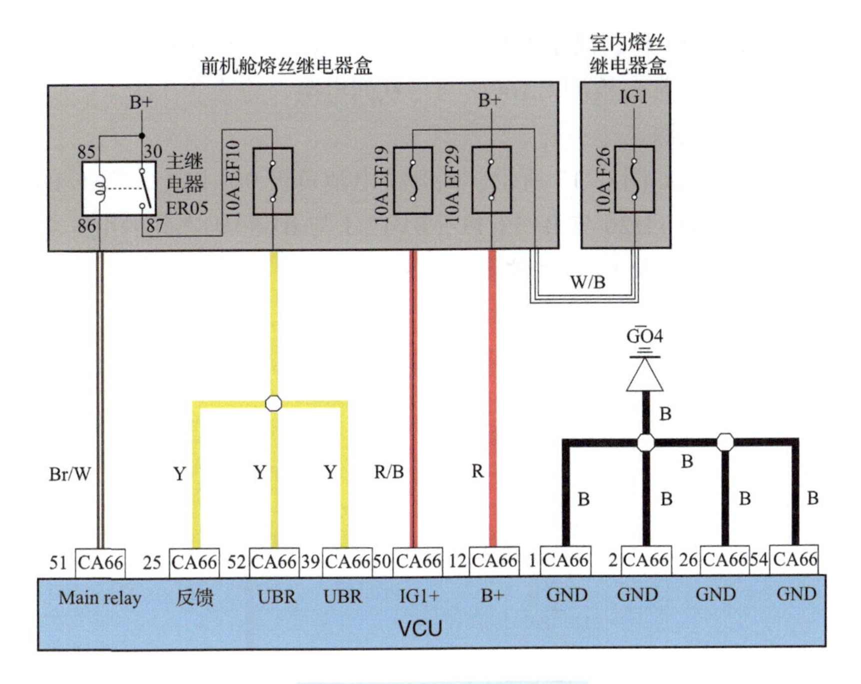

图 6-15　VCU 电源电路图

（4）检测 BMS 供电电源。

① 图 6-16 为 BMS 电源电路图。断开蓄电池负极 90s 以上，拆下 BMS 插接器 CA69，然后接上蓄电池负极，用万用表检测 CA69/1 与搭铁间电压，应为 11~14V，否则检测熔丝 EF01 与 CA6/1 连接线路是否正常。

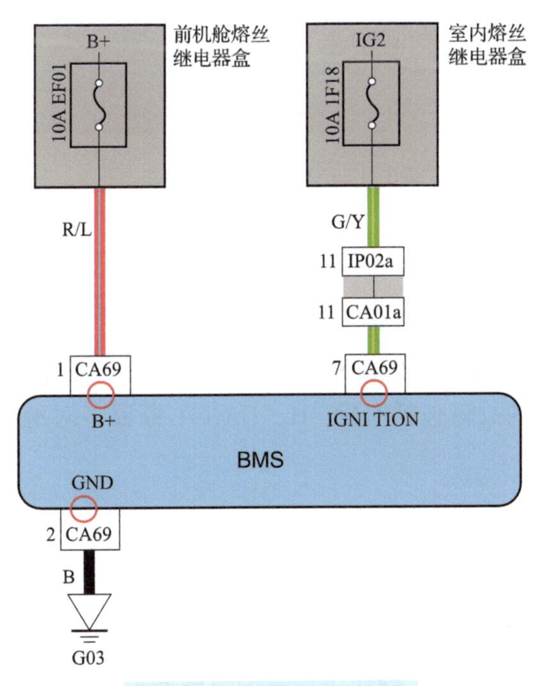

图 6-16　BMS 电源电路图

② 将起动开关打至 ON 档，测量 CA69/7 与搭铁间电压，应为 11~14V，否则检查熔丝 F18 与 CA69/7 线路是否正常；检测 CA69/2 与搭铁间电阻，应小于 1Ω。

（5）检测 PEU 供电电源。

① PEU 供电电源电路如图 6-17 所示。断开蓄电池负极 90s 以上，拆下 BV11 插接器，插上蓄电池负极，测量 BV11/26 与 BV11/11、BV12/1 与 BV34/1 之间的电压应为 11~14V，否则检查熔丝 EF32、AM02 及 PEU 搭铁线路是否正常。

② 将起动开关打至 ON 档，测量 BV11/25 与 BV11/11 之间的电压应为 11~14V，否则检查熔丝 F18 与 BV11/25 连接线路的电阻，应小于 1Ω。

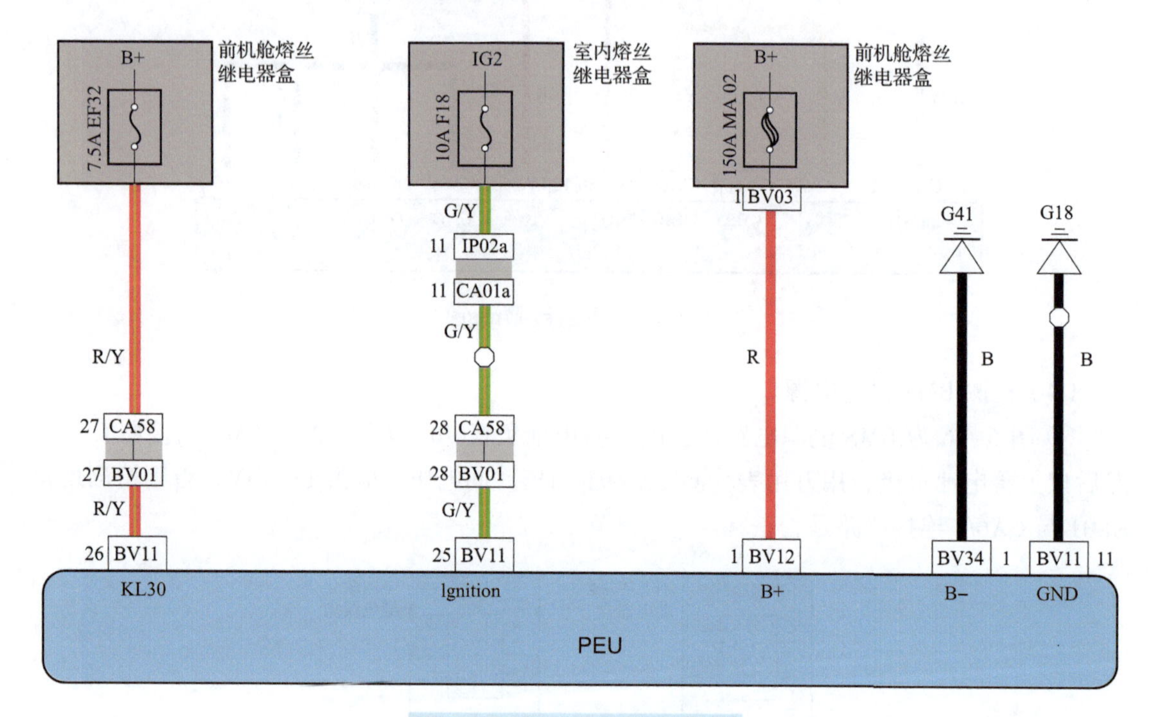

图 6-17 PEU 供电电源电路图

2. 动力 CAN 通信故障

吉利 EV450 上电过程中，VCU 通过动力 CAN 与 BMS、PEU、TCU 和电子换档开关进行通信。VCU 与 BCM、仪表通过 VCAN 进行通信，故 CAN 通信线路故障均可导致车辆无法上电。CAN 总线可能的故障包括 CAN-H、CAN-L 断路、对地或电源短路，CAN-H 和 CAN-L 短接等。

3. 上电条件不满足故障

上电条件不满足故障包括制动开关信号故障、电子换档开关信号故障、旋变传感器信号故障、高压系统绝缘性故障、接触器故障、高压互锁故障等。

（1）制动开关信号故障。为了确保车辆上电时的安全性，制动开关信号是 EV450 上电的条件之一，上电时要求驾驶员踩下制动踏板。吉利 EV450 制动开关由一个常闭开关和一个常开开关组成，踩下制动踏板，常闭开关打开，常开开关闭合，EV450 制动开关电路图如图 6–18 所示。常闭开关和常开开关分别连接到 VCU 的 CA67/86 和 CA67/96，给 VCU 输入整车减速或制动信号，反映了驾驶员对整车制动性的需求。VCU 根据制动开关信号对驱动电机实施控制，此外制动开关信号还是 VCU 控制电机控制器（PEU）实施能量回收控制的使能信号。断开 VCU 的 CA67/86 和 CA67/96 端子不影响整车上电控制。

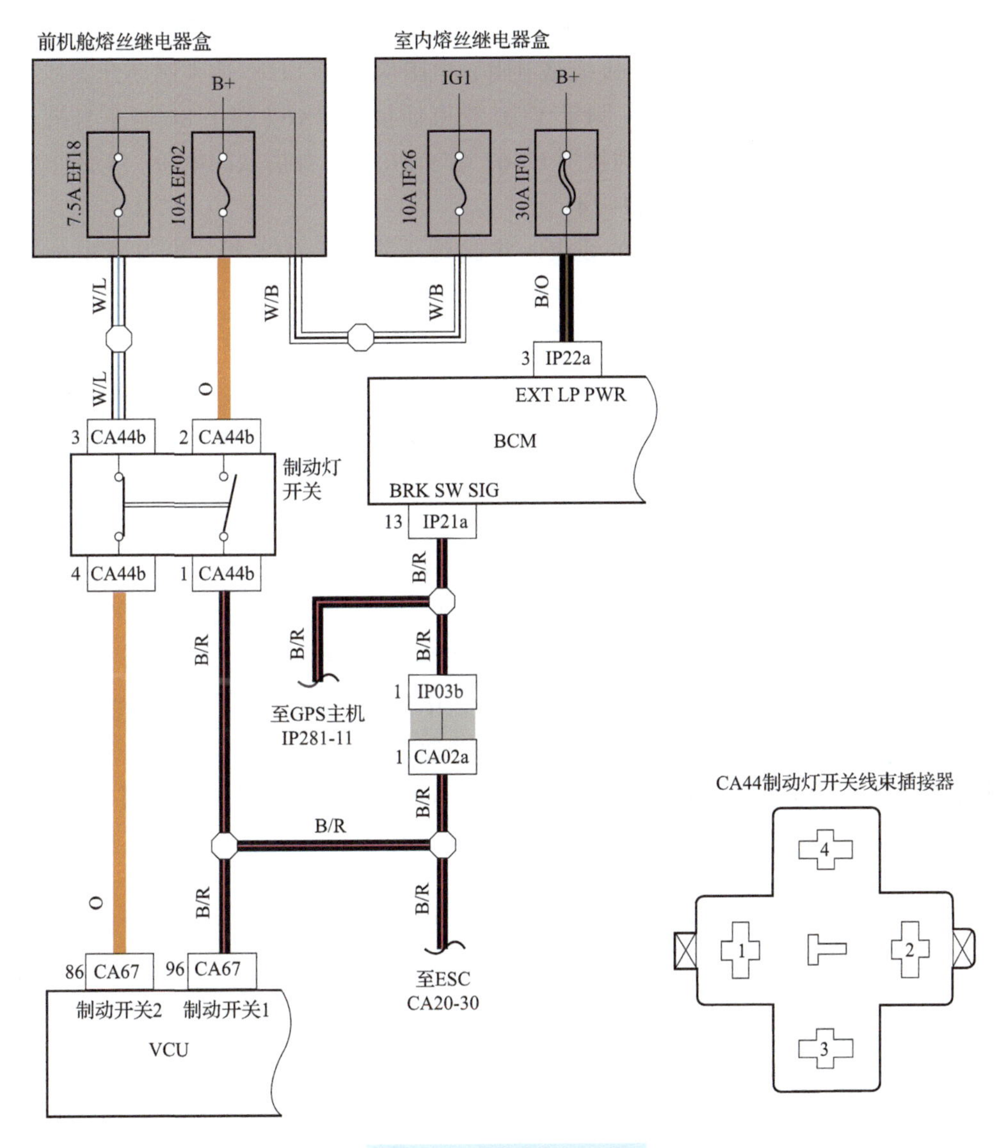

图 6–18　制动开关电路图

制动开关的常开开关还连接到 BCM 的 IP21a/13 和 ESC（电子稳定控制系统）的 CA20/30。制动开关给 BCM 的制动信号用于控制整车上电，若没有该信号，车辆将出现无法上电的故障。制动开关给 ESC 的制动信号主要用于车身稳定控制，若没有该信号，ABS

故障指示灯将点亮。对制动开关进行检测步骤如下：

① 将起动开关打至 ON 档，连接故障诊断仪，读取故障码，有故障码根据故障码信息进行排查。

② 检查制动开关熔丝 EF02 和 EF18 是否熔断。

③ 检查制动开关线路。将起动开关打至 OFF 档，断开蓄电池负极，等待至少 90s，断开制动开关线束插接器 CA44，断开 VCU 线束插接器 CA67。连接蓄电池负极，将起动开关打至 ON 档，测量线束插接器 CA44 端子 2、3 与车身搭铁间电压，应为 11~14V，否则检查 EF02 和 EF18 与制动开关的连接线路电阻，电阻应小于 1Ω；插入制动开关线束插接器 CA44，将起动开关打至 ON 档，测量 VCU 线束插接器 CA67 端子 86 与车身搭铁间电压，应为 11~14V；测量 VCU 线束插接器 CA67 端子 96 与车身搭铁间电压，未踩下制动踏板时为 0V，踩下制动踏板时应为 11~14V。

④ 检查制动开关与 VCU 之间的线束。将起动开关打至 OFF 档，断开蓄电池负极至少 90s，断开 VCU 线束插接器 CA67 和制动开关线束插接器 CA44，测量 CA67 端子 86 与 CA44 端子 4、CA67 端子 96 与 CA44 端子 1 之间的电阻，应小于 1Ω。

⑤ 检查制动开关线束是否对地短路。将起动开关打至 OFF 档，断开蓄电池负极至少 90s，断开 VCU 线束插接器 CA67 和制动开关线束插接器 CA44，测量 CA44 端子 1 与车身搭铁、CA44 端子 4 与车身搭铁之间的电阻，应大于 10kΩ。

⑥ 检查制动开关线束是否对电源短路。连接蓄电池负极，将起动开关打至 ON 档，测量 CA44 端子 1 与车身搭铁、CA44 端子 4 与车身搭铁之间电压，应为 0V。

（2）电子换档开关信号故障。吉利 EV450 电子换档开关（EGSM）是一个电子控制模块，其线束插接器编号为 IP53b。电子换档开关插接器 IP53b 的端子 1、2 分别通过 IF23、IF08 熔丝连接 IG1 和 B+，给电子换档开关供电，IP53b 的 10 号端子为搭铁线。电子换档开关插接器 IP53b 的 4、5 端子通过 PCAN 与 VCU 通信。

电子驻车控制流程如图 6-19 所示。当驾驶员将电子换档开关挂入 P 位时，IP53b 的端

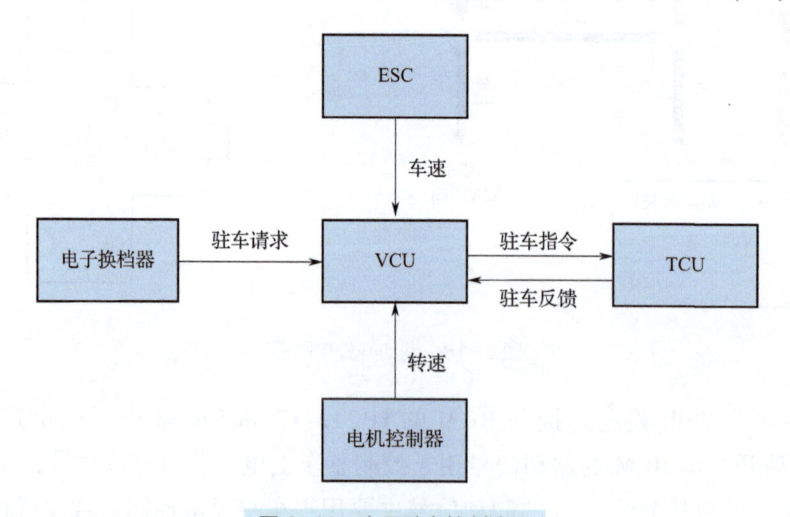

图 6-19　电子驻车控制流程

子 3 与 VCU 的插接器 CA66 端子 20 连接，通过 LIN 总线向 VCU 输送驻车请求信号，VCU 结合当前驱动电机转速（来自 PEU）和轮速信号（来自 ESC），判断是否符合驻车条件。当符合驻车条件时，VCU 通过 CAN 总线向 TCU（减速器控制器）发送驻车指令，TCU 控制减速器上的驻车电机进入 P 位，锁止减速器。驻车完成后 TCU 将收到减速器驻车电机位置传感器发出的 P 位位置信号，并将此信号反馈给 VCU, 完成换档过程。当驾驶员操作电子换档器退出 P 位，电子换档器通过 IP53b 的 3 号端子将解除驻车请求信号发送给 VCU, VCU 结合当前驱动电机转速及转速情况判断是否满足解除驻车条件，当符合条件时，VC 发送解除驻车指令到 TCU，TCU 根据解锁条件判断是否进行解锁，TCU 控制驻车电机解除减速器。解除驻车完成后，TCU 将收到减速器驻车电机位置传感器发出的档位位置信号，并将此信号反馈给 VCU, 完成换档过程。

驻车锁止需要同时满足以下条件：

① 接收到驻车请求。

② 上一次的换档操作已完成。

③ 供电电压处于 9~16V。

④ 驻车电机和编码器无故障。

⑤ 电机转速 <344r/min。

⑥ ESC 车速 <5km/h。

解除驻车需要同时满足以下条件：

① 接收到解锁请求。

② 上一次换档操作已完成。

③ 供电电压在 9~16V 之间。

④ 驻车电机和编码器无故障。

⑤ 电机转速 < 7r/min。

⑥ ESC 车速 < 0.1km/h。

电子换档开关电路图如图 6-20 所示，3 号端子为驻车请求信号，故障不影响车辆上电，但电子换档开关自身故障或通信故障将导致 VCU 无法从 TCU 获取 P 位位置信号，从而导致车辆无法上电。此外电子换档开关 IP53b 的端子 6 与 BCM 插接器 IP21a 的端子 34 连接，输出倒档信号给 BCM，用于打开倒车灯并起动倒车雷达。倒档信号故障不影响车辆上电。

对电子换档开关故障进行检测步骤如下：

① 连接故障诊断仪，检测 VCU 是否有电子换档开关故障码。

② 查看 VCU 数据流，看电子换档开关信号是否正常。

③ 检查蓄电池电压，应为 11~14V。

④ 检查熔丝 IF23、IF08 是否熔断。

⑤ 电子换档开关供电电源检测。将起动开关打至 OFF 档，将蓄电池负极拆下 90s 以上，断开变速杆线束插接器 IP53b，连接蓄电池负极，测量 IP53b 的端子 1 与车身搭铁电

压，应为 11~14V，否则检查 IP53b 的端子 1 与熔丝 IF08 间线路电阻，电阻应小于 1Ω；将起动开关打至 ON 档，测量 IP53b 的端子 2 与车身搭铁电压，应为 11~14V，否则检查 IP53b 的端子 2 与熔丝 IF23 间线路电阻，电阻应小于 1Ω。

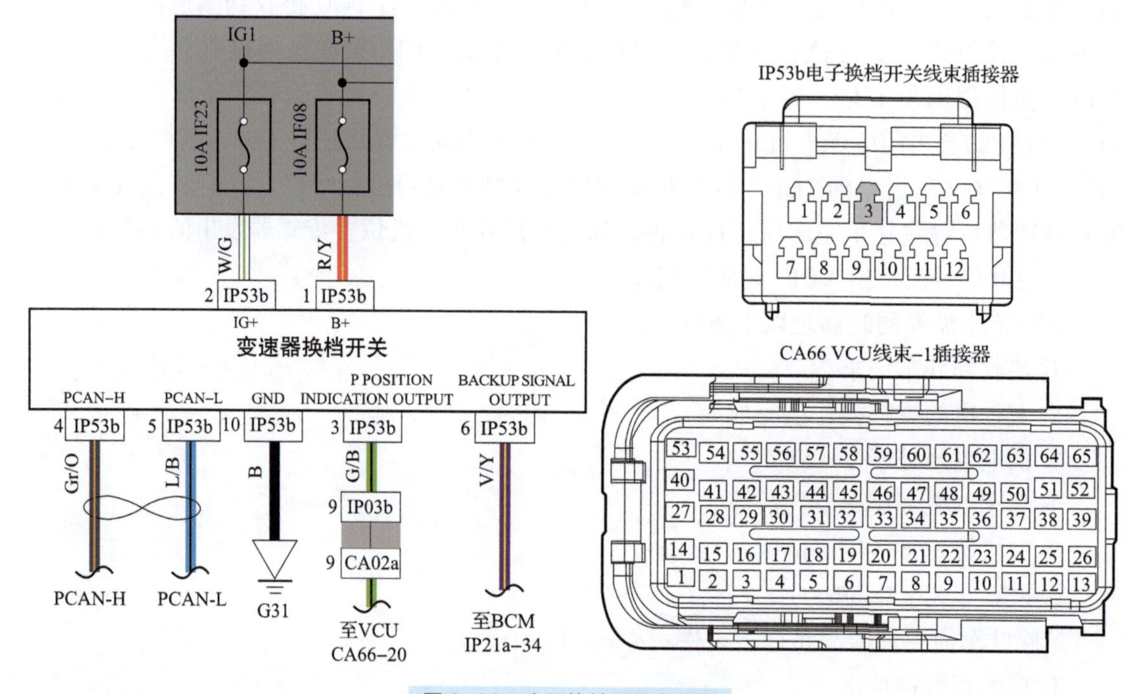

图 6-20　电子换档开关电路图

⑥ 检查 VCU 与电子换档开关间线路。将起动开关打至 OFF 档，将蓄电池负极拆下 90s 以上，断开变速杆线束插接器 IP53b，从 VCU 上断开线束插接器 CA66，测量 IP53b/3 与 CA66/20 之间电阻，应小于 1Ω。

⑦ 检查 BCM 与电子换档开关间线路。断开 BCM 插接器 IP21a，测量 IP53b 的端子 6 与 IP21a 端子 34 之间电阻，应小于 1Ω。

⑧ 检查电子换档开关搭铁。测量 IP53b 的端子 10 与搭铁之间电阻，电阻应小于 1Ω。

⑨ 检测电子换档开关与 VCU 的 PCAN 线路，应导通，电阻应小于 1Ω。

四 项目实施

实施准备

安全防护：做好车辆安全防护与隔离（车辆档块、警示隔离带、高压危险警示牌）。

工具设备：数字万用表、示波器、故障诊断仪。

实训车辆：吉利 EV450。

辅助资料：汽车原厂维修手册、原厂电路图。

任务一　制动开关检测

（1）接受任务。一辆 2018 款吉利帝豪 EV450 电动汽车出现无法上电故障。车间主管初步诊断为制动开关信号故障。你知道吉利 EV450 上下电的控制策略吗？你知道制动开关信号对整车上电的影响吗？请你对制动开关信号故障进行检测。

（2）收集信息。

① 在图 6-21 中填出 EV450 高压上电控制系统各控制器和部件的名称，并简述 EV450 上下电控制过程。

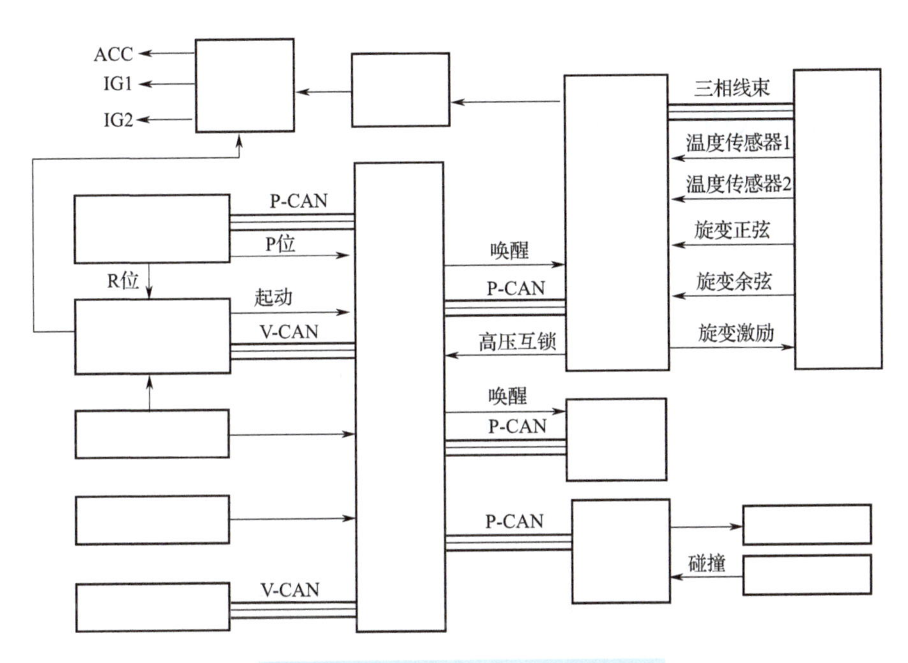

图 6-21　吉利 EV450 上电控制原理图

② 当驾驶员将起动开关打到 ON 档，BCM 通过______、______端子控制和继电器闭合，给______、______、______等电控单元供电。

③ EV450 上电控制条件包括______、______、______、______、______、______、______、______等。

④ EV450 高压接触器由______控制，完成上电后，通过 CAN 总线控制 IPU 点亮“______”指示灯。

⑤吉利 EV450 制动开关由一个______和一个______组成，踩下制动踏板，常闭开关打开，常开开关闭合。

⑥ 查阅电路图，吉利 EV450 制动开关电路图页码为______，制动开关线束插接器编号为______。VCU 侧制动开关信号端子分别为______和______，BCM 侧制动开关信号端子为______。

⑦ 画出制动开关电路简图。

（3）任务实施。

① 作业前准备（场地布置、防护装备检查穿戴、仪器设备检查、汽车防护三件套安装）。

② 记录车辆信息。

③ 读取故障码。

④ 检查熔丝 EF02 和 EF18。

⑤ 检查熔丝 EF02 和 EF18 线路。

⑥ 检查制动开关供电线束。

⑦ 检查制动开关与 VCU 连接线路。

⑧ 整理恢复场地。

任务二 电子换档开关检测

（1）接受任务。一辆 2018 款吉利帝豪 EV450 电动汽车出现无法上电故障。车间主管初步诊断为电子换档开关（EGSM）系统故障。请你查阅电路图及维修手册，熟悉电子换档开关的工作原理及其电路，分析电子换档开关可能的故障原因，并对电子换档开关进行检测。

（2）收集信息。

① 在吉利 EV450 电子驻车流程图（图 6-22）中填入控制器名称，并简述电子驻车控制过程。

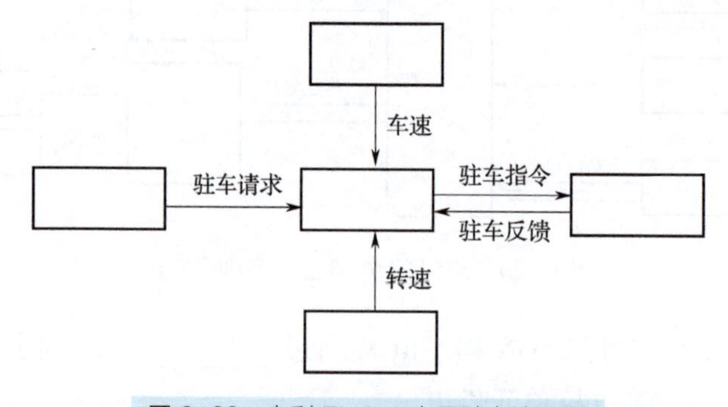

图 6-22 吉利 EV450 电子驻车流程图

② 在图 6-23 中标出各系统部件的名称，简述其功用。

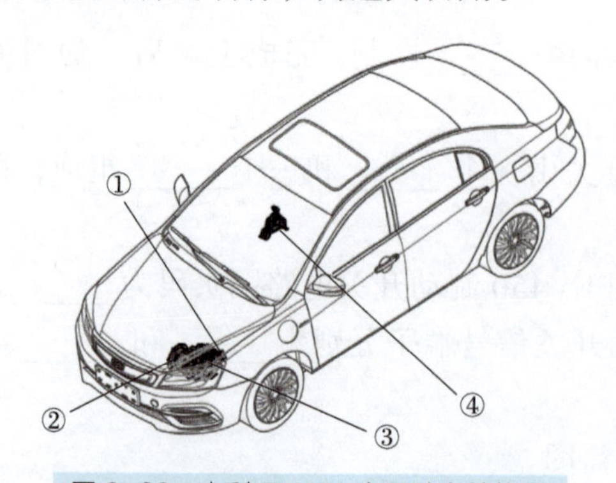

图 6-23 吉利 EV450 电子驻车结构图

③ 查阅电路图，电子换档开关电路图页码为______，插接器编号为______。

④ 将电子换档开关（EGSM）挂入 P 位时，其通过______号端子向______发出驻车请求信号。

⑤ 电子换档开关（EGSM）的供电熔丝为______和______，供电端子编号分别为______和______，搭铁端子为______。

⑥ 电子换档开关端子______与 BCM 的端子______连接，输出信号给 BCM。

⑦ 电子换档开关的 CAN 总线通信信号端子分别为______和______。

（3）任务实施。

① 作业前准备（场地布置、防护装备检查穿戴、仪器设备检查、汽车防护三件套安装）。

② 记录车辆信息。

③ 读取故障码。

④ 检查熔丝 IF23 和 IF08。

⑤ 检查熔丝 IF23 和 IF08 线路。

⑥ 检查 VCU 供电电压。

⑦ 检查 VCU 搭铁端子的导通性。

⑧ 检查电子换档开关（EGSM）供电电压。

⑨ 检查电子换档开关（EGSM）搭铁端子的导通性。

⑩ 检查 EGSM 与 VCU 通信线的导通性。

⑪ 整理恢复场地。

任务三　车辆无法上电故障诊断与排除

（1）接受任务。一辆 2018 款吉利帝豪 EV450 电动汽车出现无法上电故障。请你查阅维修手册和电路图，熟悉吉利 EV450 的上电控制策略，并对该车无法上电的故障进行诊断与排除。

（2）收集信息。

① 将起动开关打到 ON 档，控制______、______继电器闭合，给______、______、______等电控单元供电。

② 根据吉利 EV450 上电控制策略，完成车辆无法上电故障原因分析图。

③ 查阅电路图，吉利 EV450 BCM 电路页码为______，BCM 有______个线束插接器，线束插接器编号分别为______，BCM 的 CAN-H 端子为______，BCM 的 CAN-L 端子为______，BCM 的供电端子为______。

④ 画出吉利 EV450 BCM 通信线路简图。

（3）任务实施。

① 作业前准备（场地布置、防护装备检查穿戴、仪器设备检查、汽车防护三件套安装）。

② 记录车辆信息。

③ 基本检查。

④ 故障现象确认。

⑤ 读取故障码、数据流。

⑥ 故障范围分析。

⑦ 检查 BCM 熔丝 IF19、IF20、IF28。

⑧ 检查 BCM 熔丝 IF19、IF20、IF28 线路。

⑨ 检查 BCM 供电电压。

⑩ 检查 BCM 搭铁端子是否导通。

⑪ 检查 VCU 供电电压。

⑫ 检查 VCU 搭铁端子的导通性。

⑬ 检查 BCM 与 VCU 的通信 CAN 总线是否完整。

⑭ 故障恢复验证。

⑮ 整理恢复场地。

复习题

1. 不定项选择题

（1）EV450 高压配电盒（B-BOX）安装在（　　）。

A. 动力电池包内　　B. 高压电控总成（VTOG）内

C. 安装在前机舱内　　D. 低压蓄电池内

（2）EV450 动力电池管理系统包括（　　）。

A. 电池控制器（BMU）　　B. 电池信息采集系统（CSC）

C. 整车控制器（VCU）　　D. 车身控制器（BCM）

（3）动力电池管理系统插接器 CA69 的 6 号端子是（　　）。

A. PCAN-H　　B. PCAN-L

C. 碰撞信号　　D. 常电

（4）VCU 是指（　　）。

A. 整车控制器　　B. 车身稳定控制系统

C. 动力电池管理系统　　D. 电机控制器

（5）北汽 EV200 由（　　）驱动主正、主负接触器。

A. VCU　　B. BMS　　C. MCU　　D. OBC

（6）BMS 检测负载端电压达到动力电池电压的（　　）后，闭合主正接触器，断开预充接触器，完成预充。

A. 100%　　B. 90%　　C. 50%　　D. 30%

（7）比亚迪 E5 上电成功，仪表（　　）灯点亮。

A. READY　　B. OK　　C. ECO　　D. 充电指示灯

（8）比亚迪 E5 的低压电池为（　　）。

A. 铅酸电池　　B. 铁电池　　C. 锂电池　　D. 三元锂电池

（9）比亚迪 E5 的主接触器安装于（　　）。

A. 动力电池包内　　B. 高压电控总成内

C. VTOG　　D. 车载充电机

（10）比亚迪 E5 的动力电池管理系统（BMS）由（　　）组成。

A. 电池管理控制器（BMC）　　B. BIC

C. 电池采样线　　D. 漏电传感器

（11）吉利 EV450 的 BCM 通过（　　）端子控制 ACC 继电器 IR03 闭合，给 ACC 用电设备供电。

A. IP23/32　　B. IP23/15

C. IP23/31　　D. IP23/1

（12）吉利 EV450 的 PEU 指（　　）。

A. 动力电池管理系统　　B. 电机控制器

C. 整车控制器　　D. 高压分配盒

（13）以下哪个信号故障将导致 EV450 无法上电（　　）。

A. 制动开关信号　　B. 档位信号

C. 高压互锁信号　　D. A/C 开关信号

（14）EV450 上电成功，仪表（　　）灯点亮。

A. READY　　B. OK

C. ECO　　D. 充电指示灯

（15）EV450 BCM 的 IG1 控制端子是（　　）。

A. IP23/15　　B. IP23/32

C. IP23/1　　D. IP20a/8

2. 简答题

（1）简述比亚迪 E5 的上电过程。

（2）简述吉利 EV450 的上电过程。

（3）画出 EV450 VCU 供电电源电路简图。

（4）画出 EV450 制动开关信号的电路图，简述制动开关信号的检测过程。

（5）画出 EV450 档位开关信号的电路图，简述档位开关信号的检测过程。

项目七　车辆无法行驶故障诊断与排除

新能源汽车检测与
故障诊断技术

项目导入

一辆 2018 款吉利帝豪 EV450 纯电动汽车，客户反映车辆上电正常，挂入 D 位，松开制动踏板，车辆无法行驶，组合仪表系统故障警告灯亮起。

教学目标

知识目标

1. 掌握动力驱动系统的组成结构。
2. 熟悉动力驱动系统的功能。
3. 掌握动力驱动系统的控制策略。

能力目标

1. 掌握车辆无法行驶的故障现象分析。
2. 制定车辆无法行驶的故障诊断流程。
3. 掌握车辆无法行驶的故障诊断与排除方法。

一　电机驱动系统

1. 电机驱动系统概述

电机驱动系统是电动汽车行驶的主要执行机构，是电能与机械能之间的转化部件，并将自身的运行状态信息发送给驱动电机控制器。其特性决定了车辆的主要性能指标，直接影响车辆动力性、经济性和舒适性。

电机驱动系统的主要功能是把动力电池的电能转化为机械能，产生驱动转矩，驱动车辆行驶。另外，为了实现车辆的前进、后退、改变车速、停车等功能，驱动电机必须能实现正转、反转、改变转速和停机，如图 7–1 所示。

车辆制动或者滑行时，车轮反拖驱动电机转动，此时驱动电机转换成发电机进行发电，将电能储存到电池中，进行能量回收，以此适当延长电动汽车的续驶里程。

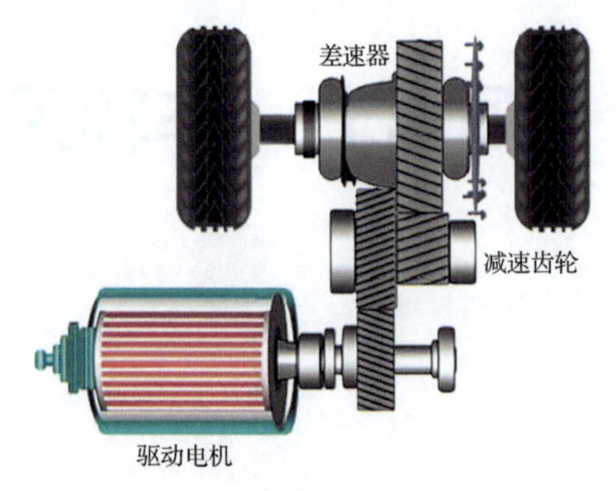

图 7–1　电驱动系统

2. 电机驱动系统的组成结构

电机驱动系统主要由整车控制器、驱动电机、电机控制器、机械传动装置和冷却系统等构成，如图 7–2 所示。

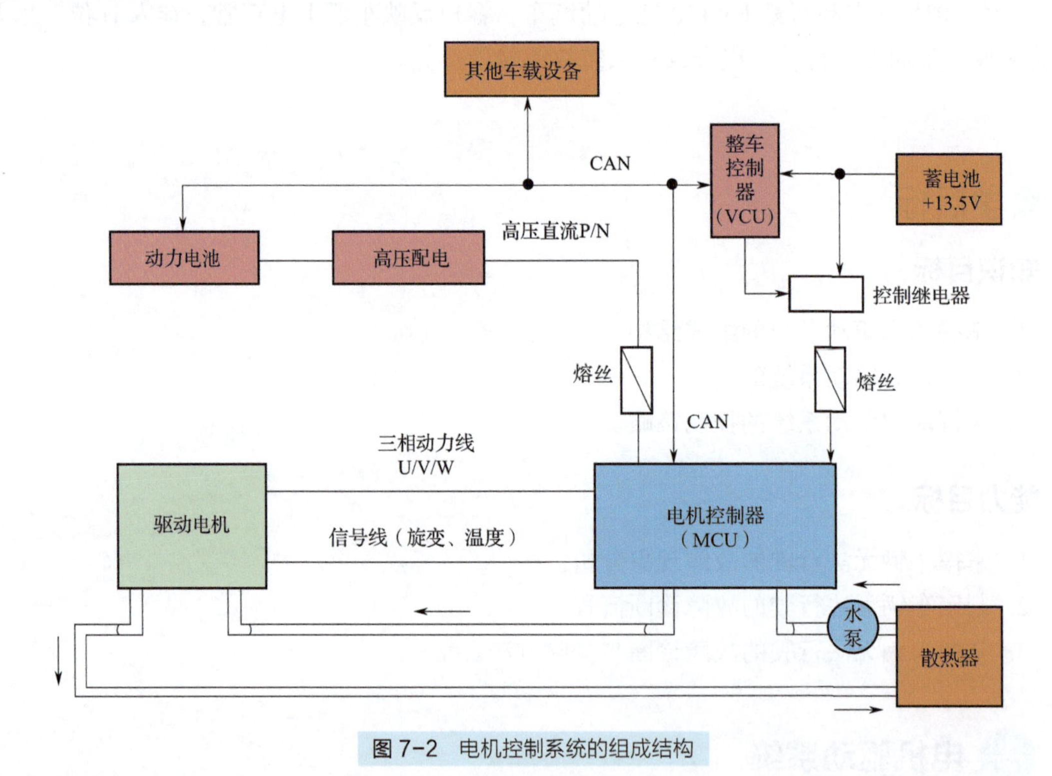

图 7–2　电机控制系统的组成结构

3. 驱动电机控制原理

在电机驱动系统中，电机控制器将输出的直流电逆变成电压、频率可调的三相交流电，以驱动三相交流永磁同步电机工作，如图 7–3 所示。

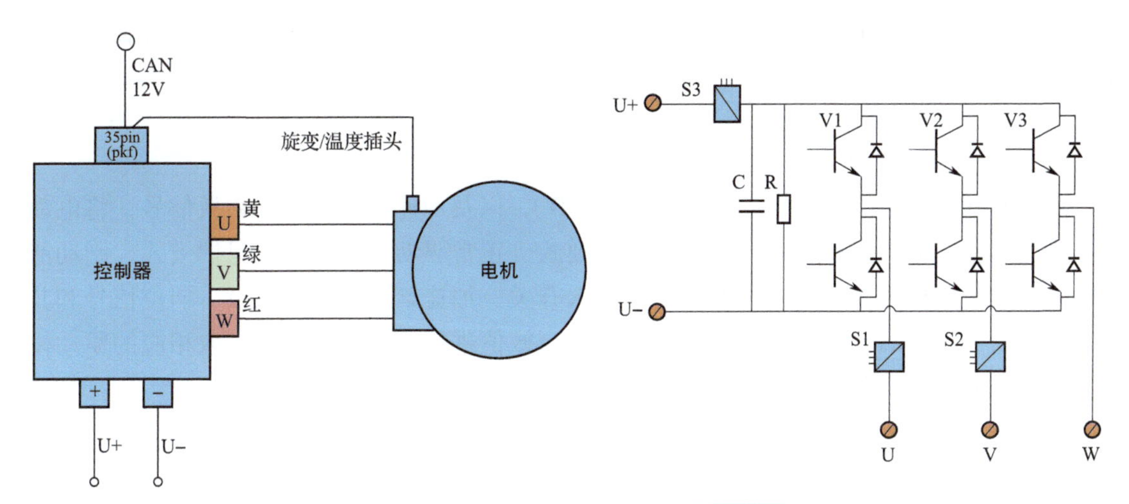

图 7-3　三相交流永磁同步电机工作原理

（1）指令与响应。电机控制器调速指令的触发信号来自整车控制器，整车控制器一方面考虑驾驶员的意图，另一方面从安全和车辆电气系统运行状态出发，评估对驾驶员的响应是否合理，最后执行或打折执行。驾驶员的意图通过加速踏板和制动踏板表达并传递给整车控制器。

整车控制器发送到电机控制器的具体指令，与动力系统相关的有以下几种：加速、减速、制动、停车。电机控制器做出的响应为，改变电源电流、电压、频率等参数，使得电机的运行状态符合整车控制器的需要。

（2）闭环。电机控制器自身是一个闭环控制系统，它调节目标参数，检测受控函数值是否达到预期，若不相符，反馈给控制器，再次调整目标参数，经过反复地闭环反馈，实现高精确度的控制，如图 7-4 所示。

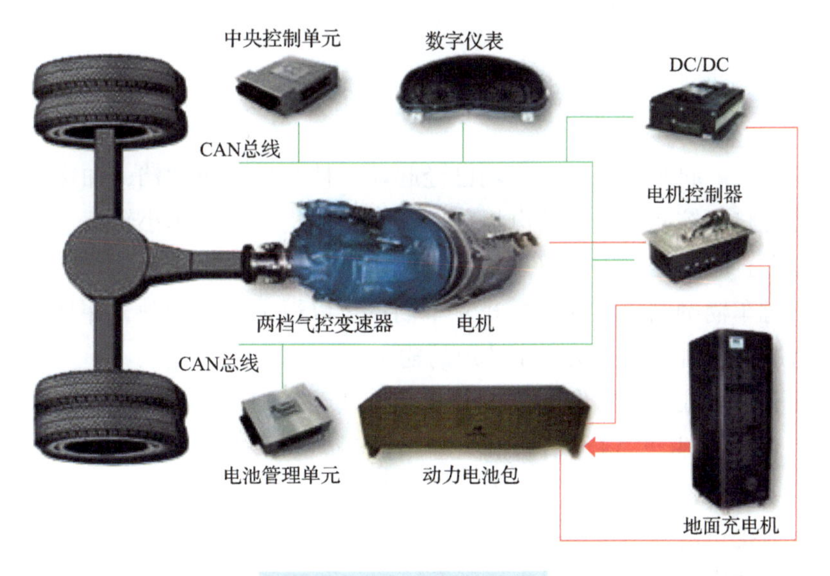

图 7-4　电机控制器示意图

整车控制器采集车速传感器，各个电气部件温度、电压等重要状态参数，以判断整车的综合情况。

4. 驱动电机控制策略

根据纯电动汽车的四个档位（P、R、N、D），以及加速踏板和制动踏板信号，将电动汽车的运行状态分为五种模式，分别是起车模式、正常驱动模式、失效保护模式、制动能量回馈模式和空档模式。整车控制器采集点火开关、加速踏板、制动踏板、档位信号和其他传感器信号，然后提取出有效值，并对这些有效值进行判断、计算，选取相应的驱动模式，然后向电机控制器发送整车期望转矩指令，如图 7-5 所示。

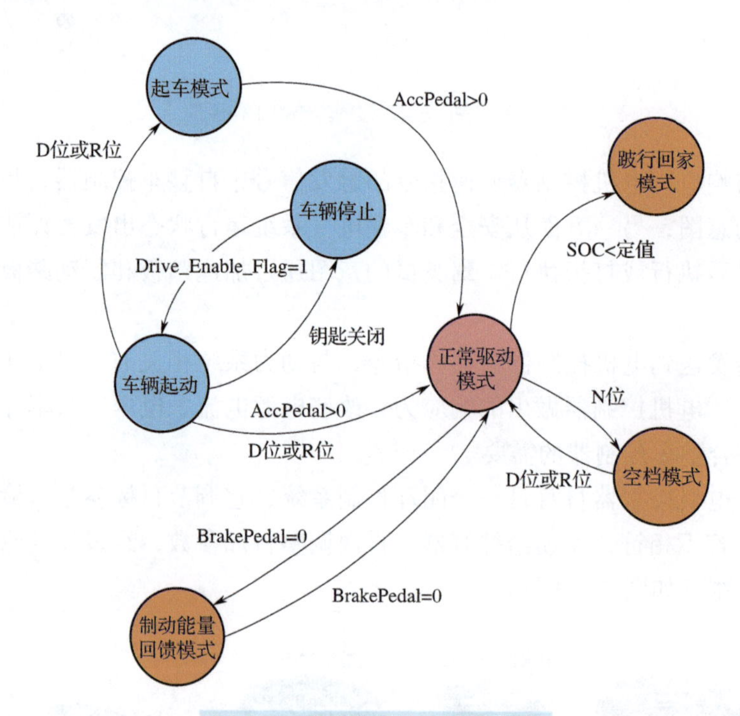

图 7-5　电动汽车的五种运行模式

（1）起车模式。起车模式是指车辆已经起动，档位挂在驱动档，加速踏板开度为零的运行模式。此时整车控制器发送给电机控制器的转矩指令为起车小转矩。该转矩的主要功能是：如果在平直路面上行驶，可以使车辆保持一个恒定起车速度前行，如果在坡道上则可以防止起车时车辆倒溜。在起车模式下车辆最终以恒定速度行驶，并且车速有一个最大值，若车速超过这个值，则电机停止转矩的输出。

（2）正常驱动模式。正常驱动模式是指车辆处于驱动使能状态下，整车动力系统能够无故障运行，保障车辆正常行驶。此时整车控制器根据加速踏板开度、车速和电池 SOC 值来确定发送给电机控制器的转矩指令，当电机控制器从整车控制器得到转矩输出的指令时，将动力电池提供的直流电转化成三相交流电，驱动电机输出转矩，通过机械传输来驱动车辆。正常驱动模式下有一个最大行驶车速，如图 7-6 所示。

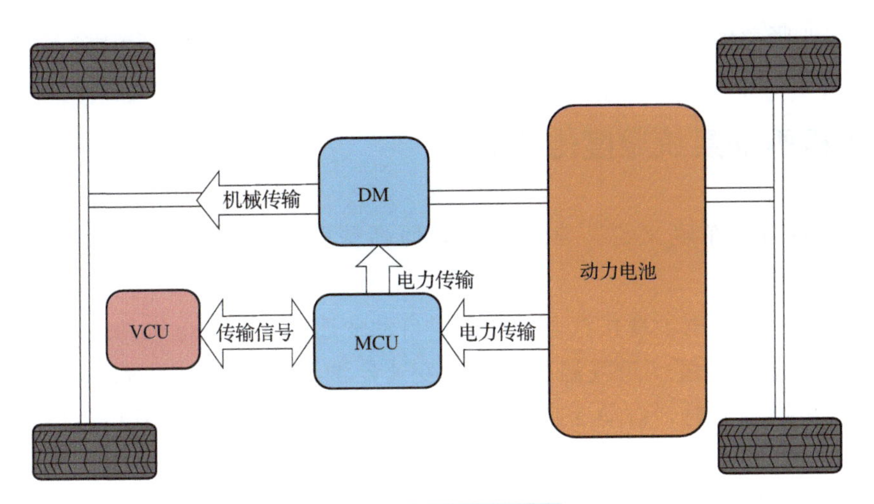

图 7-6　正常驱动模式

（3）制动能量回馈模式。制动能量回馈模式也称为发电模式，是指车辆在运行时制动信号有效，并且车速大于一定值，则对车辆的动能进行回收。电机既可以作为电动机，又可以作为发电机。此时电机输出制动力矩，有效地吸收车辆制动时的动能，将车辆的动能转化为电能，然后三相正弦交流电通过电机控制器转化为直流电，产生的电能给动力电池充电，增加能量的利用率，如图 7–7 所示。

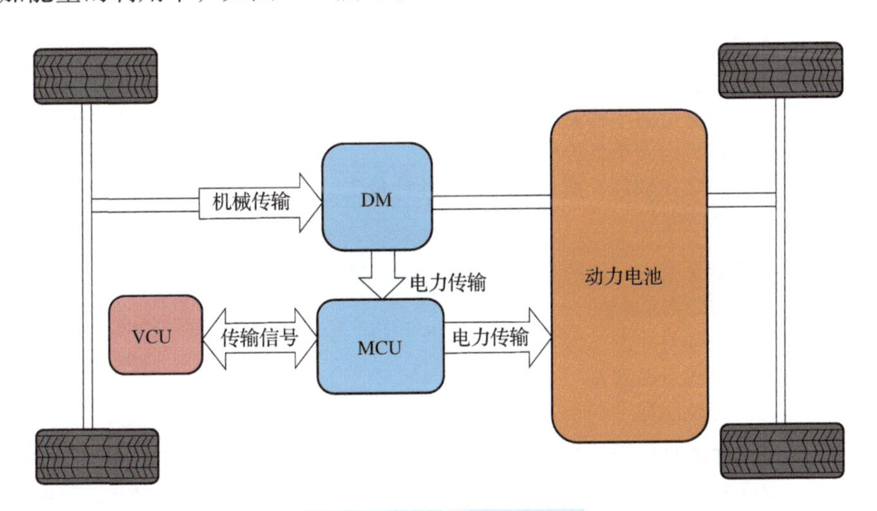

图 7–7　制动能量回馈模式

（4）空档模式。档位信号在 N 位时，整车控制器发送给电机控制器的转矩指令为 0，电机处于自由状态，电机随着驱动轮转动。传统的燃油汽车由于发动机不能带负载起动，在塞车或等候交通绿灯时，需要让发动机怠速转动，这部分燃油不做功，降低了整车的能量利用率，同时怠速时，由于燃油燃烧不充分，还造成了比较大的环境污染，而电动汽车不存在这方面的缺点。

（5）失效保护模式。失效保护模式为整车动力系统出现非严重故障时，车辆还可以继续行驶而不需要紧急停车。整车控制器根据故障等级，对需求转矩进行限制输出。

二 电机驱动系统温度传感器

温度传感器对于车辆来说非常重要，如何高精度地识别温度变化，就需要温度传感器。

温度传感器广泛应用于现代汽车发动机、自动变速器、驱动电机和空调等系统，用于测量发动机的冷却液温度、进气温度，自动变速器油温度，空调系统环境温度、室内温度等，是发动机燃油喷射、自动变速器换档、离合器锁定、油压控制以及自动控制的重要信号。

汽车上的温度传感器因车型的差异，检测的目的和范围也不大一样，其数量、使用类型也有所差异。实际应用在汽车上的温度传感器主要有热敏电阻式、金属测温电阻式、热电偶式三种类型。三种典型的温度传感器的主要特点见表 7-1。

表 7-1 三种典型的温度传感器的主要特点

测量用部件	优点	缺点
热敏电阻	①可测量很小部位的温度 ②可缩短滞后时间 ③灵敏度高 ④不能忽略导线电阻造成的温差 ⑤适于测量微小的温度差 ⑥测量机构简单且价格低廉 ⑦因信噪比较高，所以相对系统性计量工程来说经济性好	①因电阻与温度间的非线性程度较严重，有时需要做线性处理 ②有时需要互换用电阻 ③振动严重的场合可能会损坏
热电偶	①可测量很小部位的温度 ②可缩短滞后时间 ③耐振动与冲击 ④适于测定温度差 ⑤测定范围宽	①需要标准触点 ②标准触点与补偿导线有误差 ③在常温下不注意修正时，难以得到较高的精度
金属测温电阻	①适于测量较大范围的平均温度 ②不需要标准触点等 ③与热电偶相比，常温左右的精度较高	①难以缩短滞后时间 ②在振动严重的场所可能损坏 ③受导线电阻的影响，需要修正

1. 温度传感器结构与原理

使用广泛的冷却液温度传感器的类型是由负温度系数（NTC）热敏电阻构成的，如图 7-8a 所示。当冷却液温度较低时，传感器的电阻较大；当冷却液温度升高时，传感器的电阻变小。冷却液温度传感器的特性曲线如图 7-8b 所示。

在发动机电控系统中，传感器能感知冷却液温度的变化，并将这种变化通过电路的连接转化为电信号输送给 ECU，ECU 根据输入的电信号（即冷却液温度的变化信号），对电喷发动机的喷油量及喷油时间进行修正，同时调整空燃比，使进入发动机内的混合气能稳定燃烧，冷机时供给较浓的可燃混合气，热机时供给较稀的可燃混合气。

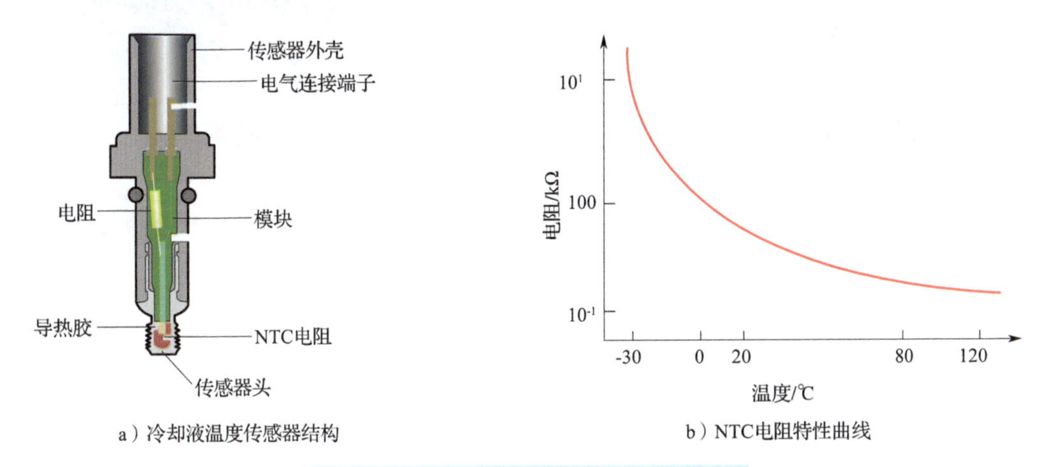

图 7-8　冷却液温度传感器结构与特性曲线

2. 温度传感器电路图

NTC 型冷却液温度传感器与发动机控制器的连接电路如图 7-9 所示。

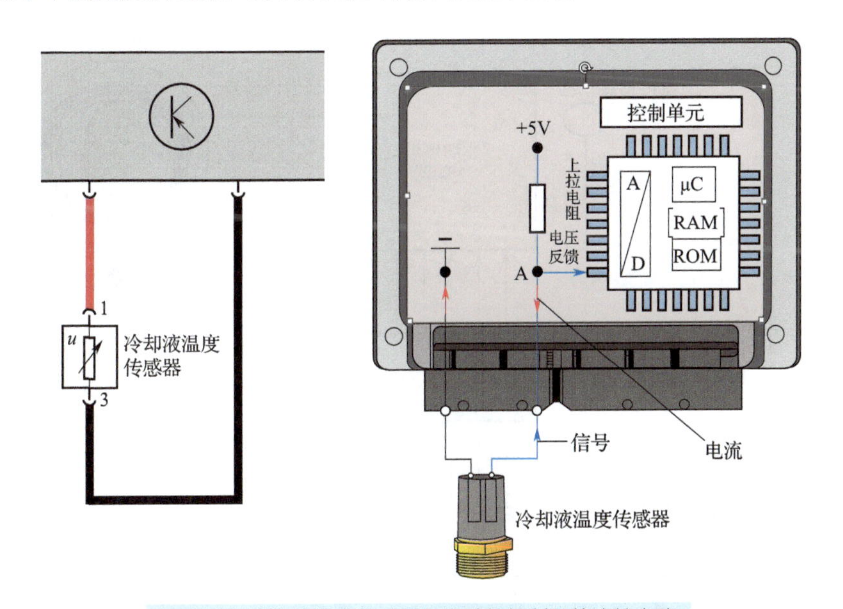

图 7-9　冷却液温度传感器与发动机控制器的连接电路

3. 驱动电机温度传感器

驱动电机控制模块利用电机温度传感器检测电机的绕组温度，驱动电机控制模块利用此信号保护电机，避免其过热。

电机温度传感器是一个负温度系数的热敏电阻，其安装在电机的尾部，固定在定子绕组线束中，感知电机的温度，如图 7-10 所示。温度越低，电阻值越大；温度越高，电阻值越小。电机温度传感器的阻值，在室温 25℃时大约为 10kΩ。

图 7-10　电机温度传感器

三　驱动电机旋变传感器

电动汽车上的驱动电机多为永磁同步电机，因此“位置传感器”的作用重大，它通常用于检测电机转子旋转的瞬间准确位置，涉及驱动电机的供电系统。在当前的驱动电机中，常采用磁阻式旋转变压器作为位置传感器。电动汽车上只有直流电源，驱动电机使用的却是三相交流电，中间需要用一个变频器将动力电池的高压直流电转变成三相交流电向同步电机供电，以适应车辆驱动的不同需要。

其中变频器是由车辆驱动系统的 ECU 控制的，通过控制 6 个场效应晶体管（IGBT）的门控驱动电路控制三相交流电的频率及次序来改变驱动电机的转速和转向，所以变频器的门控电路是变频器的核心。其中输入 ECU 的多种信号中，负责精准检测驱动电机转子旋转位置的信号十分重要。电动汽车上的驱动控制电路如图 7-11 所示。

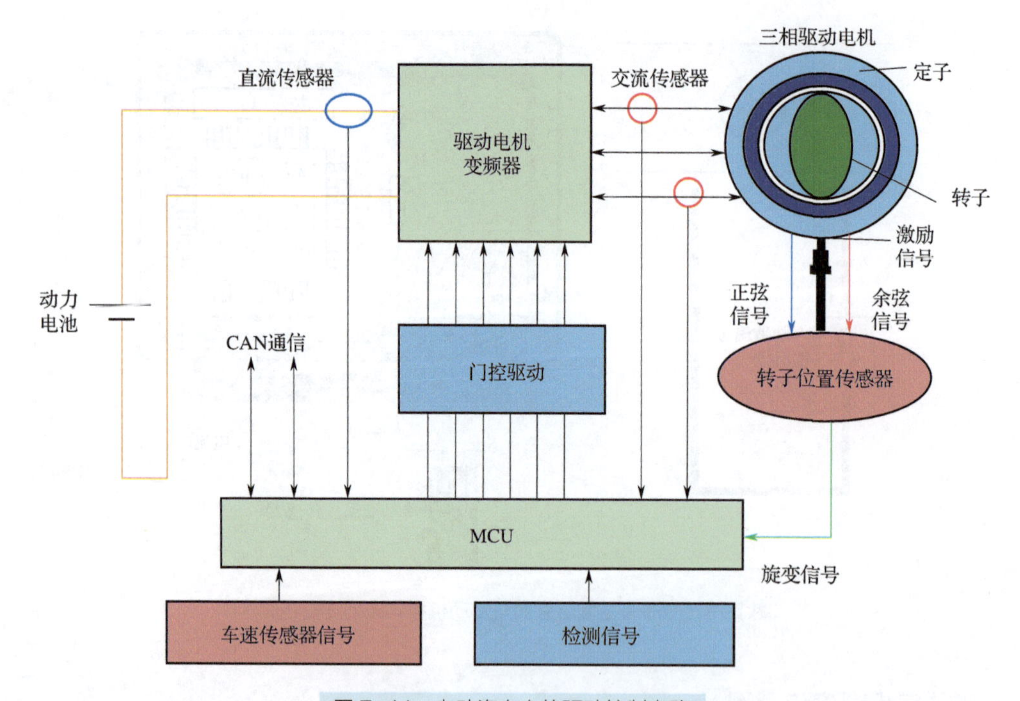

图 7-11　电动汽车上的驱动控制电路

（一）旋转变压器介绍

旋转变压器（resolver）是一种电磁式传感器，它是一种测量角度用的小型交流电机，用来测量旋转物体的转轴角位移和角速度，由定子和转子组成。其中定子绕组作为变压器的一次侧，接受励磁电压，励磁频率通常为 400Hz、3000Hz 及 5000Hz 等。旋转变压器在同步随动系统及数字随动系统中可用于传递转角或电信号；在解算装置中可作为函数的解算之用，故也称为解算器。

旋变器的本质是变压器，如图 7-12 所示，关键参数也与变压器类似，比如额定电压、额定频率、变压比。

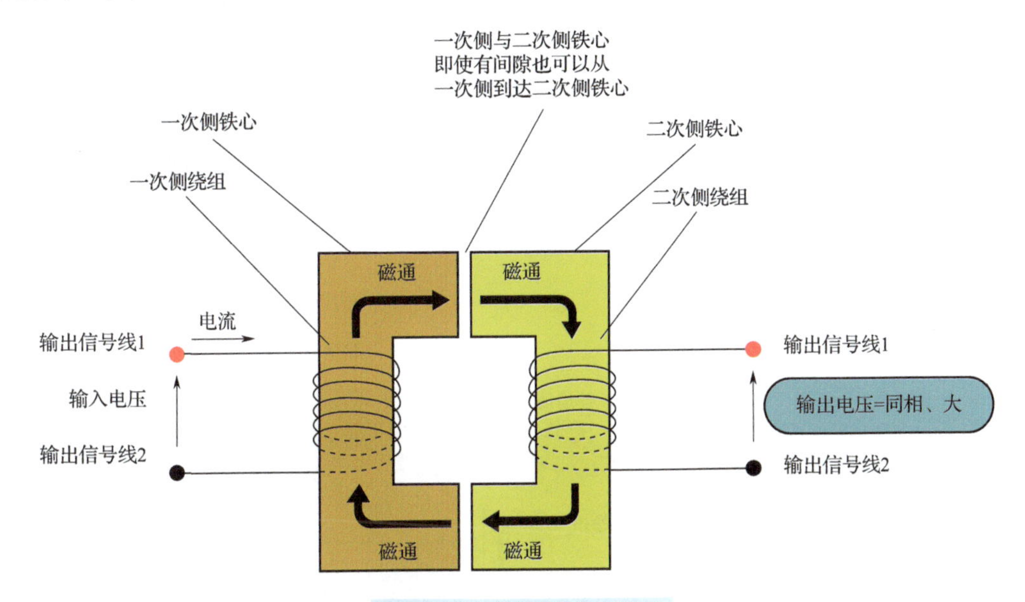

图 7-12　旋变器的基本原理

与变压器不同之处是，它的一次侧不是固定安装，而是相对二次侧做旋转运动。随着两者相对角度的变化，在输出侧得到幅值变化的波形，如图 7-13~ 图 7-17 所示。

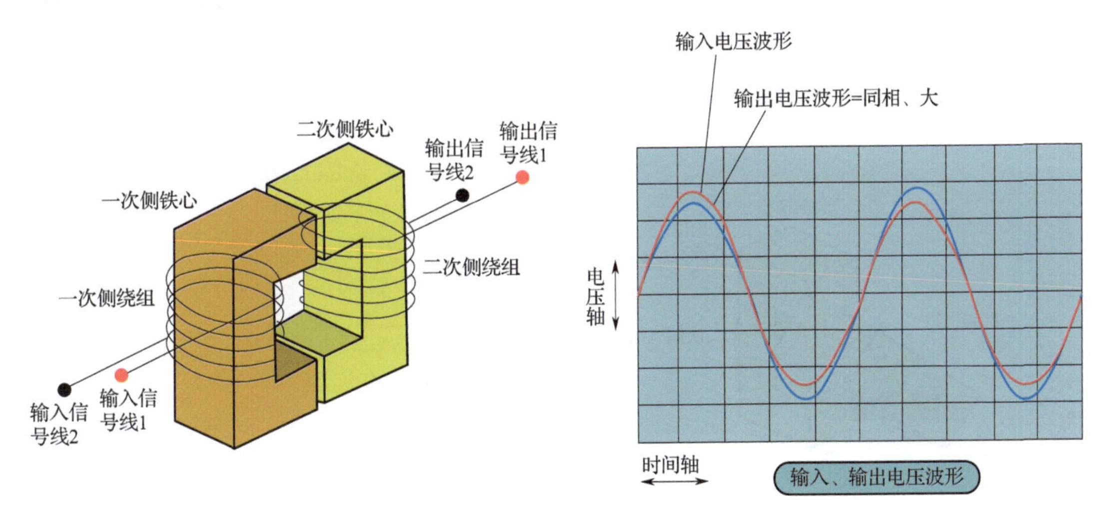

图 7-13　旋变器状态 1

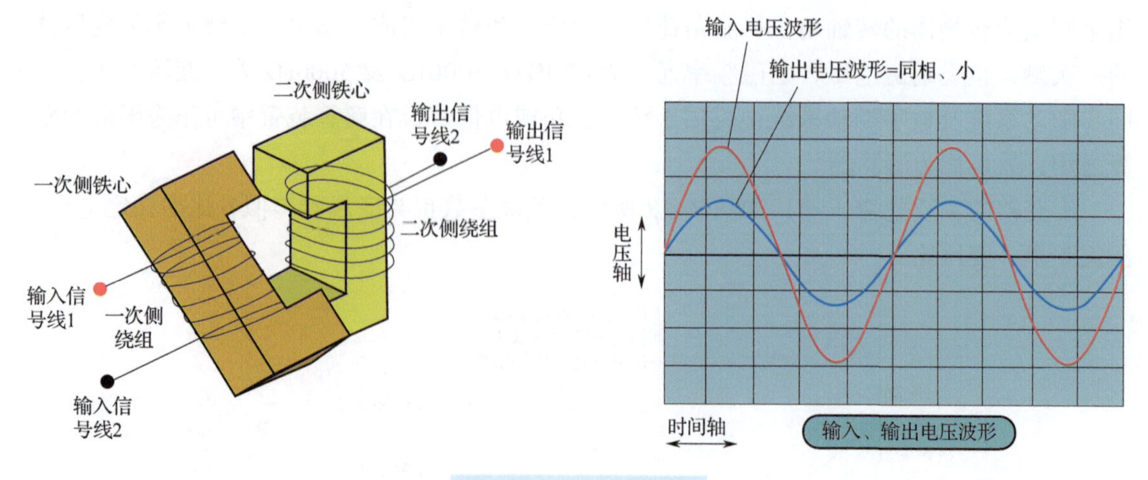

图 7-14　旋变器状态 2

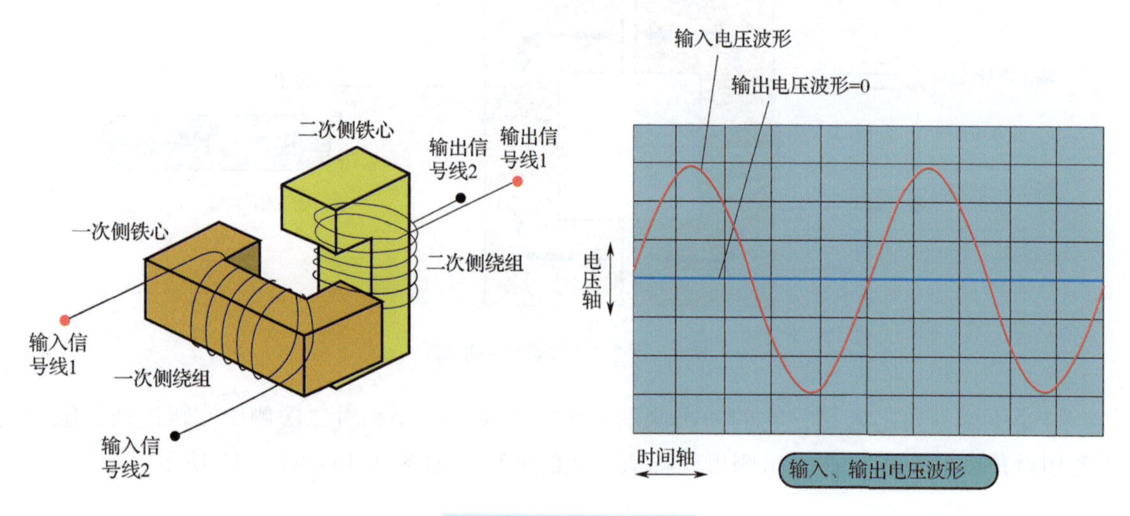

图 7-15　旋变器状态 3

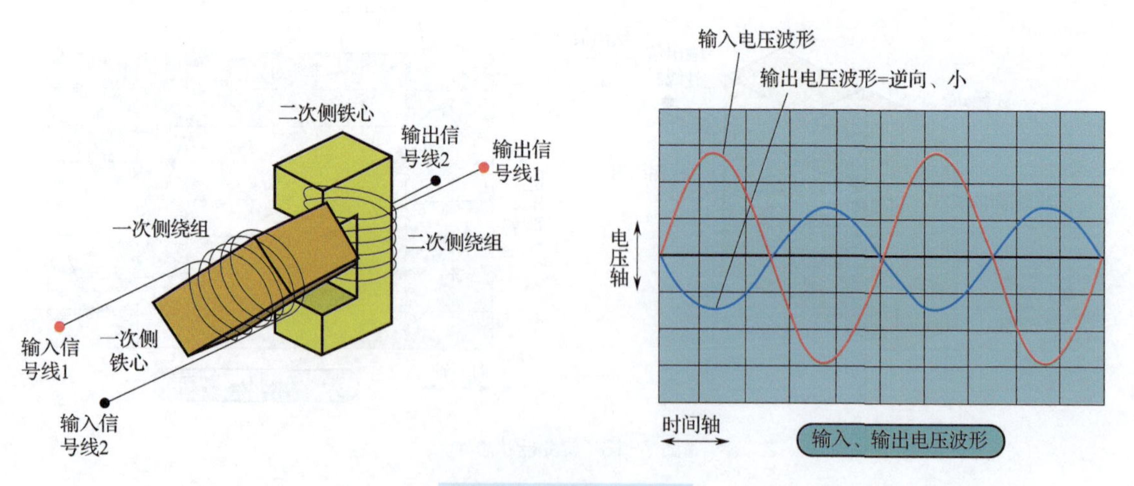

图 7-16　旋变器状态 4

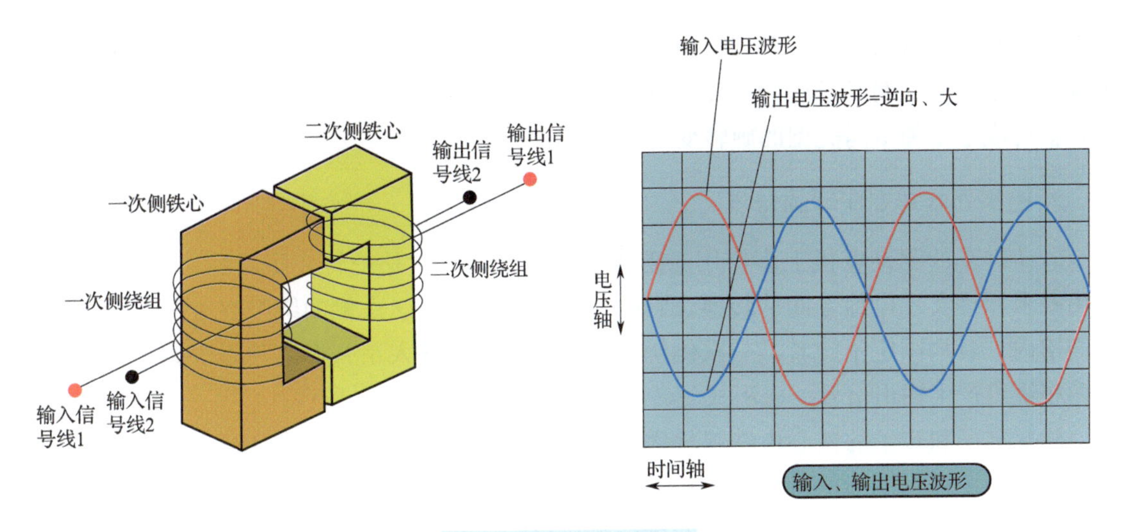

图 7-17　旋变器状态 5

旋变器就是基于以上原理设计的，其输出信号幅值随位置变化而变化，但频率不变。旋变器在实际应用中，设置了两组二次绕组，两者相位差为 90°，从而可以输出幅值为正弦与余弦变化的两组信号，端子号为 S1~S4，励磁绕组端子号是 R1 和 R2。旋变器内部结构如图 7-18 所示。

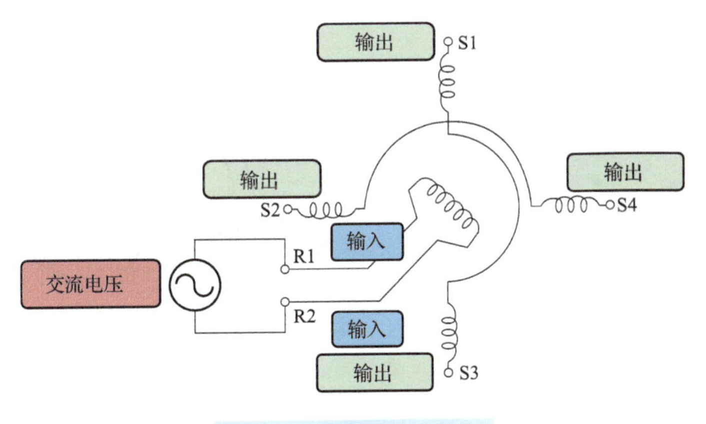

图 7-18　旋变器内部结构

（二）磁阻式旋转变压器的结构与原理

电机转子位置传感器常被称作旋转变压器或同步分解器，汽修行业常常称它为“旋变器”。旋转变压器定子由高性能硅钢片叠成，其上有绕组作为变压器的一次侧接受励磁电压，转子绕组作为变压器的二次侧，通过电磁耦合在二次侧绕组上产生感应电压。

1. 普通变压器与旋转变压器的区别

普通变压器的一次侧和二次侧的绕组是相对固定的，中间有铁心进行电磁交变，所以输出与输入的电压比是不变的。旋转变压器的一次侧绕组不动，二次侧绕组随转子旋转，当转子的转角位置改变时，其二次侧绕组输出电压的大小会随转子角位移发生变化，若输出绕组的电压幅值与转子转角成正弦或余弦的函数关系、保持某比例关系或与转角成线性关系就构成了三种不同类型的旋转变压器。

2. 磁阻式旋转变压器的特点

电动汽车的驱动电机上多使用磁阻式旋转变压器，它是旋转变压器的一种特殊形式，利用磁阻原理实现电信号间的转换。它的特点是一次侧与二次侧的绕组都放在电机定子的不同槽内，且均固定不旋转。一次侧绕组属励磁绕组，通入正弦形的励磁电流，而二次侧由两相绕组产生输出信号。磁阻式旋转变压器示意图如图 7-19 所示。

旋变定子和转子的铁心由铁镍软磁合金或冲有槽孔的硅钢片叠成。转子不用永磁材料制成，它是由驱动同步电机的永磁转子同轴带动旋转的。转子在旋转时通过磁阻原理在二次侧的两相绕组上分别感应出正弦及余弦电压信号，故称为正弦绕组和余弦绕组，产生彼此相差 90° 的电角度信号。

磁阻式旋转变压器的转子采取多极形状，磁极的外形应符合能感应正弦信号的特殊要求，因此磁场气隙应近似于正弦波的形状，如图 7-20 所示。利用气隙和磁阻的变化使输出绕组的感应电压随机械转角做相应正弦或余弦的变化，同时转子必须满足多磁极的要求。旋转变压器的定子与转子的磁极数是不相同的，定子磁极数比转子的多。

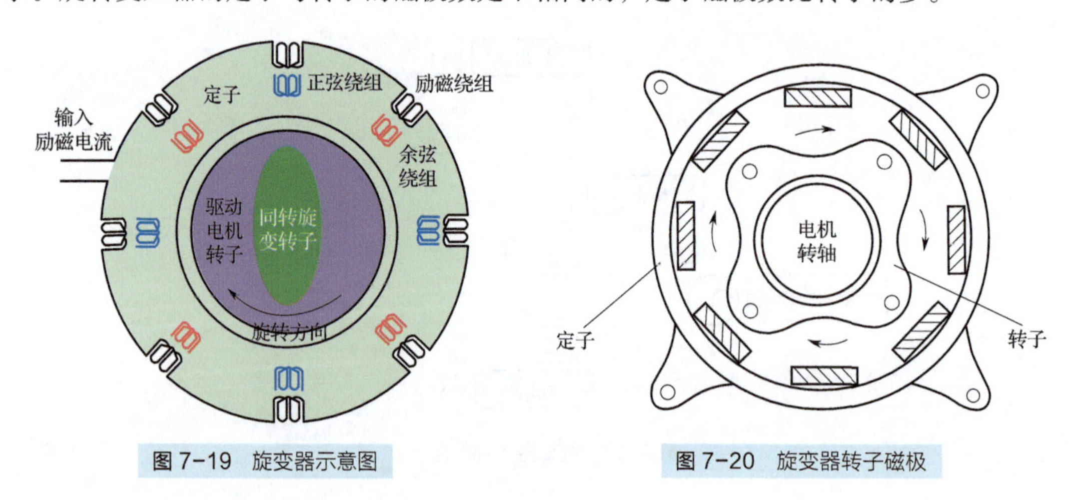

图 7-19 旋变器示意图

图 7-20 旋变器转子磁极

3. 磁阻式旋转变压器的三个绕组

磁阻式旋转变压器有三个绕组，包括一个励磁绕组、两个正交的感应绕组，对外共有 6 条引线。励磁绕组接受输入的正弦励磁电流，励磁频率通常有 400Hz、3000Hz 及 5000Hz 等多种。正交的两个感应绕组，依据旋变器的转子、定子的相互位置关系，调制出具有正弦和余弦包络的检测信号。如果励磁信号是 $\sin\omega t$，转子与定子间的角度为 θ，则正弦信号为 $\sin\omega t \cdot \sin\theta$，而余弦信号则为 $\sin\omega t \cdot \cos\theta$。根据在正弦信号、余弦信号和原始的励磁信号，通过必要的检测和比较电路即可高分辨率地检测出转子位置。

4. 磁阻式旋转变压器的结构原理

磁阻式旋变器的三个绕组如图 7–21 所示，其中转子齿为 4 个，定子齿画出 5 个。励磁绕组、正弦绕组和余弦绕组均安置在定子槽内，输入的励磁绕组 1–1 是逐个磁极反向串接，而正弦绕组 2–2 及余弦绕组 3–3，则是以两个磁极为间隔，反向串接的输出绕组。当转子相对定子旋转时，定子、转子间气隙的磁导发生变化，每转过一个转子齿距，气隙的磁导变化一个周期。当转子转过一圈时，则变化出与转子齿相同的数个周期。气隙磁导的变化导致输入和输出绕组之间互感的变化，输出绕组感应的电势也随之发生变化。输出绕组按正弦及余弦规律变化来判断转子的瞬间位置以及旋转方向。

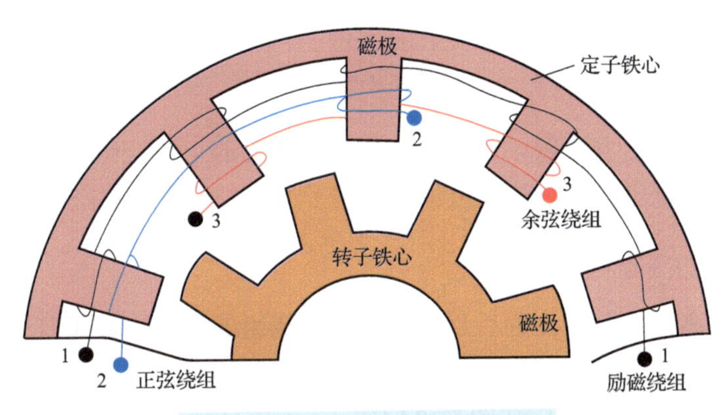

图 7–21 磁阻式旋变器的三个绕组

磁阻式旋转变压器结构简单、占用空间尺寸极小，且励磁绕组、正弦绕组和余弦绕组均固装在定子上，图 7–22 所示为正弦绕组与余弦绕组的接线示意图。它还采取无刷式结构，大大提高了系统的可靠性，其检测角位移精度极高，甚至可精确到“秒”。此外磁阻式旋转变压器的抗干扰能力较好，更适合车辆对电机驱动的多种要求。

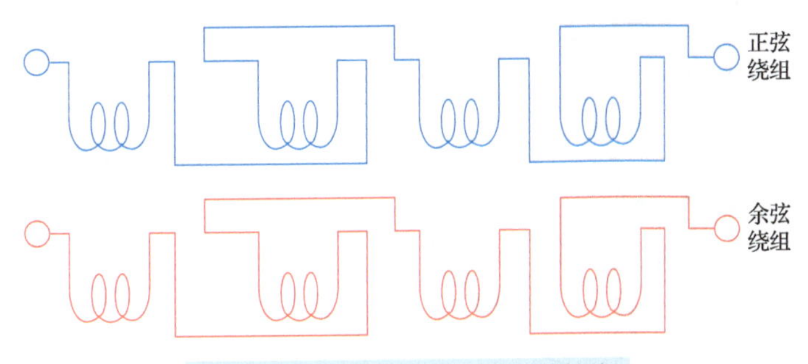

图 7–22 正弦绕组和余弦绕组的接线

（三）旋转变压器检测电机转子位置详解

1. 转子正上方位置时的感应电压

当励磁绕组输入有正弦励磁电流，若转子位于正上位，还处于相对静止时，正弦绕组有感应电压但余弦绕组无感应电压输出。图 7–23 所示为三个绕组上的电压信号波形。

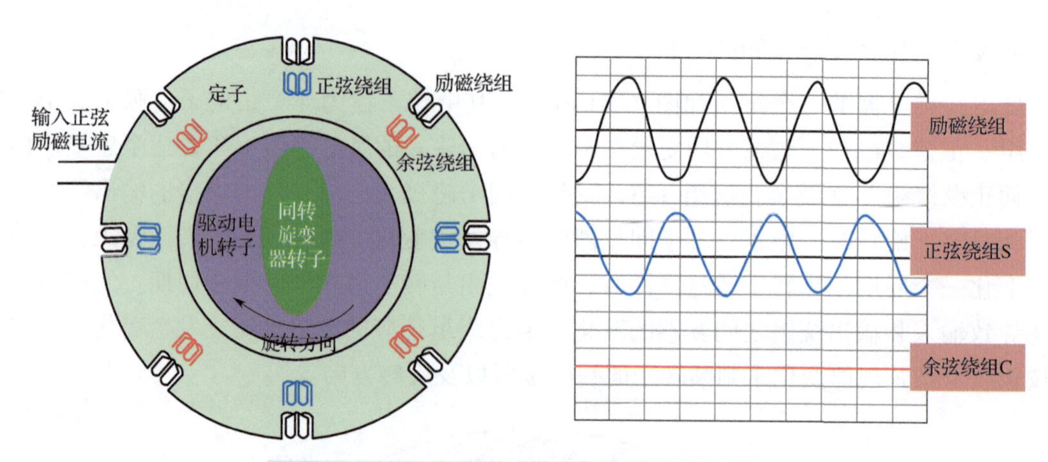

图 7-23　转子正上位时的感应电压及电压信号波形

这时由于转子正对上方位置，与之最近的是定子上的正弦绕组，于是正弦绕组上感应有相位相反的正弦波电压，而余弦绕组位置与转子最远，故此时不产生感应电压。

2. 转子顺转时的感应电压

由于转子旋转离开正上方位置后逐渐远离正弦绕组的位置，其正弦感应电压下降，而余弦绕组中产生的感应电压则逐步变大，但相位与正弦绕组的电压相反，与励磁绕组的相位相同。转子顺转时的感应电压如图 7-24 所示。若旋转变压器的转子继续旋转到正对余弦绕组的磁极时，即图 7-24 中转子顺转 45°，此时正弦绕组不产生感应电压信号，但余弦绕组将产生最大的电压信号。

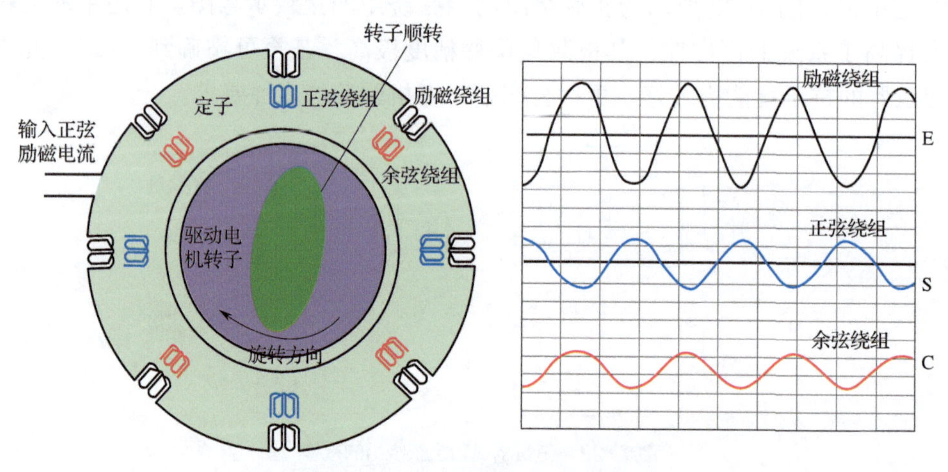

图 7-24　转子顺转时的感应电压

3. 转子逆转时的感应电压

由于旋转变压器的转子逆转离开正上方的正弦绕组磁极，反方向会逐步接近余弦绕组的磁极。此时正弦电压下降，而余弦电压逐渐增大，相位与励磁绕组相反，也与顺转时转子的余弦电压相反，故可以借此来检测转子旋转的方向。图 7–25 所示为转子逆转时的感应电压。

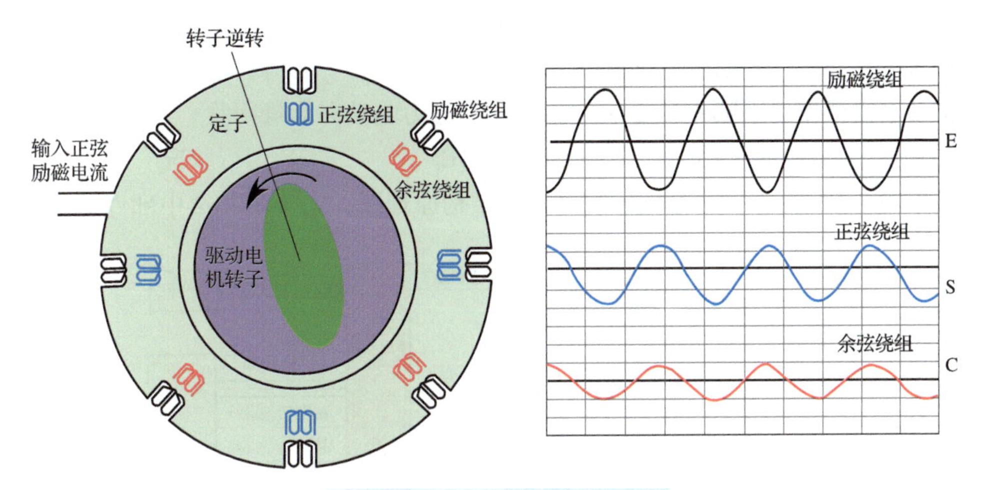

图 7–25　转子逆转时的感应电压

通过比较旋转变压器转子的顺转与逆转、输出电压信号波形的幅值大小及相位即可检测出转子当前的位置和旋转方向。同时通过计算信号波形的变化周期，即可准确判断出旋转变压器转子的转速。由此经变频器的门控驱动电路可控制驱动电机转速的高低，也就可调节车速的快慢。这种用电机调速的方式十分快捷，比传统汽车变速器改变转速的方式要简单、方便得多。

由上述分析可见，利用旋转变压器能精细检测出驱动电机转子的瞬间位置、即时转速及旋转方向，而且使驱动电机的结构更紧凑、制造成本更低，所以磁阻式旋转变压器在电动汽车的驱动电机中广泛使用。

四 项目实施

实施准备

安全防护：做好车辆安全防护与隔离（车辆挡块、警示隔离带、高压危险警示牌）。

工具设备：数字万用表、示波器、直流充电桩、故障诊断仪。

实训车辆：吉利 EV450。

辅助资料：汽车原厂维修手册、原厂电路图。

任务一　动力驱动系统检查

（1）接受任务。吉利帝豪 EV450 纯电动汽车，客户反映车辆上电正常，挂入 D 位，松开制动踏板，车辆无法行驶，你的主管安排你对动力驱动系统进行检查。

（2）收集信息。

①驱动电机系统主要由______、______、______、______和______等构成。

②驱动电机控制策略：______、______、______、______和______。

③以下关于驱动电机控制器输入传感器的说法正确的是（　　）。

A. 温度传感器　B. 电压传感器　C. 电流传感器　D. 高度传感器

④驱动电机根据以下哪些数据（　　）实现电力驱动和能量回收。

A. 车速　B. 档位　C. 电池 SOC　D. 运行状况

⑤根据图 7-26 所示驱动电机控制器电气结构原理图，完善表 7-2 中部件的作用。

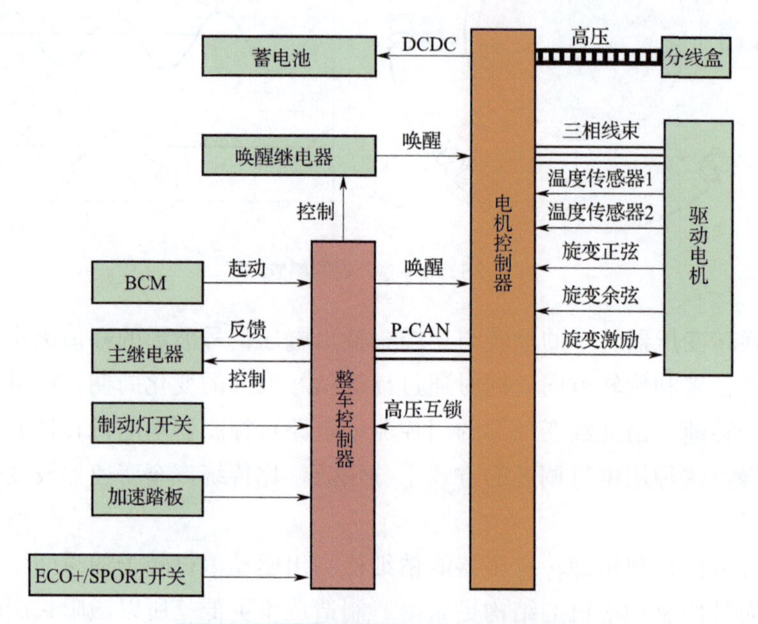

图 7-26　驱动电机控制器电气结构原理

表 7-2　驱动电机控制系统部件作用

名称	作用
温度传感器	
旋变传感器	
制动开关	
加速踏板	
档位开关	

（3）任务实施。

①作业前准备（场地布置、防护装备检查穿戴、仪器设备检查、汽车防护三件套安装）。

②记录车辆信息。

③读取故障码、数据流。

④ 检查蓄电池电压。

⑤ 检查驱动电机控制器供电电压。

⑥ 检查驱动电机旋变传感器电阻。

⑦ 整理恢复场地。

任务二　旋变传感器检测

（1）接受任务。吉利帝豪 EV450 纯电动汽车，客户反映车辆上电正常，挂入 D 位，松开制动踏板，车辆无法行驶，你的主管安排你对旋变传感器进行检测。

（2）收集信息。

① 查找旋变传感器电路图，所在页码为______。

② 画出旋变传感器电路图，并且查找各端子含义。

（3）任务实施。

① 作业前准备（场地布置、防护装备检查穿戴、仪器设备检查、汽车防护三件套安装）。

② 记录车辆信息。

③ 读取故障码、数据流。

④ 检查蓄电池电压。

⑤ 检测旋变传感器电阻。

⑥ 检测旋变传感器信号波形。

⑦ 检测旋变传感器线路通断。

⑧ 整理恢复场地。

旋变传感器故障诊断

任务三　车辆无法行驶故障诊断

（1）接受任务。一辆纯电动汽车上电正常，换档无法行驶，你的主管初步判断为旋变传感器发生故障，让你对旋变传感器进行检测，你能完成这个任务吗？

（2）收集信息。

① 查阅吉利 EV450 电路图，旋变传感器电路图所在页码为______。

② 画出 EV450 旋变传感器线路简图。

③ 在维修手册中查阅旋变传感器主要故障码及含义。

（3）任务实施。

① 作业前准备（场地布置、防护装备检查穿戴、仪器设备检查、汽车防护三件套安装）。

② 记录车辆信息。

③ 基本检查。

④ 故障现象确认。

⑤ 读取故障码、数据流。

⑥ 故障范围分析。

⑦ 检测旋变传感器信号电压。

⑧ 检测旋变传感器余弦元件。

⑨ 旋变传感器余弦线路断路故障排除。

⑩ 故障恢复验证。

⑪ 整理恢复场地。

复习题

1. 判断题

（1）旋变器的本质是变压器，关键参数也与变压器类似，比如额定电压、额定频率、变压比。（　　）

（2）与变压器不同之处是，旋转变压器的一次侧与二次侧不是固定安装的，而是相对运动。（　　）

（3）旋变传感器由励磁绕组、正弦绕组、余弦绕组组成。（　　）

（4）旋变传感器安装在转子上，信号盘安装在定子上。（　　）

（5）驱动电机温度传感器是负温度系数电阻型。（　　）

2. 简答题

（1）如图 7–27 所示，简述旋转变压器组成结构及工作原理。

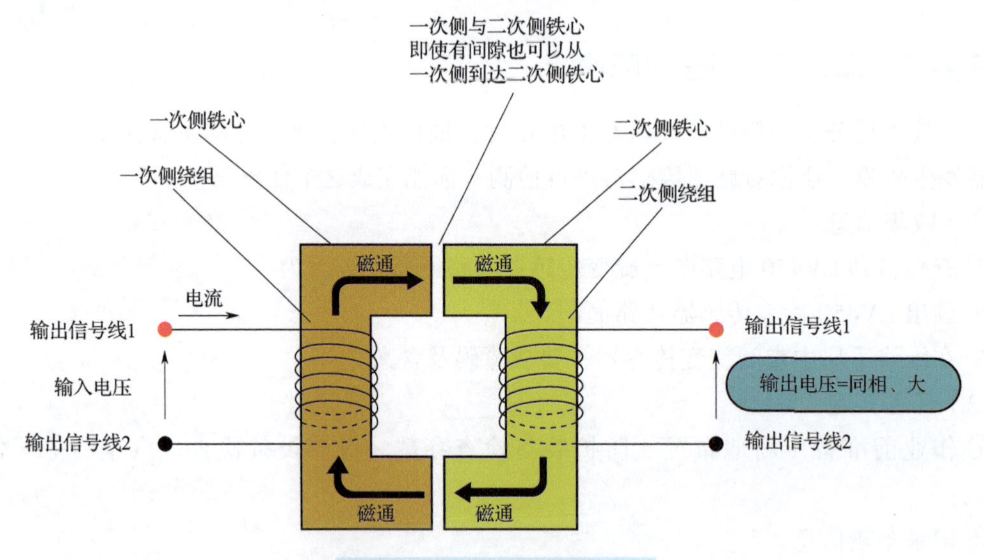

图 7–27　旋转变压器组成结构

（2）分析车辆无法行驶的故障原因，完成分析思维导图。

项目八 冷却风扇不工作故障诊断与排除

项目导入

吉利帝豪 EV450 纯电动汽车，踩踏加速踏板无动力，组合仪表电机及电机控制器故障警告灯与功率限制指示灯亮起。

教学目标

知识目标

1. 熟悉热管理系统的组成结构。
2. 掌握热管理系统的控制策略。
3. 掌握冷却风扇工作条件。

能力目标

1. 掌握冷却风扇不工作故障现象分析。
2. 制定冷却风扇不工作故障诊断流程。
3. 掌握冷却风扇不工作故障诊断与排除方法。

一 吉利 EV 整车热管理系统发展

吉利电动汽车的整车热管理系统经历了四代。

第一代帝豪 EV（2016 款）。动力电池采用自然风冷被动散热，只有一套针对电驱动系统的热管理系统。

第二代帝豪 EV300（2017 年量产）。首次加装动力电池热管理管路，通过热交换器（Chiller）与乘员舱空调制冷制热形成一套乘员舱与动力电池热管理回路，另一条回路用于电驱动散热，即吉利电池智能温控管理系统（ITCS 1.0）。新增的动力电池热管理可以保证帝豪 EV300 电动汽车在 -20～50℃进行快速充电（充电电流根据环境温度和车辆温度自动调节）。第一代和第二代区别如图 8-1 所示。

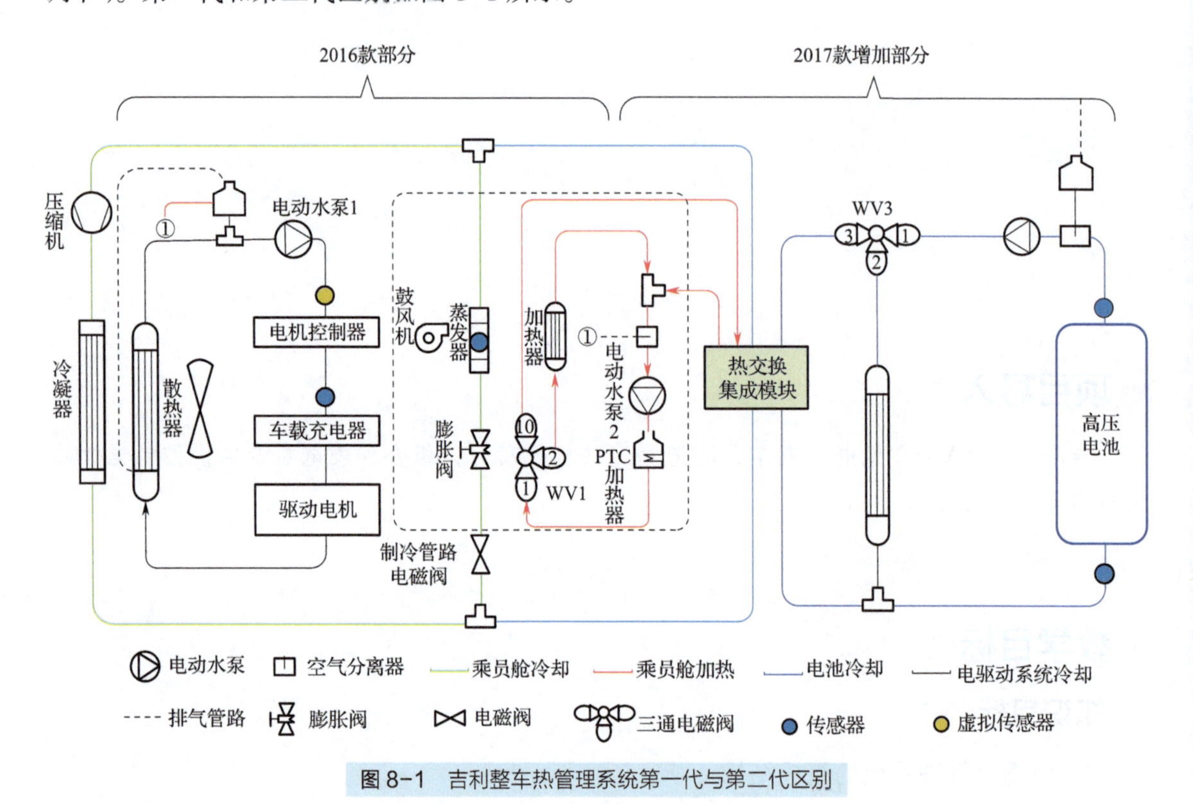

图 8-1　吉利整车热管理系统第一代与第二代区别

第三代帝豪 EV450（2018 年量产）。在帝豪 EV300 基础上，对电驱动、动力电池散热管路和空调高低压管路进行了重新设计铺设，缩减四通阀和管路数量，降低自重，提升可靠性。帝豪 EV450 的动力电池热管理系统（ITCS 2.0）与电驱动冷却系统相结合，利用电驱动回路的冷却热量对动力电池加热，提高了热管理的能效。同时针对快充时电芯温度变化进行精准“热管理”，进一步提升了动力电池的充电效率。

第四代帝豪“几何 A”。动力电池热管理系统发展到了 ITCS 3.0，在 ITCS 2.0 的基础上进一步优化，在动力电池热管理系统散热管路上施加的压力小于驱动电机散热管路。这说明，施加不同的压力和不同的冷却液流速，可以精准控制温度（伺服目标）并降低动力电池非驱动用电耗。ITCS 3.0 可在 -30～55℃温度区间正常、高效充电；可确保动力电池在最佳状态下恒温运行，避免电池局部过热隐患；优化电驱动加热动力电池的功能，减少 PTC 加热的电耗。新的整车热管理系统大幅度降低了整车非驱动电耗，实现续驶里程提升 4%。

二 吉利 EV450 整车热管理系统结构与工作原理

EV450 整车热管理系统分为三个部分：乘员舱热管理、动力电池系统热管理、电驱动系统热管理，如图 8-2 所示。

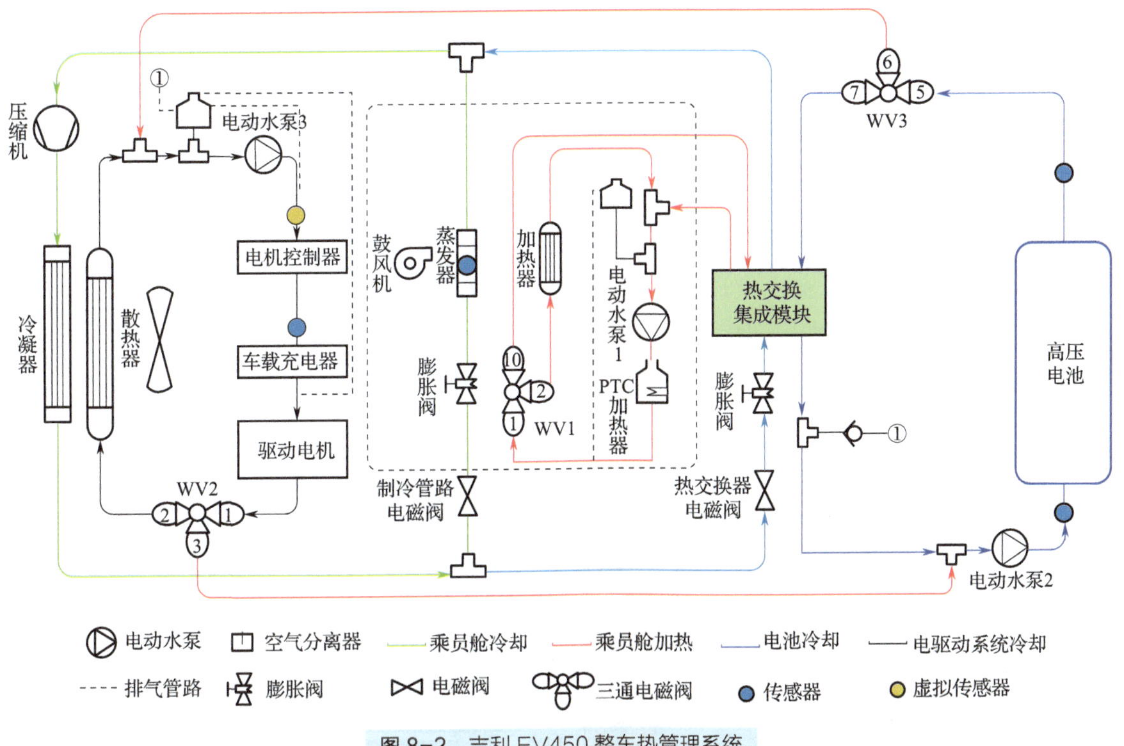

图 8-2 吉利 EV450 整车热管理系统

整车热管理系统包括一个空调制冷回路（R134a）和两个冷却液回路（水和乙二醇）。制冷回路有两个蒸发器，一个在中控台内用于乘员舱制冷，一个在热交换器中用于动力电池降温。一个冷却液回路是动力电池与电驱动系统冷却液回路，一个冷却液回路是 PTC 加热器制热回路。每个冷却液回路均有一个膨胀罐，如图 8-3 所示。

PTC 加热器制热回路有两个换热器，一个是位于乘员舱空调箱总成风道中的加热芯体，另一个集成于热交换器中。吉利 EV450 热交换器如图 8-4 所示。

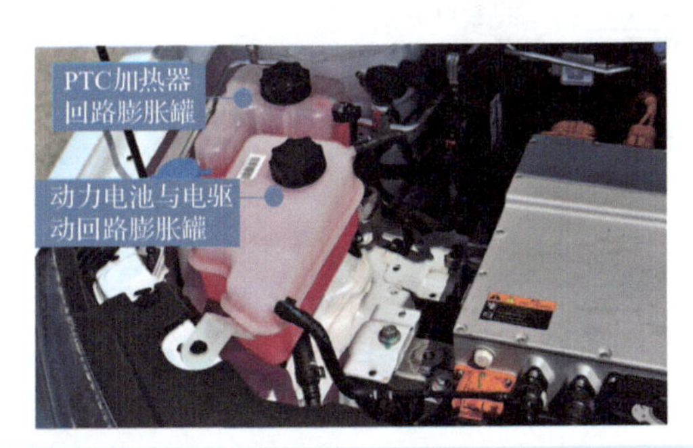

图 8-3 PTC 加热器回路与电池电驱动回路膨胀罐

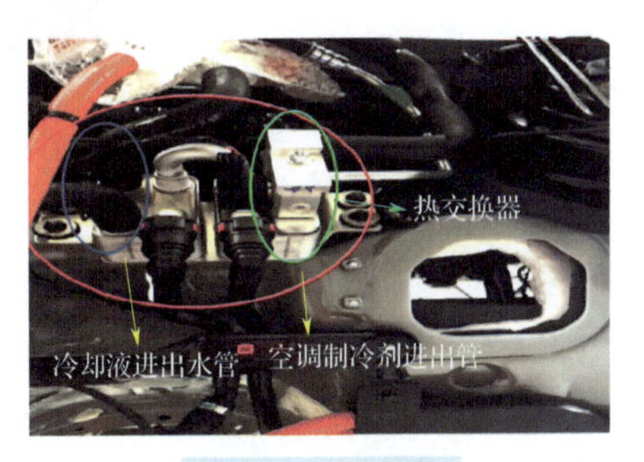

图 8-4 热交换器

吉利 EV450 整车热管理系统电气原理图如图 8-5 所示。热管理控制器即为 A/C 空调控制器，接收阳光传感器、室外温度传感器、蒸发器温度传感器（空调制冷）、动力电池温度传感器（BMS 通过 CAN 传送）、加热器芯体温度传感器、电机温度传感器（VCU 通过 CAN 传送）、空调压力开关等信号，通过调速模块控制鼓风电机、风向调节电机、内外循环电机、冷暖风调节电机、电动空调压缩机、PTC 加热器、PTC 水泵等完成乘员舱制冷与制热（空调）功能；通过控制热交换电磁阀、制冷电磁阀、PTC 水泵（Pump1）、动力电池水泵（Pump2）、冷却液回路的 3 个三通电磁阀、PTC 加热器、电动空调压缩机等完成动力电池冷却、加热和电驱动系统的冷却和加热。其中电驱冷却水泵、冷凝器与散热器的冷却风扇由整车控制器（VCU）控制。

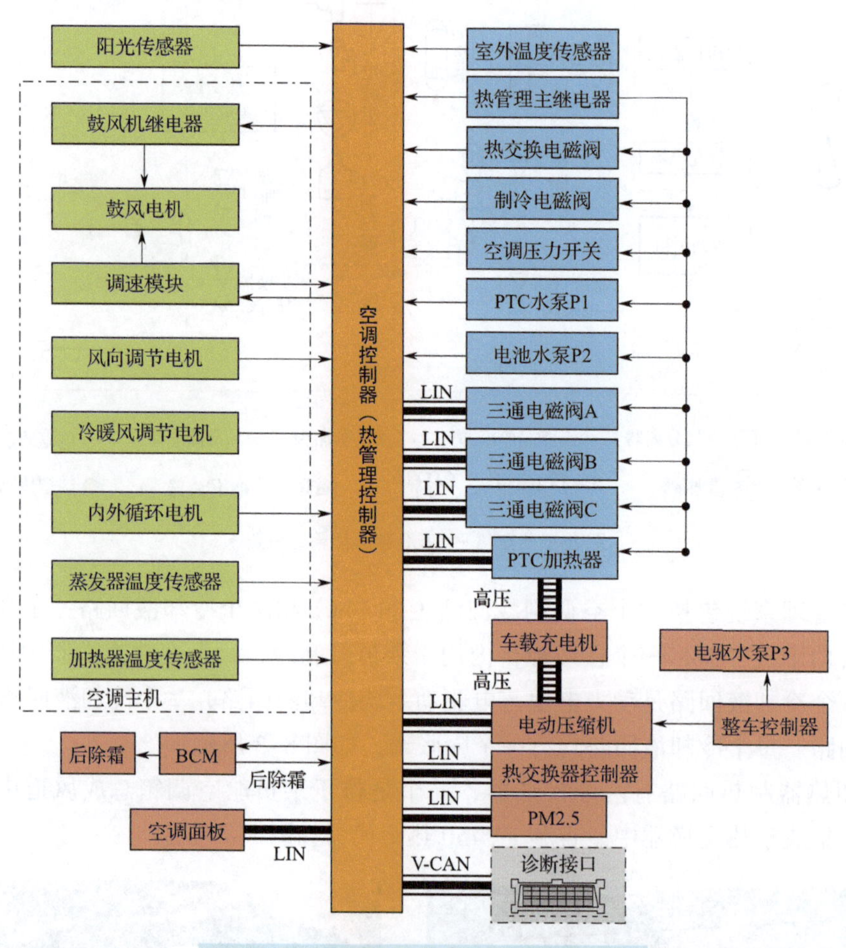

图 8-5　EV450 整车热管理系统电气原理图

1. 乘员舱热管理

如图 8-6 所示，吉利 EV450 乘员舱热管理和传统车一样，包括空调制冷与制热。不同的是，由于没有发动机，制冷系统采用电动空调压缩机，制热系统采用 PTC 电加热实现。

吉利 EV450 使用的是 R134a 制冷系统，由于没有发动机，制冷系统采用电动涡旋式压缩机、平行流式冷凝器、层叠式蒸发器和 H 型膨胀阀。在 H 型膨胀阀的前端有一个制冷管路电磁阀，当乘员舱不需要制冷时，制冷管路电磁阀关闭，切断制冷剂流向空调箱蒸发器的回路。

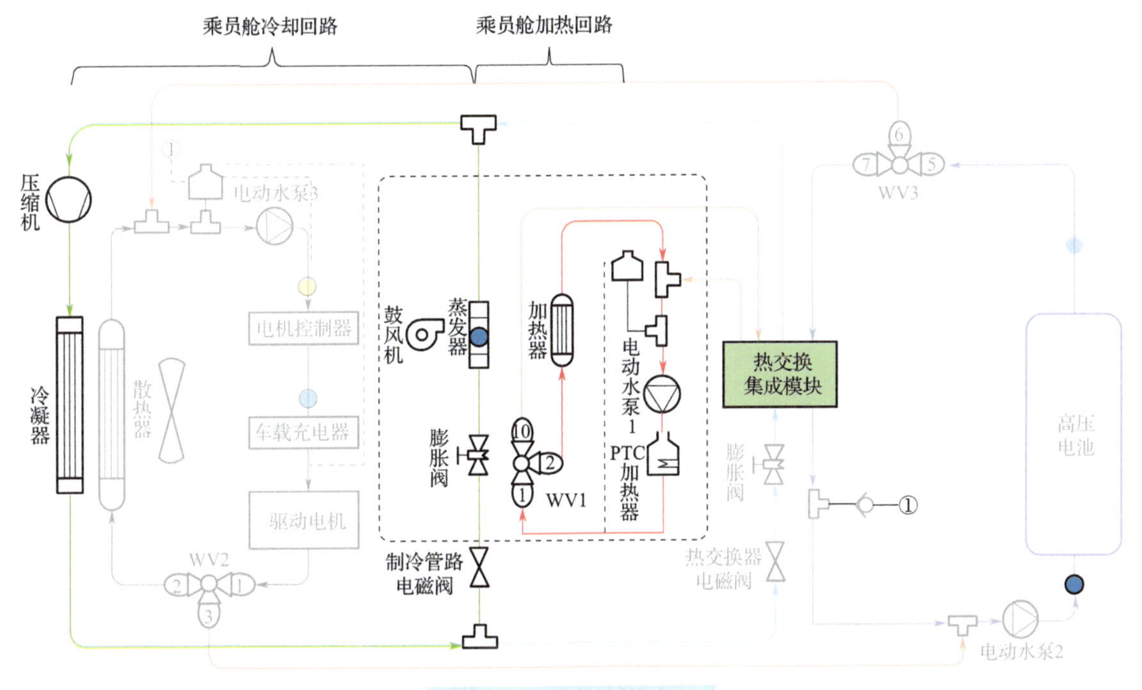

图 8-6　乘员舱热管理系统

同样因为缺少发动机，乘员舱制热系统依靠电加热 PTC 来实现。需要制热时，热管理控制器控制 PTC 加热器（HVH）工作，控制三通电磁阀（WV1）1、2 号管路接通，PTC 加热水泵（Pump1）驱使经 PTC 加热后的冷却液流进空调系统风道中的加热芯体，实现采暖。

图 8-7 为乘员舱制冷与制热系统部件位置图。

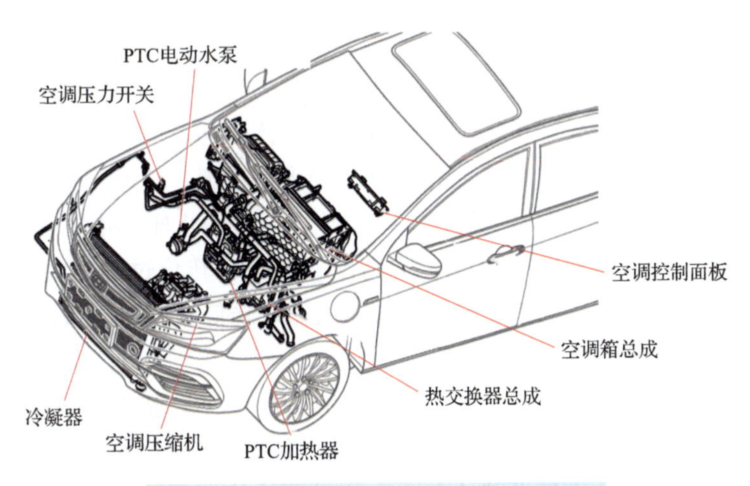

图 8-7　乘员舱制冷与制热系统主要部件位置

乘员舱热管理采用控制面板＋热管理控制器（A/C 空调控制器）的形式，空调控制面板采集按键信息，将信息通过 LIN 总线传给热管理控制器（A/C 空调控制器），由热管理器采集室外温度传感器、蒸发器温度传感器、加热芯体温度传感器、环境及阳光传感器、空调压力传感器等信号，控制压缩机、制冷管路电磁阀、PTC 加热器控制器、加热水泵、鼓风机、内外循环执行器、温度执行器和模式执行器等，完成整车乘员舱的热管理。图 8-8 为制冷空调管路电磁阀、加热水泵和 PTC 加热控制器电路图。

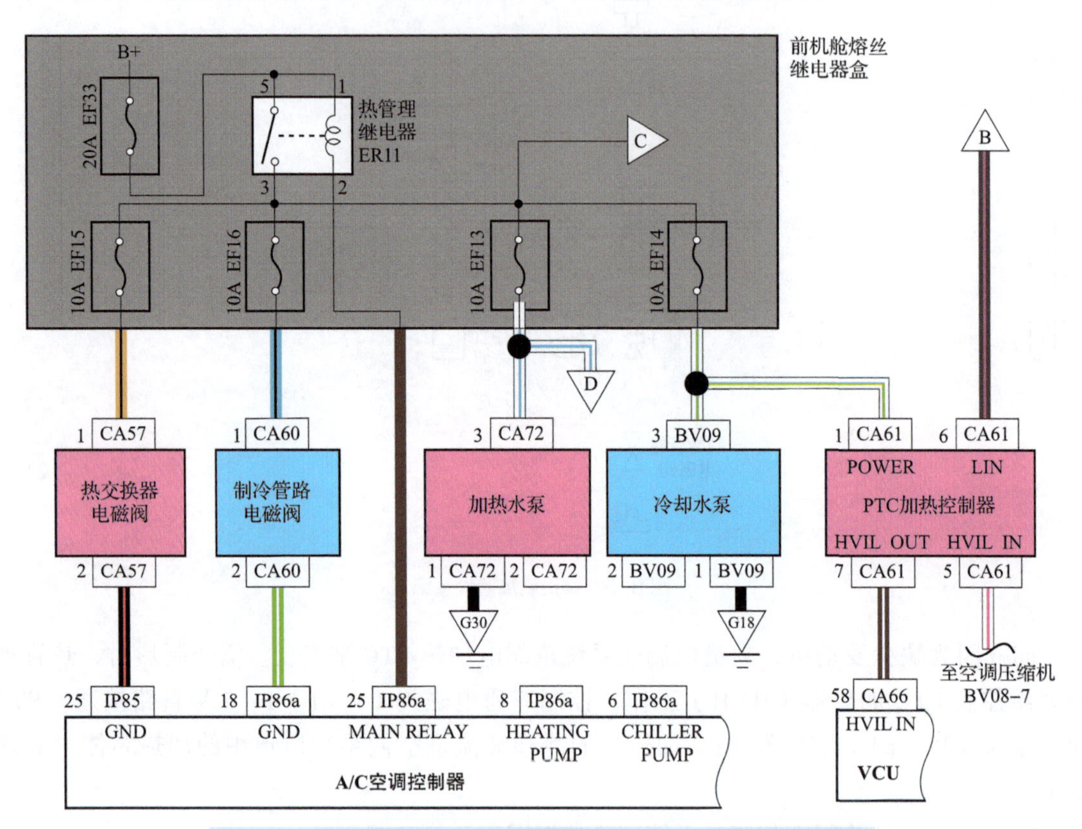

图 8-8 制冷空调管路电磁阀、加热水泵和 PTC 加热控制器电路图

2. 电驱动系统热管理

驱动电机转子高速旋转会产生高温，热量通过机体传递，如果不加以降温，驱动电机将无法正常工作，所以驱动电机机体内设置有冷却水道，通过冷却液的循环与外界进行热交换。这样能将驱动电机的工作温度保持在一定范围内，防止驱动电机过热。

车载充电机工作时将高压交流电转化成高压直流电，转化过程中会产生大量的热量，因此车载充电机内部也有冷却水道，通过冷却液的循环降低车载充电机的工作温度。

电机控制器不但控制驱动电机的高压三相供电，还要将动力电池的高压直流电转化成低压直流电为铅酸蓄电池充电。在此过程中会产生热量，需要通过冷却液循环散热。

吉利 EV450 电驱动系统热管理的作用就是通过冷却液循环散热为驱动电机、车载充电机、电机控制器这三大部件进行散热冷却。电驱动系统热管理部件主要包括电驱动冷却水泵（Pump3）、冷却液回路、三通电磁阀 WV2、散热器、冷却风扇、温度传感器和膨胀罐等，如图 8-9 所示。

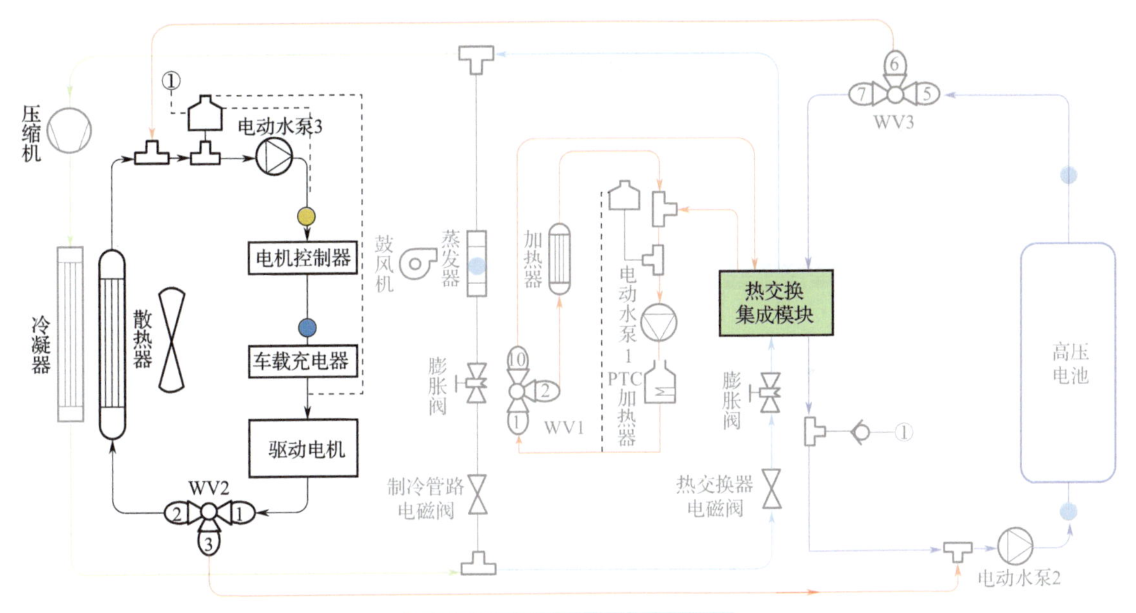

图 8-9 电驱动热管理系统组成

散热部件的进水顺序为散热器出水→膨胀阀→电驱冷却水泵（Pump3）→电机控制器→车载充电机→驱动电机→散热器进水。从驱动电机流出的高温冷却液通过散热器与空气进行换热降温，经过降温的冷却液在电驱冷却水泵的推动下，再流经散热部件吸热，如此循环达到冷却电驱动系统发热部件的目的。当系统冷却液温度高时，膨胀的冷却液可通过电驱水泵出口和充电机出口膨胀管流入膨胀罐，当系统冷却液温度低时，膨胀罐冷却液经电驱水泵入口流进系统，确保系统可靠散热。电驱动热管理主要部件在车内的位置如图 8-10 所示。

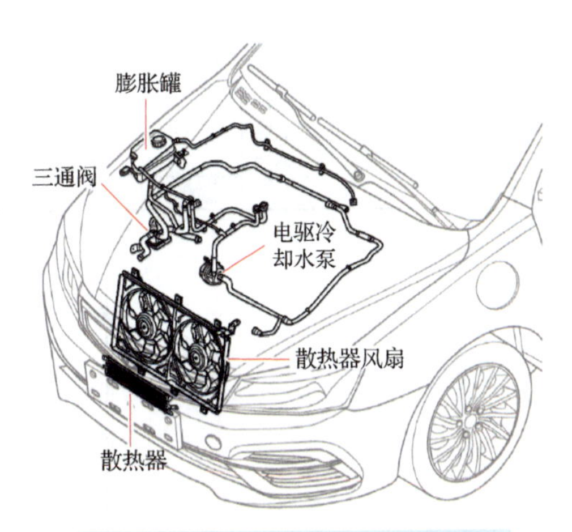

图 8-10 电驱动热管理主要部件位置

为了降低非驱动电耗，提高续驶里程，吉利 EV450 将电驱动系统冷却与动力电池加热相结合。车辆处于行驶状态，当动力电池温度高于 -10℃，动力电池有加热需求时，热管理控制器控制三通电磁阀 WV2 的 1、3 管路接通，电驱动系统高温冷却液流进动力电池冷却液回路，为动力电池加热。

图 8-11 为电驱动热管理系统控制电气原理图。车载充电机与电机控制器入水口装有冷却液温度传感器，将冷却液温度信号通过 CAN 总线传给整车控制器（VCU），由整车控制器（VCU）控制电驱动冷却水泵（Pump3）和散热器风扇，以满足不同的冷却需求。

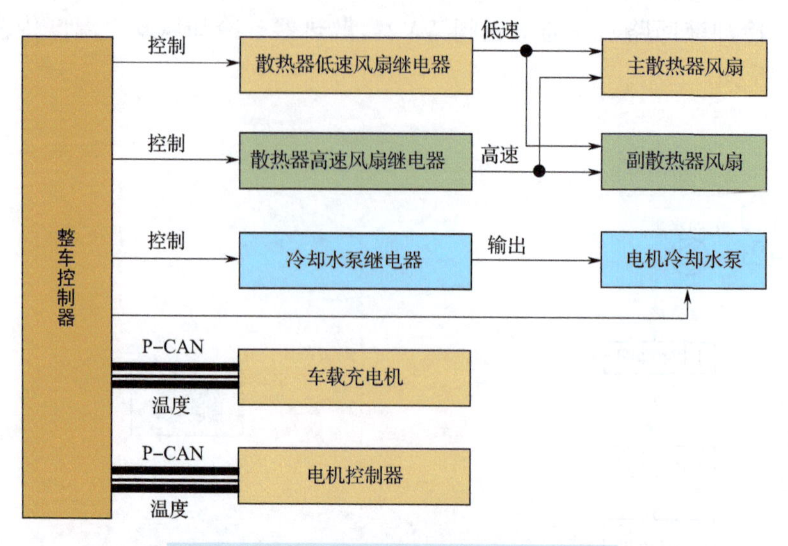

图 8–11　电驱动热管理系统控制电气原理图

电驱动热管理系统散热器与冷凝器共用一个散热风扇，其控制电路如图 8–12 所示。当电驱动热管理系统冷却液温度高时，整车控制器（VCU）控制 CA66/127 端子拉低

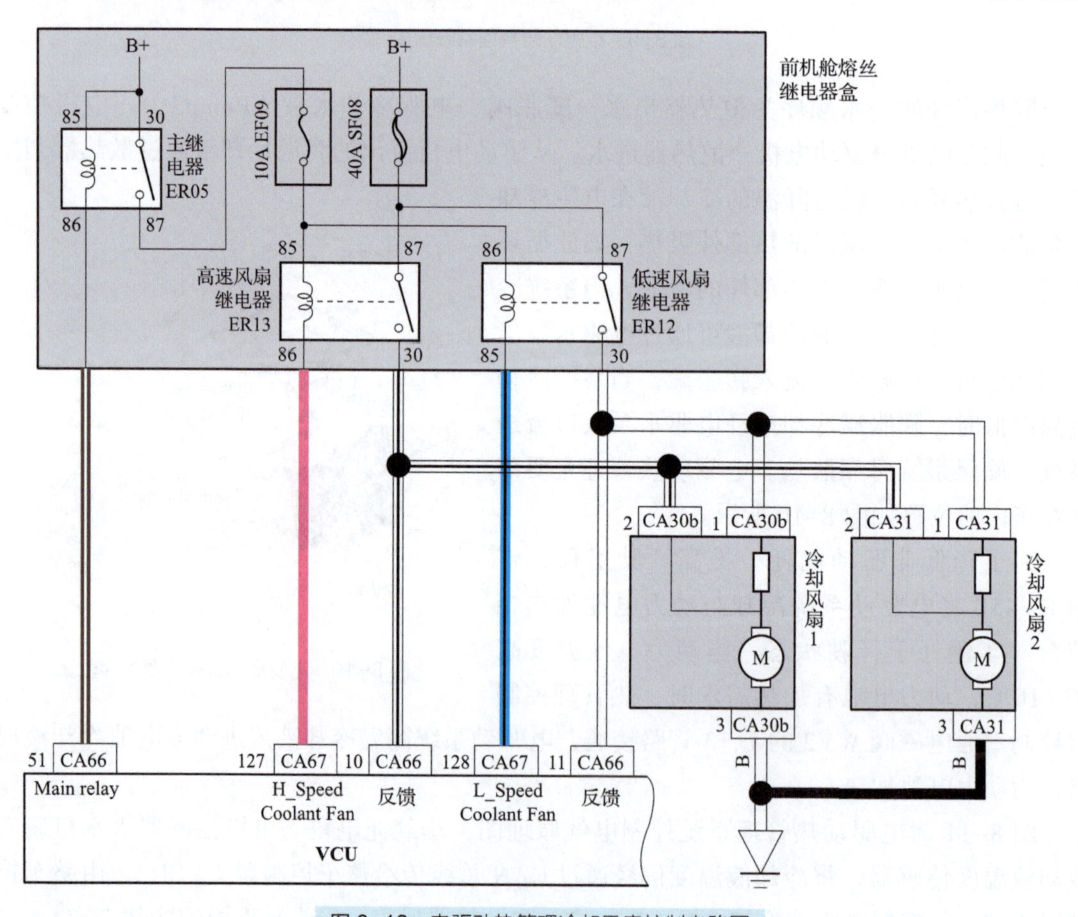

图 8–12　电驱动热管理冷却风扇控制电路图

（0V），高速风扇继电器 ER13 闭合，冷却风扇 1 和冷却风扇 2 不串入电阻，冷却风扇均高速运转；当电驱动热管理系统冷却液温度低时，整车控制器（VCU）控制 CA66/128 端子拉低（0V），低速风扇继电器 ER12 闭合，冷却风扇 1 和冷却风扇 2 串入电阻，冷却风扇均低速运转。

电驱动热管理系统电驱冷却水泵（Pump3）采用 PCE 无刷直流电机冷却水泵，其控制电路如图 8-13 所示。当需要起动电驱冷却水泵时，整车控制器（VCU）通过 CA67/115 端子拉低（0V），电驱冷却水泵继电器 ER04 闭合，给电驱冷却水泵 BV14/3 端子供电，BV14/1 直接搭铁，电驱冷却水泵工作。整车控制器（VCU）根据冷却强度的需求，通过 CA67/101 端子输出 PWM 信号，控制电驱冷却水泵转速，并进行故障检测。

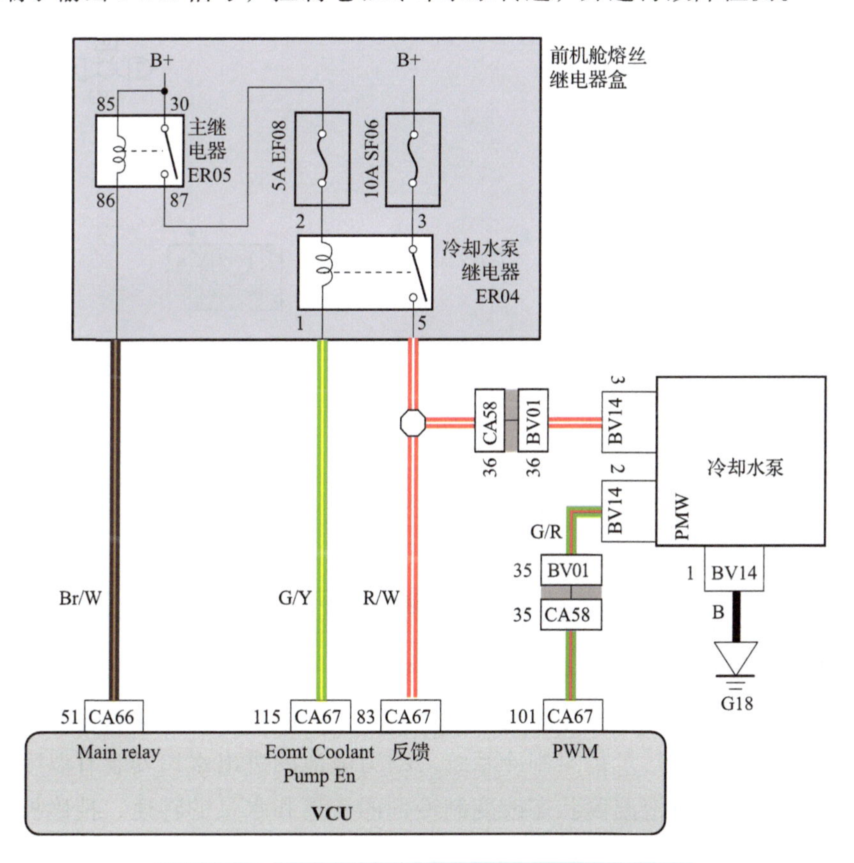

图 8-13　电驱动热管理系统电驱冷却水泵控制电路图

3. 动力电池热管理系统

动力电池热管理系统负责对动力电池进行冷却和加热，确保动力电池在最佳的温度范围内工作。吉利 EV450 动力电池热管理系统采用液冷与 PTC 电加热液热系统。动力电池液冷可与乘员舱制冷系统相结合，利用乘员舱制冷系统给动力电池降温，大大提高了动力电池的冷却能力，从而提高了动力电池的可靠工作环境温度。吉利动力电池热管系统 ITCS 3.0 使得动力电池最高工作环境温度高达 55℃。

此外，如前所述，吉利 EV450 的动力电池热管理系统还与电驱动冷却系统相结合，当动力电池温度高于 -10℃且动力电池有加热需求时，利用电驱动系统的热量给动力电池加热，降低了动力电池非驱动电耗，提高续驶里程。

动力电池热管理冷却回路如图 8-14 所示，包括电动压缩机、冷凝器、热交换器（Chiller）、H 型膨胀阀、冷却电磁阀、电池水泵 Pump2、三通电磁阀 WV3 等。当动力电池管理系统监测到单体电池温度超过限值，需要起动制冷系统对动力电池进行降温时，热管理控制器控制制冷管路电磁阀关闭，热交换器电磁阀打开，起动电动空调压缩机进行制冷。此时热交换器相当于制冷系统的蒸发器。

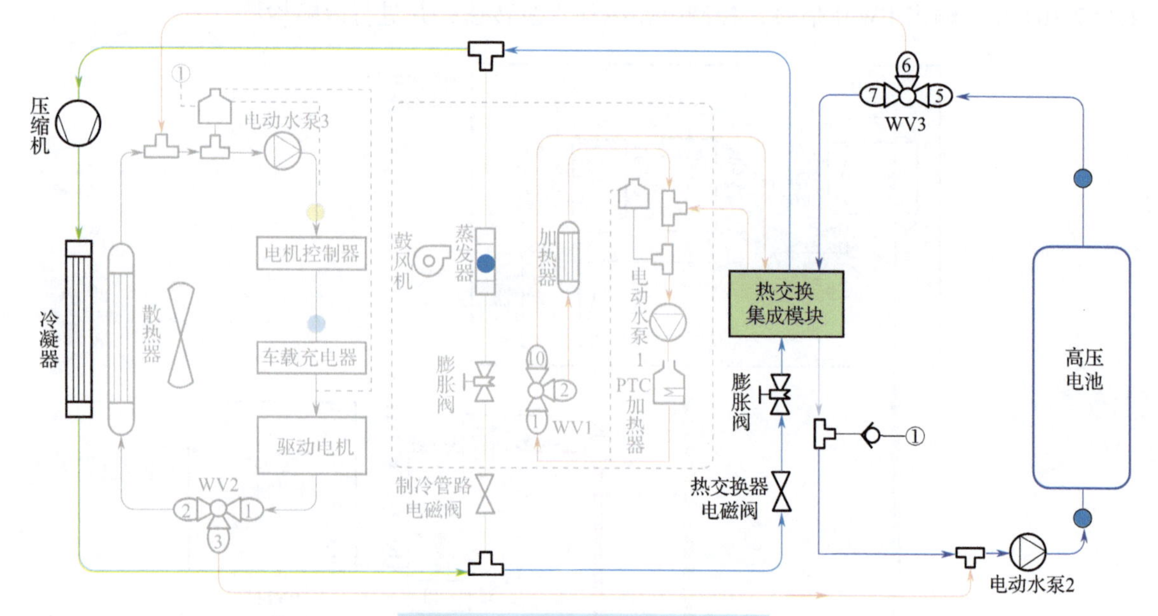

图 8-14　动力电池热管理冷却回路

同时，热管理控制器控制三通电磁阀 WV3 的 5、7 管路接通，电动水泵（Pump2）运转，使动力电池中吸热的高温冷却液流向热交换器（Chiller），并在热交换器（Chiller）中与制冷剂进行热交换，将热量传给制冷系统。动力电池的进出水口安装有温度传感器，热管理控制器可根据动力电池温度状态改变制冷剂的流量和水泵的转速，精确控制动力电池的温度。

低温状态下，动力电池加热系统可利用乘员舱制热系统（即 PTC 加热器冷却液回路）对动力电池进行加热。动力电池 PTC 加热回路主要包括 PTC 加热器（HVH）、PTC 水泵（Pump1）、三通电磁阀（WV1）、膨胀罐、三通电磁阀（WV3）、电动水泵（Pump2）和集成于热交换器（Chiller）中的换热器，如图 8-15 所示。当动力电池加热回路中冷却液温度高膨胀时，可通过一个单向阀由 1 号管路流进电驱动回路膨胀罐。当温度低时，由电驱动回路经三通电磁阀流回动力电池回路，确保动力电池回路中的冷却液稳定流动。

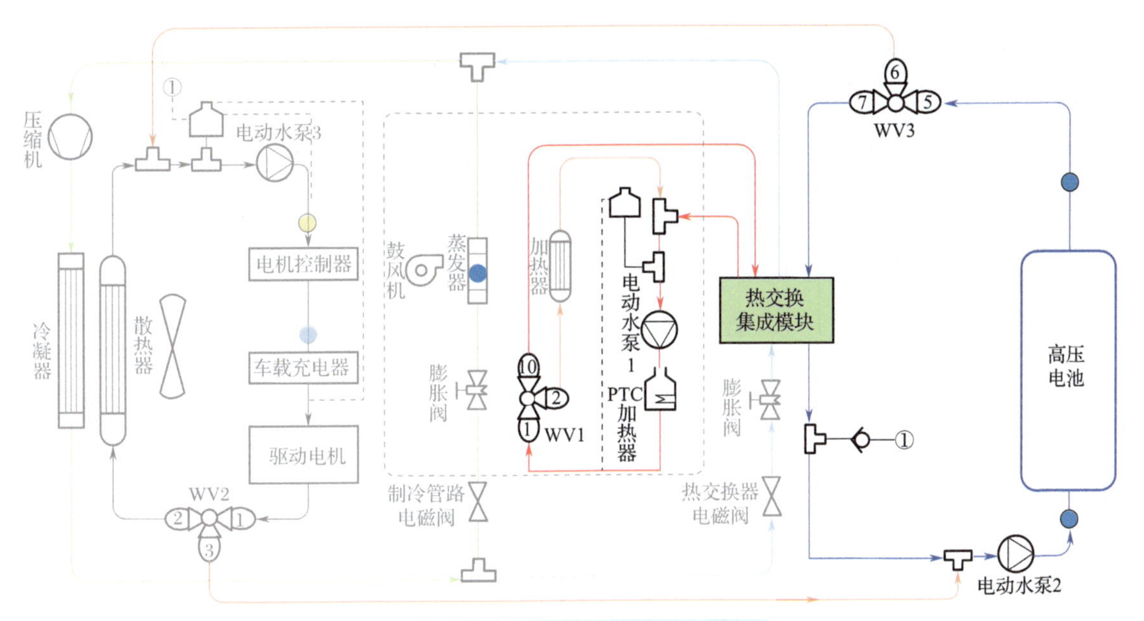

图 8-15　动力电池加热回路工作原理

当动力电池最低温度小于 -10℃时，热管理控制器控制三通电磁阀 WV1 的 1、10 管路接通，三通电磁阀 WV3 的 5、7 管路接通，起动 PTC 加热器并控制电动水泵 Pump2、PTC 加热水泵 Pump1 驱动电池回路与 PTC 回路的冷却液在热交换器（Chiller）的换热器中进行热交换，给动力电池加热，并随时根据动力电池温度的变化调整电动水泵 Pump2、PTC 加热水泵 Pump1 转速和 PTC 加热器功率，精确控制动力电池温度。

图 8-16 为动力电池加热回路 PTC 加热水泵 Pump1、电动水泵 Pump2 和 PTC 加热控制器电路图。PTC 加热水泵 Pump1 同电动水泵 Pump2 与电驱动冷却水泵 Pump3 一样，采用了 PCE 无刷直流电机，不同的是 PTC 加热水泵 Pump1 与电动水泵 Pump2 由热管理控制器控制，而电驱动冷却水泵 Pump3 是由整车控制器（VCU）控制的。热管理控制器通过 IP86a/25 端子拉低（0V），控制热管理继电器 ER11 闭合，给 PTC 加热水泵 Pump1 与电动水泵 Pump2 供电，PTC 加热水泵线束插接器 CA72/1 直接搭铁，电动水泵 Pump2 线束插接器 BV09/1 直接搭铁。热管理控制器分别通过 CA72/2 和 BV09/2 的 PWM 信号控制水泵的转速。热管理控制器通过 LIN 总线控制 PTC 加热控制器。

为了降低动力电池加热时的电耗，EV450 将电驱动冷却系统与动力电池加热回路结合，充分利用电驱动的热量给动力电池加热，如图 8-17 所示。当电池有加热需求时（电池最低温度高于 -10℃），热管理控制器控制 PTC 加热器不起动，三通电磁阀 WV2 的 1、3 管路接通，WV3 的 5、6 管路接通，动力电池回路与电驱动冷却回路相通。同时，起动电驱水泵 Pump3 和电动水泵 Pump2，促使电驱动回路的高温冷却液流向动力电池，对动力电池进行加热，同时利用电池回路的低温冷却液对电驱动系统进行冷却。

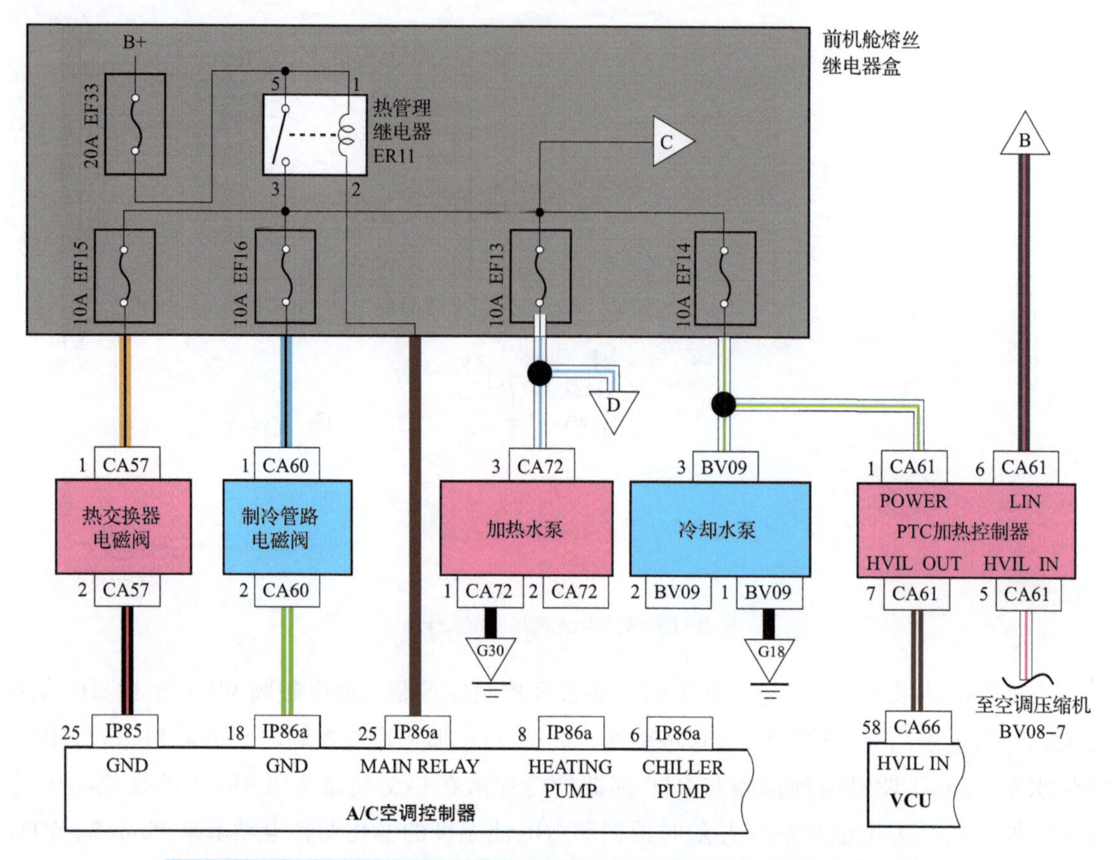

图 8-16　PTC 加热水泵 Pump1、电动水泵 Pump2 及 PTC 加热控制器电路图

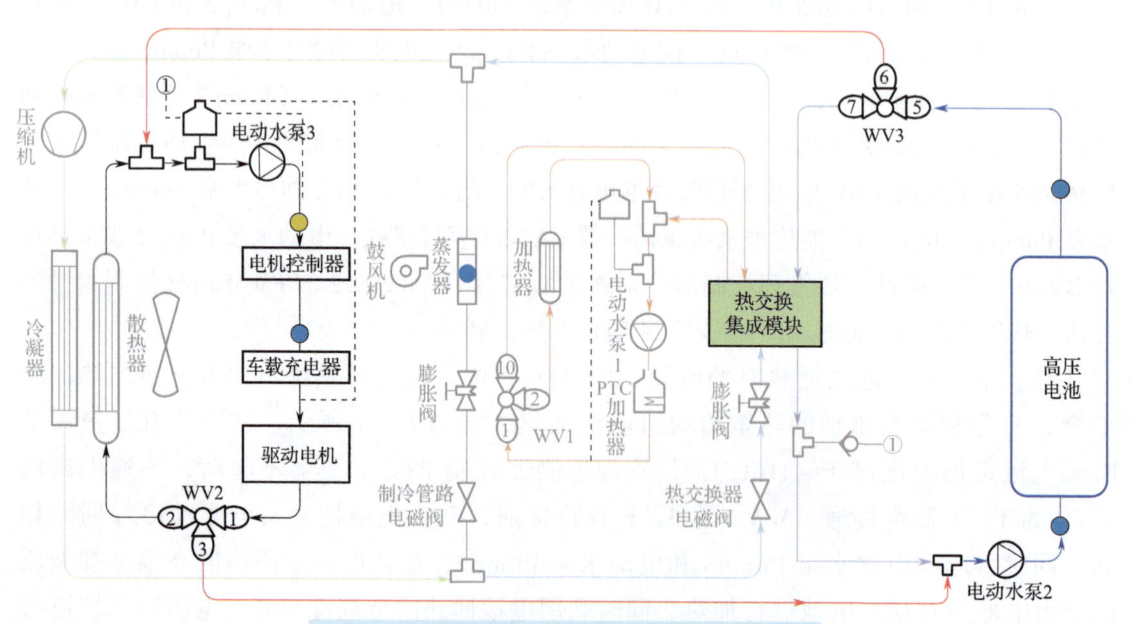

图 8-17　利用电驱动冷却回路加热动力电池原理图

三 热管理系统控制策略

（一）电驱动系统热管理控制策略

图 8-18 为电驱动系统热管理部件与冷却液回路。

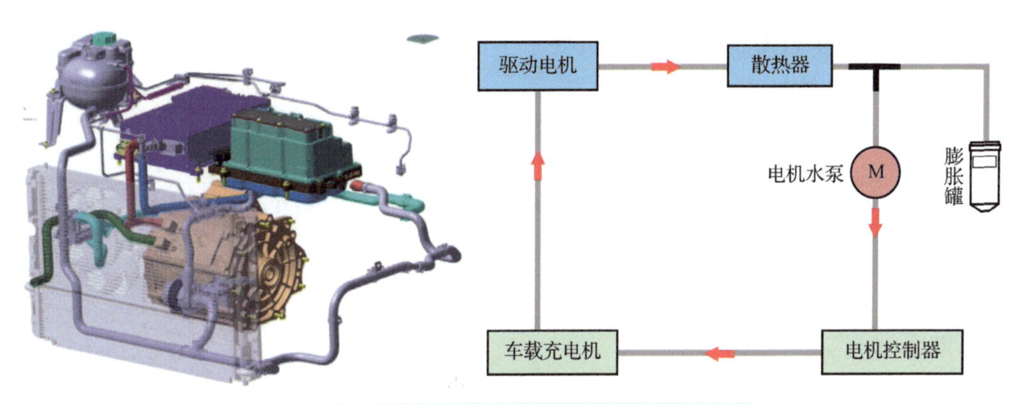

图 8-18　电驱动系统热管理部件与冷却液回路

1. 车辆在行驶工况的冷却

① 车载充电机：车载充电机不工作，VCU 通过从 CAN 上接收电机控制器进水温度模拟值，判断系统热负荷情况。

② 电机控制器和电机：根据不同温度点，调节水泵开闭、风扇档位。

③ 水泵控制：当整车 Ready 后，VCU 判断电机控制器和 OBC 上报的温度值，取高者对应的占空比，开启对水泵控制的需求信号。

④ 风扇控制：当整车 Ready 后，VCU 判断电机控制器和 OBC 上报的温度值，取高者按表 8-1 执行风扇控制。

表 8-1　VCU 判断电机控制器和 OBC 上报的温度值

风扇状态	off	L on	H off, L on	H on
温度 /℃	≤ 90	≥ 100	≤ 100	≥ 120

当整车 Ready 后，VCU 同时监控车速信号，按表 8-2 执行风扇控制。

表 8-2　VCU 同时监控车速信号

风扇状态	on	off
车速 /（km/h）	≤ 90	≥ 110

2. 充电工况的冷却

① 充电机：根据不同温度点，调节水泵开闭、风扇档位这两个冷却部件工作状态，以

保证充电机工作在适合的温度下。

② PEU 和电机：充电机不工作，VCU 通过从 CAN 上接收充电机液路温度信号，判断系统热负荷情况。

③ 水泵控制：当 VCU 采集到充电机处于工作状态的信号后，VCU 接收 OBC 温度信息，开启对水泵控制的需求信号。

④ 风扇控制：当 VCU 采集到充电机处于工作状态的信号后，VCU 接收 OBC 温度信息控制风扇的档位，具体见表 8-3。

表 8-3　VCU 接收 OBC 温度信息控制风扇的档位

风扇状态	L off	L on	H off	H on
温度 /℃	≤ 52	≥ 60	≤ 55	≥ 63

3. 其他工况的冷却

整车行驶或充电结束后，VCU 需要对水泵、冷却风扇延迟工作状态进行控制，避免短时间内系统某个区域有较大温升出现。

当 VCU 判断充电机进水温度和电机控制器虚拟温度出现故障时，整个系统进入故障模式，VCU 限制整车功率，并保持上一个工况的水泵和风扇状态。

当 VCU 采集到行驶工况结束后，PEU 入水口温度超过 60℃，水泵延迟 10s, 风扇延迟 10s 关闭。

行驶模式下：VCU 采集到 OBC 和 PEU 任一模块报高温故障，则切换到故障模式。

充电模式下：VCU 采集到 OBC 高温故障，则切换至故障模式。

（二）动力电池系统热管理控制策略

1. 动力电池系统热管理控制策略总体要求

① 车辆在交流充电、直流充电、智能充电、行车过程中（包括车速为 0），都可以启动热管理对动力电池进行加热或冷却。

② 进行动力电池冷却时，BMS 根据单体电池最高温度（下面简称电池最高温度）发送热管理控制信号，包括“冷却”“匀热”和“关闭”三种模式。

③ 对动力电池进行加热时，BMS 根据单体电池最低温度（下面简称电池最低温度）发送热管理控制信号，包括“加热”“匀热”和“关闭”三种模式。

④ 动力电池进行快充及慢充时，VCU 直接转发 BMS 的热管理请求。

⑤ 行车状态下，VCU 接收到 BMS 发送的加热需求后，需要根据当前电池温度、暖风状态、车速等条件再次进行逻辑判断，从而发送不同热管理请求至 AC 控制器（热管理控制器）。

⑥ 车辆处于 ON 档非充电状态下，当动力电池单体温度超过上限值 55℃时，车辆不进行动力电池冷却。

⑦ 动力电池温度监测由 BMS 完成，BMS 根据动力电池单体温度判定动力电池是否需要冷却，并发送冷却请求给 VCU，VCU 转发 BMS 上述信号至 AC 控制器（热管理控制器）。

⑧ 一般情况下，压缩机和动力电池水泵、PTC 加热水泵由 AC 控制器（热管理控制器）控制，冷却风扇、电驱水泵由 VCU 控制。但是，当空调面板给 VCU 发送压缩机开机请求和功率请求时，风扇低速运转。当空调面板给 VCU 发送风扇高速请求时，VCU 控制风扇高速运转。

2. 动力电池冷却系统控制策略

图 8-19 为动力电池冷却系统控制回路。

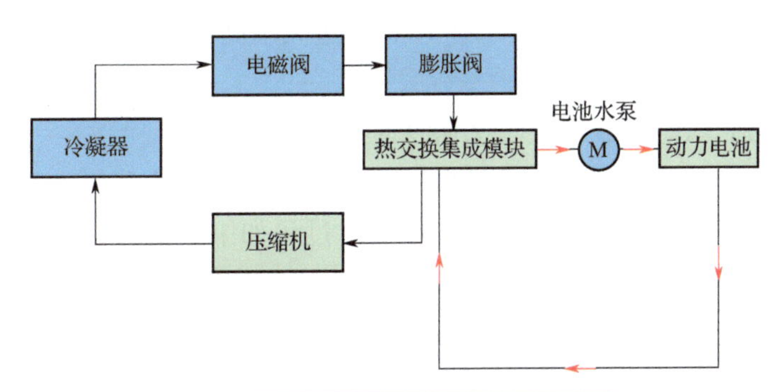

图 8-19　动力电池冷却系统控制回路

根据电池不同温度点，调节水泵开闭、风扇档位、压缩机开闭、三通阀切换这四个冷却部件工作状态，以此来保证电池工作在适宜的温度范围内，如图 8-20 所示。

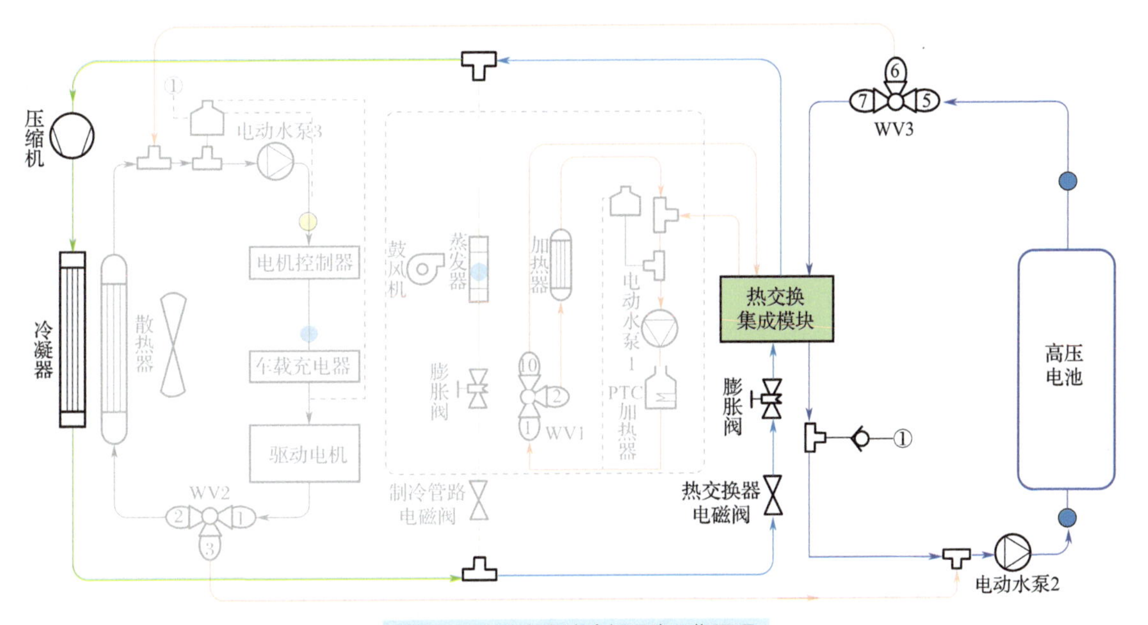

图 8-20　动力电池冷却回路工作原理

当 BMS 输入电池冷却请求时，热管理控制器控制电池冷却工作，各部件工作状态如下：

① 电池冷却水泵（WP2）通过接收到的电池热管理对流量的需求信号来控制相应流量，控制信号通过 PWM 线到水泵，如流量信号丢失，进入固定 75% 转速状态。

② 集成模块上的电池冷却电磁阀打开，压缩机开启，转速根据电池进水口温度计算并进行控制。

备注：电池进水口温度不能 < 7℃，当出现此情况时，调节 WV2 水阀的位置状态，保证进水口温度为 27℃。电池冷却结束，水泵需延时 3min 关闭。

空调系统控制电子风扇分为中速和高速两种状态。

① 当压缩机工作时，AC 给 GW 发送风扇中速请求信号，50 代表电子风扇中速运转。

② 当压力开关的中压接通时，AC 给 GW 发送风扇高速请求信号，100 代表电子风扇高速运转。

③ 整车充电 OFF 状态时，以上①②信息通过 LIN 网发送。

当压力开关的中压接通，电子风扇高速请求后，系统压力降低，中压未接通开始计时，延时 3min 再发送电子风扇中速请求。（延时过程如中压再次接通，则保持高速请求，待中压未接通后再重新计时）

3. 动力电池加热系统控制策略

当动力电池单体温度过低，可以起动 PTC 给动力电池加热，如图 8-21 所示。

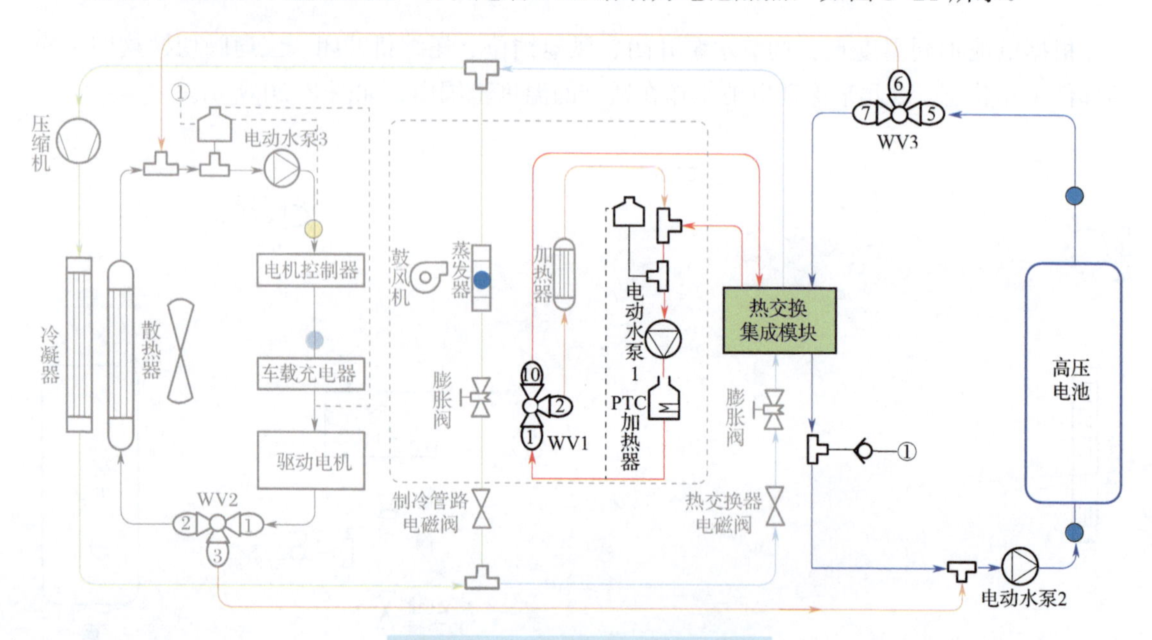

图 8-21　动力电池加热回路工作原理

行车过程电机加热功能：车辆在行车过程中检测到单体电池最低点温度 T 低于电机回路冷却液温度，此时将电机回路热水引入到电池回路，给电池加热，如图 8-22 所示。

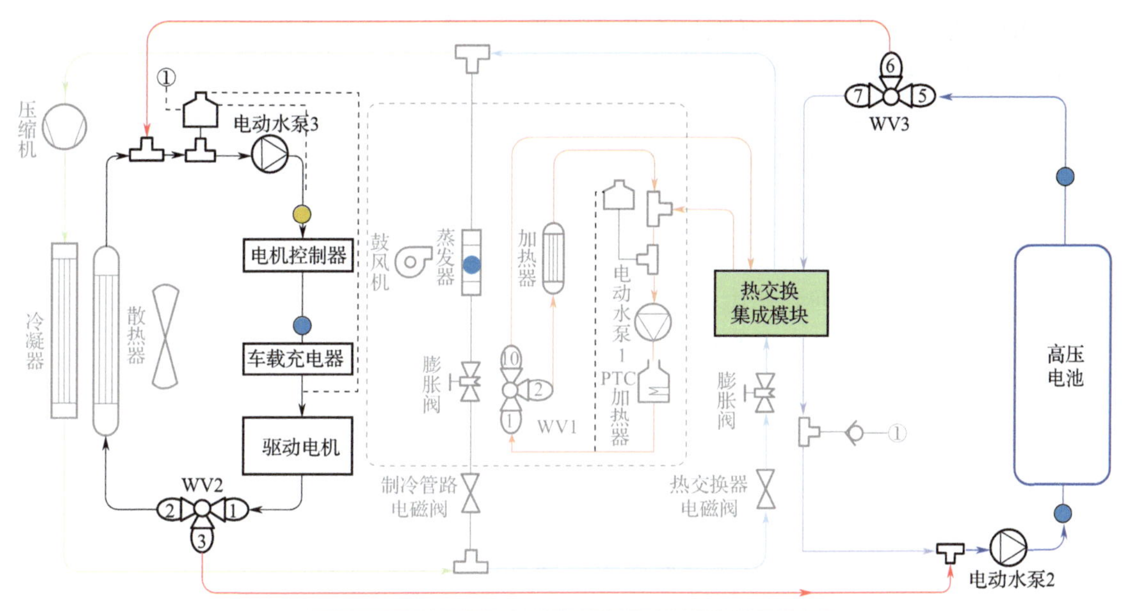

图 8-22　利用电驱动冷却回路加热动力电池原理图

前提条件：电池本体温度达到低温下限值，BMS 处于工作状态且高压系统及空调系统正常。

4. 参数

（1）PTC 电池加热。

① PTC 加热冷却液温度参考目标值为 40℃。

② 水泵流量要求达到占空比 90%。

③ 单体电池温度测量误差 +1℃，冷却液温度测量误差 +1℃。

④ 开启加热条件：检测到单体电池最低温度 $T \leqslant -18$℃（标定值）。

⑤ 关闭加热条件：检测到单体电池最低温度 $T \geqslant -8$℃（标定值）。

（2）行车电机回路给电池加热。

① 检测到冷却液温度≤ 60℃。

② 水泵流量要求达到占空比 90%。

③ 开启加热条件：检测到单体电池最低温度 $-10℃ < T \leqslant 15℃$（标定值）。

④ 关闭加热条件：检测到单体电池最低温度 $T \geqslant 20$℃（标定值）。

（3）电磁阀默认状态。

① 三通电磁阀 WV1 的 1、10 通道处于开启状态，2 通道关闭。

② 三通电磁阀 WV2 的 1、2 通道处于开启状态，3 通道关闭。

③ 三通电磁阀 WV3 的 5、7 通道处于开启状态，6 通道关闭。

（4）动力电池加热各控制器控制策略。

1）BMS：

① 前提条件：BMS 判断车辆处于行车状态。

② BMS 根据电池单体最低温度 T 作出判断。当 $T \leqslant 15℃$，BMS 发送加热请求；当 $T \geqslant 18℃$，BMS 发送停止加热请求。

2）ATC（热管理控制器）：ATC 接收到 VCU 的加热请求后，做如下判断。

① 如果接收到的 VCU 加热信号是采用电机回路给电池加热信号，则开启电池回路水泵，水泵占空比设定为 90%（标定值），同时 ATC 控制电机回路三通电磁阀 WV2 的 1、3 通道开启，2 通道关闭，同时控制三通电磁阀 WV3 的 5、6 通道开启，7 通道关闭，将电机回路的热水接入电池回路给电池加热。当动力电池温度达到规定值，ATC 控制三通阀 WV2、WV3 恢复为默认状态，将电池回路从电机回路分开。

② 如果接收到的 VCU 加热信号是采用 PTC 加热器给电池加热，优先保证驾驶室内温度达到 20℃（标定值）后，开启电池回路水泵，水泵占空比设定为 90%（标定值），同时 ATC 控制三通电磁阀 WV1 的 1、10 通道开启（开度为 5%~20%），2 通道关闭，三通电磁阀 WV2 和 WV3 处于默认状态。

注：ATC 只响应 VCU 加热请求信号，对 BMS 发送的动力电池加热请求信号不做处理。

四 项目实施

实施准备

安全防护：做好车辆安全防护与隔离（车辆挡块、警示隔离带、高压危险警示牌）。

工具设备：数字万用表、绝缘检测仪、故障诊断仪。

实训车辆：吉利 EV450。

辅助资料：汽车原厂维修手册、原厂电路图。

任务一 动力电池热管理系统认知

（1）接受任务。你知道电动汽车为什么需要动力电池热管理系统吗？你能够识别吉利帝豪 EV450 动力电池热管理系统部件位置及进行工作状态检查吗？

（2）收集信息。

① 锂离子动力电池理想的工作温度范围是______℃。

② 动力电池热管理要求单体电池温差不超过______℃。

③ 吉利 EV450 整车热管理系统包括______、______、______三个部分。

④ 吉利 EV450 整车热管理包括______个制冷回路和______个冷却液回路。

⑤ 吉利 EV450 整车热管理有______个三通电磁阀，______个制冷回路电磁阀。

⑥ 吉利 EV450 整车热管理有______个水泵。

⑦ 吉利 EV450 电驱动水泵由______控制。

⑧ PTC 加热水泵的作用是________________。

⑨ 热交换电磁阀的作用是____________________。

⑩ 吉利 EV450 热管理控制器也称为______。

⑪ 根据图 8-23 所示动力电池冷却回路部件结构图，完善表 8-4 信息。

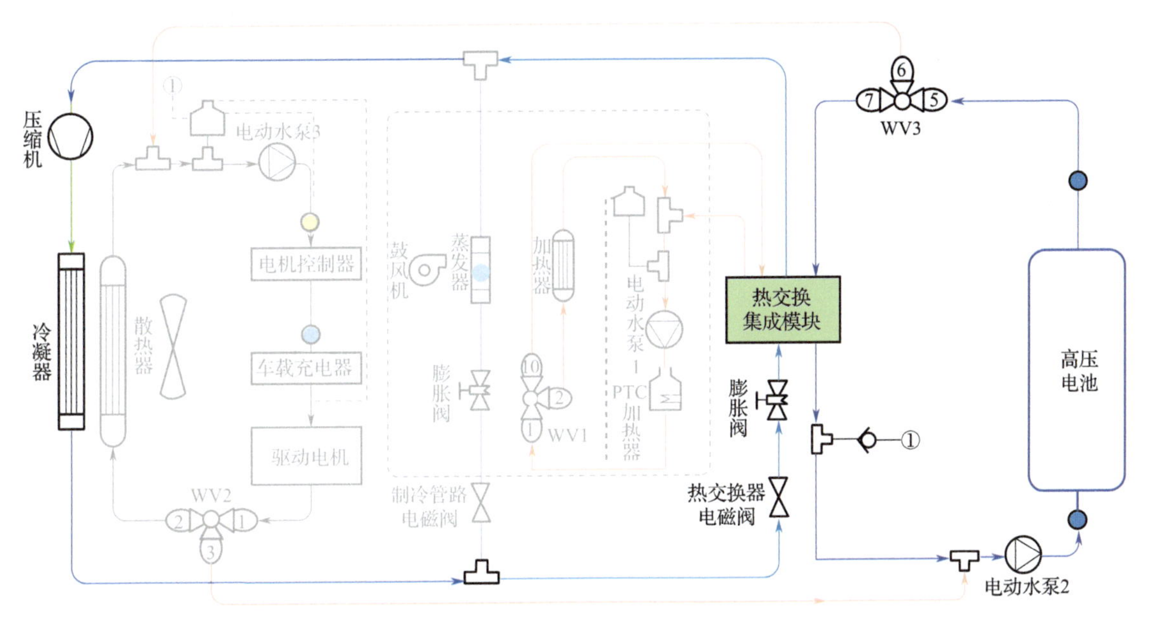

图 8-23　动力电池冷却回路部件结构图

表 8-4　动力电池冷却回路部件电路图含义

冷却回路部件	绘制电路图	电路图页码	部件端子含义
压缩机			
热交换器电磁阀			
WV3 电磁阀			
电动水泵 2			

⑫ 根据图 8-24 所示动力电池加热回路部件结构图，完善表 8-5 信息。

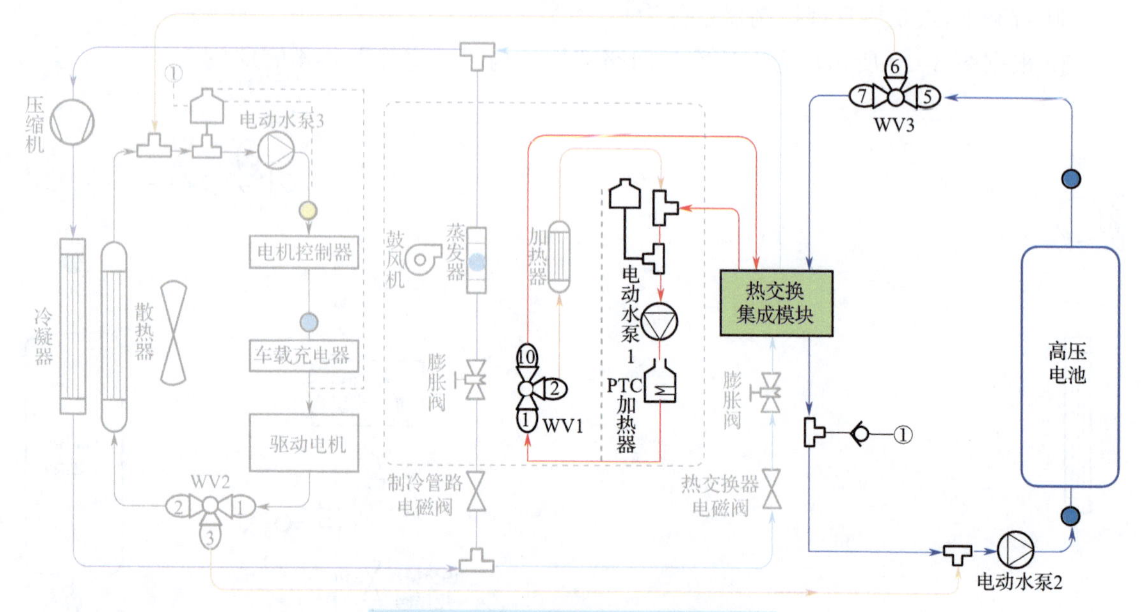

图 8-24　动力电池加热回路部件结构图

表 8-5　动力电池加热回路部件电路图含义

加热回路部件	绘制电路图	电路图页码	部件端子含义
PTC 加热器			
电动水泵 1			
WV1 电磁阀			
电动水泵 2			

⑬ 根据图 8-25 所示电驱动冷却回路加热动力电池回路部件结构图，完善表 8-6 信息。

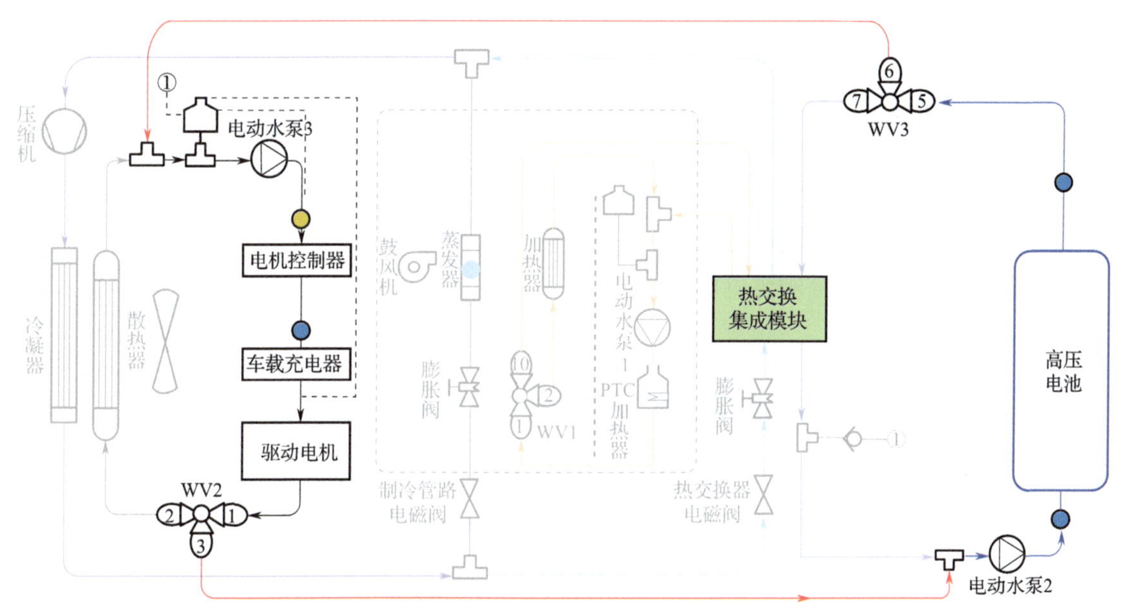

图 8-25　电驱动冷却回路加热动力电池回路部件结构图

表 8-6　电驱动冷却回路加热动力电池回路部件电路图含义

加热回路部件	绘制电路图	电路图页码	部件端子含义
电动水泵 3			
WV2 电磁阀			

（3）任务实施。

① 作业前准备（场地布置、防护装备检查穿戴、仪器设备检查、汽车防护三件套安装）。

② 记录车辆信息。

③ 读取故障码、数据流。

④ 检查蓄电池电压。

⑤ 检测 PTC 加热水泵供电电压。

⑥ 检测三通电磁阀供电电压。

⑦ 检测热交换器电磁阀供电电压。

⑧ 整理恢复场地。

任务二 动力电池热管理系统 PTC 加热水泵故障检修

（1）接受任务。一辆 2018 款吉利 EV450 纯电动汽车出现低温环境下上电后动力电池升温慢故障，车间主管初步判断为动力电池热管理 PTC 加热水泵存在故障，安排你针对加热水泵故障进行检修。

（2）收集信息。

① 查阅吉利 EV450 电路图，PTC 加热水泵电路图所在页码为______。

② 画出 PTC 加热水泵线路连接图，并且查询 PTC 加热水泵线路含义及标准值，完善表 8-7 信息。

表 8-7 PTC 加热水泵电路图及含义

<table>
<tr><th>画出 PTC 加热水泵连接图</th><th>PTC 加热水泵线路含义及标准值</th></tr>
<tr><td></td><td>
<table>
<tr><th>PTC 加热水泵</th><th>含义</th><th>标准值</th></tr>
<tr><td></td><td></td><td></td></tr>
<tr><td></td><td></td><td></td></tr>
<tr><td></td><td></td><td></td></tr>
</table>
</td></tr>
</table>

（3）任务实施。

① 作业前准备（场地布置、防护装备检查穿戴、仪器设备检查、汽车防护三件套

安装）。

② 记录车辆信息。

③ 读取故障码、数据流。

④ 检查蓄电池电压。

⑤ 检测 PTC 加热水泵供电电压。

⑥ 检查 PTC 加热水泵信号电压。

⑦ 检查 PTC 加热水泵信号波形。

⑧ 检查 PTC 加热水泵信号线路导通性。

⑨ 整理恢复场地。

任务三 冷却风扇不工作的故障检修

（1）接受任务。一辆 2018 款吉利 EV450 纯电动汽车制冷系统高压偏高，持续大负荷行驶状态下，驱动系统冷却液温度偏高，经检测冷却风扇不工作。你知道冷却风扇控制策略吗？请你对上述故障进行诊断与排除。

冷却风扇故障诊断

（2）收集信息。

① 查阅吉利 EV450 电路图，冷却风扇电路图所在页码为______。

② 画出 EV450 冷却风扇线路简图。

③ 在图 8-26 中标识 EF09 与 SF08 位置；标识 ER12 与 ER13 位置。

图 8-26 前舱熔丝盒

（3）任务实施。

① 作业前准备（场地布置、防护装备检查穿戴、仪器设备检查、汽车防护三件套

安装）。

② 记录车辆信息。

③ 读取故障码、数据流。

④ 检查蓄电池电压。

⑤ 检测冷却风扇继电器熔丝 EF09 供电电压。

⑥ 检查低速风扇继电器线圈控制线路电压值。

⑦ 检查整车控制器对低速风扇继电器线圈控制指令。

⑧ 检查低速风扇继电器线圈控制线路。

⑨ 故障排除验证。

⑩ 整理恢复场地。

复习题

1. 判断题

（1）整车控制器控制冷却风扇使能信号。（　　）

（2）动力电池热管理系统通过单体电池温度信号控制热管理系统工作。（　　）

（3）空调制冷系统通过压力开关信号，控制冷却风扇高低速运转。（　　）

（4）冷却风扇工作状态与车速无关。（　　）

（5）吉利 EV450 冷却风扇分低速档与高速档。（　　）

2. 选择题

（1）锂离子动力电池理想的工作温度为（　　）。

A.-10~0℃　　B. 0~20℃

C. 20~40℃　　D. 40~60℃

（2）一般要求单体电池温差不超过（　　）。

A. 3℃　　B. 5℃　　C. 10℃　　D. 20℃

（3）吉利 EV450 动力电池热管理系统以（　　）为控制目标。

A. 动力电池入口温度　　B. 动力电池出口温度

C. 散热器出口温度　　D. 单体电池温度

（4）主流电动汽车动力电池的冷却方式为（　　）。

A. 风冷　　B. 液冷　　C. 直冷　　D. 热管

（5）动力电池热量通过（　　）传给制冷系统。

A. PTC 加热器　　B. 热交换器

C. 散热器　　D. 蒸发器

3. 简答题

（1）简述吉利 EV450 热管理系统组成结构和工作原理。

（2）简述吉利 EV450 动力电池的热管理控制策略。

（3）简述冷却风扇不工作故障检修过程。

参考文献

[1] 景平利，罗雪虎，高磊．走进新能源汽车［M］．北京：机械工业出版社，2017.
[2] 王芳，夏军．电动汽车动力电池系统设计与制造技术［M］．北京：科学出版社，2017.
[3] 董艳艳，王万君，等．纯电动汽车动力电池及管理系统设计［M］．北京：北京理工大学出版社，2017.
[4] 刘凤珠，赵宇．新能源汽车电控技术［M］．北京：机械工业出版社，2019.
[5] 王鸿波，谢敬武．新能源汽车构造与检修［M］．北京：机械工业出版社，2019.
[6] 马德粮．新能源汽车技术［M］．北京：清华大学出版社，2017.
[7] 吴兴敏，陈贵龙，郭明华．纯电动汽车结构原理与检修［M］．北京：人民邮电出版社，2019.
[8] 杨光明，陈忠民．电动汽车动力电池及管理系统原理与检修［M］．北京：化学工业出版社，2019.
[9] 全国汽车标准化技术委员会．电动汽车 安全要求 第1部分：车载可充电储能系统（REESS）：GB/T 18384.1—2015［S］．北京：中国标准出版社，2015.
[10] 全国汽车标准化技术委员会．电动汽车 安全要求 第2部分：操作安全和故障防护：GB/T 18384.2—2015［S］．北京：中国标准出版社，2015.
[11] 全国汽车标准化技术委员会．电动汽车 安全要求 第3部分：人员触电防护：GB/T 18384.3—2015［S］．北京：中国标准出版社，2015.
[12] 贡俊，等．电动汽车工程手册：第五卷 驱动电机与电力电子［M］．北京：机械工业出版社，2019.
[13] 林程．电动汽车工程手册：第一卷 纯电动汽车整车设计［M］．北京：机械工业出版社，2019.
[14] 张凯．电动汽车应用技术［M］．北京：清华大学出版社，2016.
[15] 朱升高，冯健，张德军．电动汽车结构原理与维修［M］．北京：机械工业出版社，2019.
[16] 吴兴敏，高元伟，金艳秋．新能源汽车［M］．北京：化学工业出版社，2019.
[17] 肖成伟．电动汽车工程手册：第四卷 动力蓄电池［M］．北京：机械工业出版社，2019.
[18] 李伟．电动汽车维修快速入门60天［M］．北京：机械工业出版社，2019.
[19] 王震坡，孙逢春，刘鹏．电动汽车原理与应用技术［M］.2版．北京：机械工业出版社，2016.
[20] 王志福，张承宁．电动汽车电驱动理论与设计［M］．北京：机械工业出版社，2017.

读者服务

机械工业出版社立足工程科技主业，坚持传播工业技术、工匠技能和工业文化，是集专业出版、教育出版和大众出版于一体的大型综合性科技出版机构。旗下汽车分社面向汽车全产业链提供知识服务，出版服务覆盖包括工程技术人员、研究人员、管理人员等在内的汽车产业从业者，高等院校、职业院校汽车专业师生和广大汽车爱好者、消费者。

一、意见反馈

感谢您购买机械工业出版社出版的图书。我们一直致力于"以专业铸就品质，让阅读更有价值"，这离不开您的支持！如果您对本书有任何建议或意见，请您反馈给我。我社长期接收汽车技术、交通技术、汽车维修、汽车科普、汽车管理及汽车类、交通类教材方面的稿件，欢迎来电来函咨询。

咨询电话：010-88379353　编辑信箱：cmpzhq@163.com

二、课件下载

选用本书作为教材，免费赠送电子课件等教学资源供授课教师使用，请添加客服人员微信手机号"13683016884"咨询详情；亦可在机械工业出版社教育服务网（www.cmpedu.com）注册后免费下载。

三、教师服务

机工汽车教师群为您提供教学样书申领、最新教材信息、教材特色介绍、专业教材推荐、出版合作咨询等服务，还可免费收看大咖直播课，参加有奖赠书活动，更有机会获得签名版图书、购书优惠券。

加入方式：搜索 QQ 群号码 317137009，加入机工汽车教师群 2 群。请您加入时备注院校 + 专业 + 姓名。

四、购书渠道

机工汽车小编
13683016884

我社出版的图书在京东、当当、淘宝、天猫及全国各大新华书店均有销售。

团购热线：010-88379735

零售热线：010-68326294 88379203

推荐阅读

书号	书名	作者	定价（元）
智能网联、新能源汽车专业教材			
9787111678618	智能网联汽车技术入门一本通（全彩印刷）	程增木	69
9787111715276	智能汽车技术（全彩印刷）	凌永成	85
9787111702696	智能网联汽车技术原理与应用（彩色版）	程增木　杨胜兵	65
9787111628118	智能网联汽车技术概论（全彩印刷）	李妙然　邹德伟	49.9
9787111693284	智能网联汽车底盘线控系统装调与检修（附任务工单）	李东兵　杨连福	59.9
9787111710288	智能网联汽车智能传感器安装与调试（全彩活页式教材）	中国汽车工程学会　等	49.9
9787111712480	智能网联汽车底盘线控执行系统安装与调试（全彩印刷）	中国汽车工程学会　等	49.9
9787111709800	智能网联汽车计算平台测试装调（全彩印刷）	中国汽车工程学会　等	49.9
9787111711711	智能网联汽车智能座舱系统测试装调（全彩印刷）	中国汽车工程学会　等	49.9
9787111710318	新能源汽车检测与故障诊断技术（彩色版配实训工单）	吴海东　等	69
9787111707585	新能源汽车电动空调　转向和制动系统检修（彩色版配实训工单）	王景智　等	69
9787111702931	新能源汽车整车控制系统检修（彩色版配实训工单）	吴东盛　等	69
9787111701637	新能源汽车动力电池及管理系统检修（彩色版配实训工单）	吴海东　等	59
9787111707165	新能源汽车技术概论（全彩印刷）	赵振宁	55
9787111706717	纯电动汽车构造原理与检修（全彩印刷）	赵振宁	59
9787111587590	纯电动 / 混合动力汽车结构原理与检修（配实训工单）（全彩印刷）	金希计　吴荣辉	59.9
9787111709565	新能源汽车维护与故障诊断（配实训工单）（全彩印刷）	林康　吴荣辉	59
9787111700524	新能源汽车整车控制系统诊断（双色印刷）	赵振宁	55
9787111699545	智能网联汽车概论（全彩印刷）	吴荣辉　吴论生	59.9
9787111698081	新能源汽车结构原理与检修（全彩印刷）	吴荣辉	65
9787111683056	新能源汽车认知与应用（第 2 版）（全彩印刷）	吴荣辉　李颖	55
9787111615767	新能源汽车概论（全彩印刷）	张斌　　蔡春华	49
9787111644385	新能源汽车电力电子技术（全彩印刷）	冯津　钟永刚	49
9787111684428	新能源汽车高压安全与防护（全彩印刷）	吴荣辉　金朝昆	45
9787111610175	新能源汽车动力电池及充电系统检修（全彩印刷）	许云　赵良红	55
9787111613183	新能源汽车电机驱动系统检修（全彩印刷）	王毅　巩航军	49
9787111613206	新能源汽车辅助系统检修（全彩印刷）	任春晖　李颖	45
9787111646242	新能源汽车维护与故障诊断（全彩印刷）	王强　等	55
9787111670469	新能源汽车结构原理与检修（彩色版）	康杰　等	55